Parcours et méthodes

Français

Première

Mathilde Briant Lavarde (coordinatrice)
Agrégée de lettres modernes, titulaire du master de l'ENS (Ulm)
Lycée Dumont d'Urville – Maurepas (78)

Alyette de Béru
Agrégée de lettres modernes,
ancienne élève de l'ENS (Ulm)
Lycée François Villon – Les Mureaux (78)

Marjolaine Coquet
Agrégée de lettres modernes, diplômée de l'ENS (Ulm)
Lycée Jean Jaurès – Châtenay-Malabry (92)

Marion Droz-Goncalves
Certifiée de lettres modernes, formatrice académique
Lycée Dumont d'Urville – Maurepas (78)

Graciane Laussucq Dhiriart
Agrégée de lettres modernes, docteure,
ancienne élève de l'ENS (Ulm)
Lycée Georges Brassens – Villeneuve-le-Roi (94)

Tiphaine Pocquet
Agrégée de lettres modernes, docteure
Collège de Clagny – Versailles (78)

Aurélie Zemmour
Agrégée de lettres classiques, doctorante
Lycée Rosa Parks – Montgeron (91)

ellipses

Dans la collection

Parcours et méthodes

Retrouvez tous les livres de la collection sur www.editions-ellipses.fr

ISBN 9782340-031470

32, rue Bargue 75740 Paris cedex 15

www.editions-ellipses.fr

Introduction

Le nouveau programme de français comporte **quatre objets d'étude** :

- **Objet d'étude 1 :** La poésie du XIXe au XXIe siècle
- **Objet d'étude 2 :** La littérature d'idées du XVIe au XVIIIe siècle
- **Objet d'étude 3 :** Le roman et le récit du Moyen Âge au XXIe siècle
- **Objet d'étude 4 :** Le théâtre du XVIIe au XXIe siècle

Le jour de l'écrit du baccalauréat de français, vous tomberez sur l'un de ces quatre objets d'étude, et vous devrez choisir l'un des **deux exercices** suivants : 1) un commentaire composé sur un texte extrait d'une œuvre que vous n'aurez pas étudiée dans l'année 2) une dissertation portant sur une œuvre étudiée dans l'année, et son parcours associé.

Qu'est-ce qu'un « **parcours associé** » ? Pour chaque œuvre, le programme propose un angle d'étude particulier. Par exemple, le parcours associé à l'étude du *Rouge et le Noir* est « le personnage de roman, esthétiques et valeurs ». Ce parcours associé invite :

- à approfondir l'étude de l'œuvre en se concentrant sur cette problématique,
- à élargir l'étude de l'œuvre en la comparant à d'autres œuvres (si possible de la même période et du même genre littéraire) pour laquelle cette problématique est pertinente.

Nous rappelons que l'épreuve écrite de français dure **quatre heures** et que son coefficient est 5, pour tout le monde.

Bon travail !

Table des matières

Objet d'étude 1

La poésie du XIXe siècle au XXIe siècle

Introduction

Cet objet d'étude propose de plonger dans **l'âge d'or du genre poétique**. Les programmes vous proposent de l'appréhender à travers trois recueils majeurs, assez peu éloignés dans le temps, puisque moins de soixante ans en séparent les différentes publications.

Ainsi, cette partie contient la présentation des œuvres suivantes :

- *Les Contemplations*, de Victor Hugo, 1856
- *Les Fleurs du mal*, de Charles Baudelaire, 1857
- *Alcools*, de Guillaume Apollinaire, 1913

Ces recueils constituent trois états successifs des évolutions importantes que la poésie connaîtra dans une période de grande fertilité du genre.

Vous ne devez étudier qu'**un seul de ces trois recueils** pour préparer l'écrit et l'oral du baccalauréat.

S'entraîner au commentaire

Synthèse de cours

Introduction

Le jour du baccalauréat, si vous devez commenter un poème (et vous avez une chance sur quatre pour que ce soit le cas !), il vous faut avoir acquis certaines **connaissances propres à cet objet d'étude**. Pour cela nous vous présentons :

- un panorama de l'histoire du genre poétique
- les principaux outils d'analyse pour le texte poétique

I. Panorama de l'histoire du genre poétique

A. La poésie jusqu'au XIXe siècle

1. La poésie médiévale

Au Moyen Âge, il n'existe pas à proprement parler de genre poétique, par opposition à d'autres genres littéraires. **Les romans, appelés chansons de geste, sont écrits en vers, comme les lais.** À l'époque, ce qui s'apparente le plus à ce que la poésie deviendra, quand d'autres formes évoluent naturellement vers la prose, est ce qu'on définit comme « la poésie courtoise ». Chantée par les troubadours, **elle évoque le désir, la soumission du chevalier à sa dame, la souffrance amoureuse**. La notion d'auteur étant quasi inexistante dans la littérature médiévale, il est difficile d'associer des noms certains aux quelques textes qui nous sont parvenus.

2. La poésie de la Renaissance

C'est au XVIe siècle, lorsque, par **l'édit de Villers-Cotterêts** de François Ier, le français devient la langue officielle du royaume que la poésie va connaître un élan particulier. En effet, un collectif de poètes, réunis autour de la figure de Joachim Du Bellay, souhaite que des chefs-d'œuvre poétiques, égaux aux œuvres antiques qu'ils prennent pour modèles, puissent être composés **dans cette langue.** Influencés par le poète italien Pétrarque, qui a rendu célèbre la forme du sonnet, ces poètes dits de « la Pléiade » se saisissent de ce nouvel écrin et écrivent certains recueils majeurs de la poésie française. On retiendra surtout *Les Regrets* de Du Bellay, et *Les Amours* de Ronsard.

Dans *Les Regrets*, Du Bellay développe le motif élégiaque de la nostalgie du pays natal. Installé quelques années en Italie, il vit son voyage comme une extraordinaire déception, déplore la grandeur passée de Rome et fait la satire acerbe de sa corruption présente, tout en chantant inlassablement le doux souvenir de sa Loire natale.

Dans *Les Amours*, Ronsard s'adresse successivement à trois femmes, Cassandre, Marie et Hélène, et célèbre essentiellement leur beauté, bien éphémère.

Les poètes de la Pléiade font donc essentiellement vibrer la corde lyrique, sous la forme privilégiée du sonnet.

À la fin du XVIe siècle, le poète Agrippa d'Aubigné écrit lui un long tableau des guerres de religion qui défigurent le paysage politique et social français à l'époque. Ce recueil, publié au début du XVIIe, s'intitule *Les Tragiques.*

3. La poésie aux XVIIe et XVIIIe siècles

Il serait évidemment caricatural de dire que durant ces deux siècles, qui furent pourtant si riches en recherches, débats et innovations littéraires, la poésie est restée lettre morte. Pourtant, des XVIIe et XVIIIe siècles, aucun recueil majeur ne semble émerger. C'est sans doute que le vers, chez La Fontaine ou sous la plume des grands dramaturges, a permis d'explorer d'autres terrains. On pourra néanmoins retenir la poésie baroque de Saint-Amant, souvent facétieuse, livrant dans le sonnet boiteux « Fagoté plaisamment comme un vrai Simonnet » un portait du poète dilettante et paresseux.

À la fin du XVIIIe siècle, le jeune poète André Chénier, guillotiné pendant la Révolution, livre une œuvre poétique sensible, souvent inspirée des modèles antiques mêlant élégies et sujets politiques ou satiriques.

B. L'âge d'or de la poésie : le XIXᵉ, entre Romantisme et naissance de la modernité

1. La révolution romantique

Le XVIIIᵉ siècle, siècle de la raison et du progrès humain, se conclut sur un tournant de l'histoire : la Révolution Française.

À l'aube du siècle nouveau, depuis le foyer allemand, se diffuse une nouvelle esthétique d'une incroyable fécondité : le Romantisme. **Le Romantisme est multiple et touche jusqu'aux années 1850 tous les arts européens**, c'est pourquoi il est difficile de le saisir d'un seul coup d'œil, sans le caricaturer ou le dénaturer.

Dans le champ poétique, on pourra retenir que le Romantisme :

- repose d'abord sur l'expression **de l'intériorité et des sentiments**. « Frappe-toi le cœur, c'est là qu'est le génie », disait Lamartine. Ainsi la poésie romantique privilégie les motifs lyriques de la nostalgie, des tourments amoureux, de l'exploration d'une souffrance communément appelée « mal du siècle ».
- part du postulat **d'une communion secrète entre visible et invisible, ce qui justifie la sacralisation de la Nature**, dont le thème est central.
- **pose le poète en « mage » ou en visionnaire**, capable d'écouter les voix de la Nature et de voir au-delà du présent parfois sombre de l'époque, **aussi bien qu'en martyr d'une humanité souffrante**, dont il accepte de prendre en charge les maux pour l'ensemble de ses semblables, **ou qu'en citoyen éveillé**, conscient de ses devoirs et susceptible de faire entendre son indignation.
- **libère les formes poétiques pour autoriser une plus grande musicalité du vers et une amplification du souffle lyrique**.

Les recueils et grandes figures de la poésie romantique sont nombreux. Nous évoquons Victor Hugo, qui en est le maître, dans la présentation des *Contemplations*. Nous pouvons également nous attarder sur Lamartine et ses *Méditations poétiques*. Publiées en 1820, les *Méditations* proposent, conformément à leur titre, une réflexion intérieure et personnelle **sur le passé, le regret et la mort**, inséparable d'une contemplation de la nature, **dont les paysages reflètent l'âme du poète.**

2. Du Parnasse à Baudelaire

En marge du mouvement romantique, dont les épanchements et la conception d'un art utile au progrès humain et potentiellement engagé irritent certains poètes, se développe dès les années 1850 une forme de résistance, postulant que le but de l'art est toujours d'atteindre le beau, la **perfection** de la matière et de la forme, et que **le beau doit être inutile**. Il s'agit du mouvement du Parnasse, dont le chef de file est le dédicataire des *Fleurs du mal* : Théophile Gautier. Le Parnasse laisse une empreinte durable dans le paysage français, en influençant les immenses poètes que furent Baudelaire donc, et Rimbaud.

1857 est une date à retenir. Au milieu du XIXe siècle, alors que le Romantisme s'essouffle, Baudelaire publie les *Fleurs du mal*. **L'importance de ce recueil dans l'évolution du genre poétique vous est détaillée dans la présentation du recueil**. Pour résumer, on note que :

- *Les Fleurs du mal* assument **un héritage romantique et parnassien**. Romantique par l'évocation réitérée d'un mal-être profond, ou par la fonction attribuée au poète, au-dessus des hommes et capable d'un effort de déchiffrement du monde, parnassien par l'obsession de la beauté, notamment formelle.
- *Les Fleurs du mal* font entrer la poésie dans la modernité, par la notion **d'alchimie poétique**. **Le pouvoir de transfiguration du langage poétique est mis en lumière**, à travers la conversion du laid, sublimé par le travail de l'image. De nouveaux motifs apparaissent, comme celui de la ville, qui traversera la poésie ensuite.

3. De Baudelaire à Rimbaud

À peine quinze ans séparent la publication des *Fleurs du mal* et les premières aventures poétiques d'un jeune homme de seize ans, Arthur Rimbaud. Celui-ci fait, en quelques années, **la synthèse des pratiques poétiques** menées jusqu'à lui, et ouvre des **dépassements** toujours explorés au XXe siècle. Tour à tour parnassien, symboliste, maniant les formes contraintes dans certains poèmes de Douai ou approchant le terrain de la poésie en prose dans les *Illuminations* – comme Baudelaire l'avait fait, Rimbaud tente, dans l'écriture comme dans la vie, **une expérience radicale et novatrice**, que vous pourrez approcher dans les deux parcours associés : « alchimie poétique : la boue et l'or » et « modernité poétique ? ». Son compagnon, Paul Verlaine, contribue lui aussi à l'affranchissement des formes, notamment en prônant le « vers impair ». Son recueil *Poèmes saturniens* consacre la figure du poète maudit.

C. Expériences poétiques du XXe siècle

1. *Alcools*, une œuvre charnière

Le recueil d'Apollinaire, figurant au programme, est publié en 1913 et regroupe des écrits s'étalant sur une dizaine d'années, composés à l'aube du XXe siècle. Les caractéristiques du recueil vous sont présentées dans la partie *ad hoc*.

On retiendra que :

- *Alcools* consacre **l'utilisation du vers libre**, renforcée par l'absence de ponctuation. L'idée est bel et bien que chaque poète est susceptible de réinventer la poésie.
- Apollinaire hérite bien d'**un lyrisme traditionnel**, teinté de mélancolie. La rupture avec une poétique antérieure n'est pas totale.
- Néanmoins, l'influence cubiste et futuriste, le motif de la ville évoqué à travers sa réalité « technique », l'aspect insolite de certaines images disposent les nouvelles bases de la **poésie moderne**.

2. La révolution surréaliste

L'« esprit nouveau » initié par Apollinaire et les travaux de **Freud** sur l'inconscient incitent les poètes, sous l'impulsion d'André Breton, à **libérer les formes et l'imagination** de manière encore plus absolue.

Aux côtés de Breton, les poètes Robert Desnos, Paul Éluard, Louis Aragon et René Char utilisent le « dérèglement des sens » prescrit par Rimbaud, **explorent les voies du rêve, de la libre association d'idées, et pratiquent volontiers une poésie ludique,** « hasardeuse », selon l'expression d'Apollinaire. Pour ces raisons, la poésie surréaliste peut s'avérer hermétique. Néanmoins, à l'intérieur du groupe, dont la cohésion est toute relative, certains poètes développeront **une poésie lyrique et amoureuse, vivifiée par de nouvelles images**. On pense à « L'Union libre » de Breton, aux *Yeux d'Elsa* d'Aragon, ou encore à *Capitale de la douleur* d'Éluard.

Le surréalisme, qui perdure jusqu'à la Seconde Guerre mondiale, s'éteint avec la violence de ce conflit, qui marque un retour au réel nécessitant la pleine conscience des poètes. **Ainsi, René Char ou Desnos seront-ils également des poètes combattants, engagés dans la Résistance**.

3. La poésie francophone

L'empire colonial français s'effondre au milieu du XXe siècle, laissant l'héritage du français. De nombreux poètes, dits de la « négritude » (terme créé par Aimé Césaire), **conjurent les blessures de la colonisation en célébrant par le chant leurs racines africaines et antillaises, précisément dans la langue du colon**, instaurant avec elle un rapport à la fois **intime et distancié**. Léopold Sedar-Senghor, Aimé Césaire ou Édouard Glissant en sont les figures majeures.

4. Figures de la poésie française après 1950

Si sa démarche n'est pas totalement étrangère au surréalisme, Francis Ponge explore une voie qui lui est propre, **celle de la poétique de l'objet**. Le recueil *Le Parti pris des choses*, poétise, par le poème en prose, des objets communs, comme oubliés du regard, à qui le poète restitue leur dignité par le réenchantement du langage.

Les poèmes de Jacques Prévert, eux, sont écrits dans une langue courante, simple d'accès, et **dépeignent avec tendresse l'humanité ordinaire,** à la manière des photos de Doisneau dont il était l'ami. Son recueil *Paroles* propose une poésie populaire, dans le sens noble du terme.

Yves Bonnefoy, Eugène Guillevic comptent parmi les plus grands poètes du XXe siècle.

II. Outils d'analyse pour le texte poétique

A. La caractérisation des formes poétiques

1. Vers et prose

La présentation en vers, quel qu'il soit, c'est-à-dire avec un renvoi systématique à la ligne, est l'un des signes distinctifs de la poésie, ce qui permet généralement d'identifier le genre d'un simple coup d'œil. Néanmoins, il existe des poèmes en prose, c'est-à-dire écrits de façon cursive, comme un récit.

Le poème en prose

- On considère que l'inventeur du poème en prose est le poète **Aloysius Bertrand**, poète français de la première moitié du XIXe siècle. D'inspiration gothique et romantique, son recueil posthume ***Gaspard de la Nuit*** (1842) est composé d'une cinquantaine de textes à la forme nouvelle : ce sont de brefs paragraphes, vaguement narratifs, évoquant tour à tour les visions du poète.
- Salué par Baudelaire dans sa préface au *Spleen de Paris*, il connaît **une postérité brillante** et ouvre ainsi la brèche d'une nouvelle voie. À la suite de Bertrand, la plupart des poètes modernes s'essaieront au poème en prose :
  - Baudelaire dans le *Spleen de Paris* et *Petits poèmes en prose*
  - Rimbaud dans *Illuminations*
  - Éluard et Breton, poètes surréalistes
  - Francis Ponge dans *Le Parti pris des choses*
  - Henri Michaux dans *La Nuit remue*
  - Et de nombreux poètes contemporains parmi lesquels Jaccottet et Deguy.

Un poème en prose ne comprend par nature ni rime, ni strophe. Il peut s'organiser en paragraphes, et est généralement bref. Il comporte, comme un poème en vers, un travail important de la langue. Pour l'identifier, vous devrez donc vous appuyer sur la caractérisation du langage poétique.

2. Les formes fixes

On appelle « formes fixes » des types de poème, construits de façon **invariante**. Certains ont traversé les époques. On dénombre :

- La **ballade**, qui est une forme médiévale se rapprochant de la chanson, contient classiquement trois strophes et un « envoi », c'est-à-dire une strophe finale plus courte. Elles comportent toutes un refrain au dernier vers.
- Le **sonnet**, hérité des Italiens, est constitué de deux quatrains en rimes embrassées et de deux tercets de schéma variable. Il est composé en décasyllabes ou en alexandrins.
- L'**ode** est composée de plusieurs groupes de trois strophes, de longueur égale. Elle implique certains traitements thématiques : l'ode célèbre un personnage ou un événement.
- Le **rondeau** apparaît à la Renaissance et a la particularité de présenter une structure circulaire, puisqu'elle contient des reprises de vers entre les différentes strophes.
- La **chanson** comporte des strophes apparentées à des couplets, interrompues par un refrain, souvent plus court.
- Le **calligramme** est un poème dont la mise en page représente graphiquement, comme un dessin, le sujet.

3. *Vade mecum* de versification

Nous reprenons ici, très synthétiquement, la terminologie qui vous permet de décrire techniquement une écriture versifiée. Si cela peut être utile, cela ne saurait en aucun cas suffire à l'analyse d'un texte poétique, dont l'intérêt principal réside en les images qu'il met en œuvre.

Les types de strophe

Une strophe est un regroupement de vers et constitue souvent une unité de sens. Les strophes sont séparées par un blanc typographique.

Le nom d'une strophe dépend du nombre de vers qu'elle contient.

- Une strophe de **deux vers** est un **distique**.
- Une strophe de **trois vers** est un **tercet**.
- Une strophe de **quatre vers** est un **quatrain**.
- Une strophe de **cinq vers** est un **quintil**.

- Une strophe de **six vers** est un **sizain** (et ainsi de suite jusqu'à dix, le dizain).

Les types de vers

Du latin « versus » : « le sillon », « la ligne d'écriture », le vers est marqué par un passage à la ligne avec majuscule. **Un vers est une ligne, et pas nécessairement une phrase**. En effet, une phrase s'étend souvent sur plusieurs vers.

Le nom d'un vers dépend du nombre de syllabes qu'il contient. Rappelez-vous que :

- L'**alexandrin**, le mètre le plus usité, compte **douze syllabes**.
- Le **décasyllabe** en compte dix.
- L'**octosyllabe** en compte huit.
- L'**hexasyllabe** en compte six.

Ce sont les **vers pairs**, les plus répandus, car leur césure est plus facile à placer. Les vers impairs sont plus rares, jusqu'à la fin du XIXe du moins.

Lorsqu'un texte est composé de vers de longueur inégale, on parle de **vers hétérométriques**. *Les Fables* de La Fontaine en sont un exemple.

Le phénomène par lequel on sépare à la prononciation deux voyelles traditionnellement fusionnées à l'oral se nomme une **diérèse**.

Exemple « attention » se prononce à l'oral en 3 syllabes : « at-ten-tion » ; dans un poème, ce mot se prononce en 4 syllabes : « at-ten-ti-on ».) En général, cela produit un effet d'intensification du mot, ainsi qu'un ralentissement du rythme du vers.

La rime

La rime est le retour de mêmes sonorités à la fin d'au moins deux vers distincts. On parle de la **richesse de la rime**, ce qui correspond au nombre de sons en commun entre les mots qui en fin de vers riment entre eux.

- La **rime pauvre** : les mots qui riment ensemble n'ont qu'un son en commun.

  Exemple « mouton » et « chiffon » ont le son /on/ en commun
- La **rime suffisante** : les mots qui riment ensemble ont deux sons en commun.

  Exemple « mouton » et « téton » ont les sons /t/ et /on/ en commun
- La **rime riche** : les mots qui riment entre eux ont trois sons ou plus en commun.

  Exemple « mouton » et « glouton » ont les sons /ou/, /t/ et /on/ en commun

On peut également observer la **disposition des rimes**. Elle correspond à des schémas précis :

- Les **rimes plates** ou suivies se suivent deux à deux selon le schéma AABB.
- Les **rimes croisées** sont disposées en alternance : ABAB.
- Les **rimes embrassées** sont disposées en encadrement : ABBA.

B. La caractérisation du langage poétique

1. Le travail des sonorités

La rime est l'aspect le plus évident du travail sonore souvent présent dans un poème. Nous avons vu ci-dessus comment la caractériser.

Néanmoins, il existe des effets intérieurs, qui construisent eux aussi la musicalité du vers. Il faut ainsi « écouter » le vers, pour en percevoir les **assonances** ou les **allitérations** (respectivement les répétitions d'un son voyelle ou consonne). Le poème « Le Mal », de Rimbaud, contient par exemple une allitération du son « r » dans ses premiers vers : « les crachats rouges de la mitraille ». Les jeux de sonorité sont évidemment porteurs de sens : ici, les sonorités rugueuses reproduisent le bruit de l'arme qui tire. On peut alors parler d'« harmonie imitative ». Le poème d'Apollinaire « Le Pont Mirabeau », contient de très nombreux effets sonores de cet ordre, qui d'une part imitent le bruit monotone et coulant de l'eau, et d'autre part contribuent à faire de ce texte une sorte de « chanson ».

2. Le travail du rythme

Le rythme d'un poème correspond à sa vitesse, ou à l'inverse à sa lenteur, **à sa fluidité ou au contraire à ses heurts, ses ruptures, voire ses arrêts**. Le rythme d'un poème contribue à ses effets de sens.

- L'**anaphore** crée un effet de répétition, un systématisme qui peut permettre de mettre en lumière la séquence répétée ou ce qu'elle introduit.
- L'**enjambement** permet de faire glisser la suite et la fin d'une phrase au vers suivant.
- Le **rejet** procède du même principe que l'enjambement, mais la fin de l'énoncé se termine brutalement, juste au début du vers suivant.
- Le **contre-rejet** présente la construction inverse : la phrase commencée à la fin d'un vers se poursuit sur le vers suivant.

Le poème « Le Pont Mirabeau » contient par exemple un enjambement signifiant aux vers 8, 9, 10 : « tandis que sous / le pont de nos bras passe / des éternels regards l'onde si lasse ». On entend bien qu'ici, la ligne du vers reproduit exactement le courant de l'eau. On peut aussi s'amuser du jeu de la figure de style : l'enjambement poétique est placé précisément sur le mot « pont », qui enjambe littéralement le fleuve.

3. Les images poétiques

Le poète est artisan du langage. Il opère, pour vivifier celui-ci, des déplacements de sens, capables de faire naître des évocations, pour signifier autrement. La poésie est donc, par nature, un travail de l'image. On peut appeler « image » **un rapprochement opéré par la langue entre deux éléments éloignés, qui entretiennent cependant une certaine similitude, que l'image va justement proposer à notre esprit.** En un sens, une image est donc une redécouverte. Lorsque Baudelaire rapproche deux éléments éloignés comme le ciel et le couvercle, dans le quatrième « Spleen », il surprend notre œil et notre oreille. Le ciel renvoie à l'étendue infinie qui laisse devant chaque homme un horizon ouvert, il évoque la liberté, l'immensité, la spiritualité. Le couvercle est un objet concret, circulaire, plutôt petit, qui sert à sceller hermétiquement un contenant. Tout les sépare, apparemment. Pourtant le poète les associe pour ne former plus qu'une réalité. Le ciel devient un couvercle, tel est le nouveau paradigme proposé par l'image, sur la base d'une similitude qui semblait dérisoire : tous deux recouvrent. Alors que suggère cette image ? Voilà l'essentiel que vous devez saisir dans votre commentaire. **Une image s'interprète.** Une fois que vous avez identifié le procédé par lequel le poète la fait naître, vous devez en décrire l'effet, c'est-à-dire le supplément de sens qu'elle produit. Ainsi, dire que le ciel est un couvercle, c'est dire que le ciel n'est pas infini mais refermé sur lui-même en un rond, c'est dire qu'il n'ouvre pas mais qu'il obstrue, voire étouffe, c'est dire que la terre est un contenant où nous sommes enfermés. C'est, littéralement, retourner le sens commun associé au mot « ciel », puisque l'espace devient claustration.

L'image poétique repose donc sur un effort d'analogie, de rapprochement. **Métaphore, comparaison, métonymie ou allégorie** en sont bien sûr les instruments privilégiés et permettent de faire naître une vision, comme le fait Apollinaire au début de « Zone », avec l'expression métaphorique : « Bergère ô tour Eiffel ». Certaines figures d'opposition comme l'oxymore font aussi émerger un sens nouveau par l'association des contraires. Ainsi fait Baudelaire dans « Une Charogne » en rendant la carcasse « superbe » et en la comparant à une « fleur ».

4. Les registres poétiques

On parle de « registres littéraires » pour définir les principales tonalités dont un texte peut être empreint. La notion de registre n'est pas propre au genre poétique. Nous nous proposons de revoir ici les caractéristiques principales des registres les plus souvent mis en œuvre dans les textes poétiques.

Le registre lyrique

C'est le registre principal. Le mot « lyrisme » vient du mot « lyre », en référence à l'instrument d'Orphée ou Apollon. Lyrisme et poésie sont intrinsèquement liés depuis leur origine. Les poèmes lyriques sont le plus souvent écrits à la première personne et permettent au poète d'exprimer son intériorité, ou ses émotions et sentiments intimes. Volontiers emphatiques, ils peuvent présenter de fréquentes tournures exclamatives ou invocatoires et favorisent une expression hyperbolique. Le lyrisme privilégie également la musicalité, par les procédés évoqués plus haut. Sur le plan thématique, le lyrisme s'ouvre peu à peu à de nouveaux objets, comme nous l'avons vu notamment avec l'œuvre d'Apollinaire : dépassant le simple sujet amoureux, le lyrisme chante par exemple la nature ou la ville.

Le registre élégiaque

Plus précisément que le registre lyrique, le registre élégiaque permet d'exprimer regret et déploration. Sur la mélodie de la complainte, l'élégie pleure le deuil, la perte, l'exil. De nombreux poèmes des *Contemplations* sont des élégies.

Le registre satirique

Sous l'œil d'un poète amusé, des figures historiques, ou certains aspects de la vie sociale sont moqués. Les *Fables* de La Fontaine, de nombreux poèmes d'Hugo sur Napoléon III ou de Rimbaud sur la bourgeoisie ou le clergé relèvent de la poésie satirique. La satire s'attache à pointer, par des détails cinglants ou des associations dépréciatives, le ridicule des comportements.

Le registre pathétique

Il vise à éveiller la compassion du lecteur, en mettant généralement l'accent sur l'expression de la souffrance humaine, qu'elle soit physique, psychologique, ou sociale.

Fiche méthode

Méthode

Défricher le texte

Avant de penser au plan et à la problématique, il est important de balayer le texte en se posant successivement plusieurs questions. Vous ne verrez jamais tout au premier coup d'œil, il est donc nécessaire de lire le texte plusieurs fois en appliquant chaque fois un « filtre » différent. Nous vous proposons ainsi trois étapes pour trois lectures différentes.

A. Lecture ultra rapide

S'efforcer de lire le texte du premier au dernier mot, sans forcément tout comprendre, en moins de 5 min. Ne pas s'arrêter sur les difficultés, dans un premier temps.

Retenir ce que vous avez compris. Recueillir brièvement vos impressions de lecture.

B. Une première lecture attentive : le texte et moi

- De quoi parle le texte ? Faites un résumé en quelques lignes
- Qui parle dans ce texte et à qui ?
- Comment progresse le texte ? Trouvez un plan qui matérialise la progression.

NB : travail sur le lexique : assurez-vous d'avoir bien compris tous les mots du texte en reformulant si besoin. Les mots difficiles sont accompagnés d'une note le plus souvent, qu'il faut lire, si ce n'est pas le cas faites plusieurs hypothèses, en vous aidant du contexte, de l'étymologie ou des mots de même famille.

C. Une deuxième lecture avec surplomb : le paratexte et le texte

- Qui est l'auteur et qu'est-ce que je sais sur lui ? (Biographie, mouvement littéraire, œuvres)
- Quelle est l'époque de son écriture et le contexte historique ?
- Quel est le titre du texte, s'il y en a un, celui de l'œuvre dont il est extrait et quel lien puis-je faire entre ces titres et le texte lu ?
- Quel est le genre du texte ? (Pièce de théâtre, roman, sonnet, article de dictionnaire, etc.)
- Quel est le ton du texte, le registre (lyrique, épique, pathétique, comique, satirique, tragique, didactique, polémique...) : quel effet ou émotion suscite le texte ? Quel est le niveau de langue ? (Courant, soutenu, familier)

D. Troisième lecture myope : le texte ligne après ligne

Notez tout ce que vous remarquez sur :

- les pronoms (je et tu, il et elle, nous...)
- les temps verbaux
- les figures de style
- les champs lexicaux
- les parallélismes, répétitions
- *Pour un poème en vers* : le type de poème, de strophe, de vers, le rythme (la place de la césure, les rejets et enjambements), les sonorités (allitérations, assonances), les rimes, les diérèses. Voir la leçon sur ces sujets. Certains éléments sont également à commenter dans le cas d'un poème en prose mais pas le type de vers bien sûr, plutôt les sonorités.
- *Pour un texte de théâtre* : le volume des répliques et la répartition de la parole, les didascalies et leur lien à la parole, l'enchaînement des répliques, la place du spectateur dans le dialogue, la fonction du dialogue et le type de scène.
- Soyez attentif aux étrangetés, à ce qui vous surprend dans le texte, c'est souvent qu'il y a quelque chose à commenter.

Utilisez des stylos de couleur, marqueurs (une couleur pour un même champ lexical par exemple). Faites varier les procédés de relevé : soulignez les verbes à l'imparfait, entourez les figures de styles importantes, faites des accolades pour le plan du texte, bref appropriez-vous la page !

NB : si le plan vous est donné dans le sujet de commentaire, **faites des lectures orientées par l'intitulé des parties.**

Méthode appliquée

Sujet

↳ Faire le commentaire composé du texte suivant.

Document AUBE

J'ai embrassé l'aube d'été.

Rien ne bougeait encore au front des palais. L'eau était morte. Les camps d'ombres ne quittaient pas la route du bois. J'ai marché, réveillant les haleines vives et tièdes, et les pierreries regardèrent, et les ailes se levèrent sans bruit.

La première entreprise fut, dans le sentier déjà empli de frais et blêmes éclats, une fleur qui me dit son nom.

Je ris au wasserfall[1] blond qui s'échevela à travers les sapins : à la cime argentée je reconnus la déesse.

Alors je levai un à un les voiles. Dans l'allée, en agitant les bras. Par la plaine, où je l'ai dénoncée au coq. À la grand-ville elle fuyait parmi les clochers et les dômes, et courant comme un mendiant sur les quais de marbre, je la chassais.

En haut de la route, près d'un bois de lauriers, je l'ai entourée avec ses voiles amassés, et j'ai senti un peu son immense corps. L'aube et l'enfant tombèrent au bas du bois.

Au réveil il était midi.

Arthur Rimbaud, « Aube », *Illuminations*, 1886

1. Mot allemand qui signifie chute d'eau et cascade

Corrigé

B. Première lecture attentive

- **De quoi parle le texte ?** Ce texte raconte la poursuite de l'aube par un poète-enfant qui finit par l'enlacer. Le thème de ce poème est donné par la première phrase.
- **Qui parle dans ce texte et à qui ?** C'est le poète qui parle à la première personne et fait le récit au lecteur de cette course-poursuite.

  Mais à la fin du poème, la troisième personne du pluriel (« l'aube et l'enfant tombèrent ») signale une prise de distance du sujet avec lui-même. Outre le changement de pronom, on note une progression temporelle puisqu'on passe de « l'aube », entre le jour et la nuit, à l'heure de « midi », c'est-à-dire le zénith, à la fin du texte. Cette progression est plus généralement celle qui fait passer du sommeil de la nature au réveil, de l'immobilité au mouvement.
- **Comment progresse le texte ?** Ainsi, après une première phrase qui donne le sujet et l'action « j'ai embrassé l'aube d'été », le texte déploie le processus qui y a mené dans un récit qui suit la marche du poète enfant et détaille les « entreprise(s) » et les dévoilements successifs avant l'embrassade finale.
- **Mot difficile** : le « wasserfall blond » : la note me signale qu'il s'agit en allemand d'une chute d'eau ce qui semble difficile dans le poème, l'adjectif « blond » colore cette chute d'eau et me permet de faire un rapprochement avec la lumière de l'aube, je devine alors qu'il s'agit sans doute d'une métaphore qui rapproche la lumière d'un écoulement et donne une image liquide de la lumière.

C. Deuxième lecture en surplomb

- **Qui est l'auteur ?** L'auteur de ce texte est Rimbaud, poète « voyant » qui a écrit de célèbres poèmes comme « Voyelles », « Ma Bohême », « Le Dormeur du val » : ces textes célèbrent la force de la jeunesse et de la création poétique. Il a lui-même écrit et pratiqué la poésie très jeune et sur un temps très court (il arrête d'écrire à 20 ans)
- **Quelle est l'époque de son écriture et le contexte historique ?** Le texte est écrit et publié à la fin du XIXe siècle, c'est le moment de la guerre franco-prussienne et de la Commune de Paris.
- **Quel est le titre du texte et de l'œuvre ?** Le texte s'appelle « Aube » et le titre se trouve justifié dès la première ligne : l'aube est embrassée ; et on la retrouve à la fin du poème où elle tombe avec le poète. La même

action d'embrasser ouvre et ferme le poème. Le titre de l'œuvre : *Illuminations* renvoie au fait d'éclairer d'une vive lumière (on peut penser aux illuminations de Noël) et dans un sens plus spirituel à l'apparition soudaine d'une idée voire à une révélation divine. On comprend déjà le lien avec notre poème qui situe son cadre temporel au moment du passage de l'ombre à la lumière, mais cette illumination peut aussi prendre un sens spirituel, celui d'une révélation amoureuse et poétique.

- **Quel est le genre du texte ?** Ce texte est un poème en prose. La prose est ce qui va de l'avant (*prorsum* en latin qui signifie en avant), or la prose est ici parfaitement adaptée au sujet : une marche en avant à la poursuite de l'aube qui s'enfuit. Le travail poétique est néanmoins visible dans les jeux de sonorité, comme l'allitération en [b] « l'aube et l'enfant tombèrent au bas du bois »
- **Quel est le registre du texte** ? le poète nous fait partager ses émotions : l'éveil de la nature, l'enthousiasme de la poursuite, et la sensualité de l'embrassade. C'est un registre lyrique. Le niveau de langue est soutenu : cf « le front des palais », on trouve aussi cette métaphore chez un poète comme du Bellay, il s'agit du fronton des palais.

D. Troisième lecture myope

Quelques exemples seulement :

- **Les temps verbaux** : à relever au moyen de stylos de couleur sur le texte.

  Dans ce poème on trouve les temps du passé : des passés simples pour une action brève et accomplie (« regardèrent », « se levèrent », « fut », « dit », « ris », « s'échevela », « reconnus », « levai », « tombèrent »), des imparfaits pour la description, notamment celle de la nature (« bougeait », « était » 2 fois, « ne quittaient ») ou des actions envisagées dans leur durée, comme dans la course-poursuite (« elle fuyait », « je la chassais »).
- **Les figures de style**

  La figure de ce style dominante est **la personnification** : la nature est dotée d'attributs humains, ainsi l'eau est « morte », les pierres regardent, la fleur parle. Mais c'est surtout l'aube qui est personnifiée en femme : elle est embrassée, dénoncée, chassée, elle fuit, enfin elle est entourée. Cette femme est aussi une déesse portant des voiles que le poète repousse. Il y a donc **une métaphore amoureuse sensuelle** derrière cette chasse de l'aube qui peut aussi renvoyer à un homme qui poursuit une femme et son désir.

Autre figure de style, la **comparaison** « comme un mendiant » : qui renvoie aux images de lui-même que donne le poète, plus bas il parle d'« enfant » : images que l'on retrouve souvent chez Rimbaud.

- **Se laisser surprendre par le texte** : beaucoup de choses étonnantes dans ce texte par exemple « je levai un à un les voiles » : on connaît d'autres usages du verbe lever, notamment sous la forme pronominale : on peut dire que l'aube se lève et au sens figuré on trouve : « lever le voile sur quelque chose », c'est-à-dire qu'on le révèle. Ici Rimbaud joue sur l'expression : ce n'est plus « un » mais « des » voiles et voile n'est plus une image mais la description de ce qui entoure l'aube-femme. Rimbaud prend l'expression au pied de la lettre et la tord légèrement.
- **Autre étonnement possible** : une phrase sans verbe « Dans l'allée, en agitant les bras », mais on comprend le sens en lisant la suite « Par la plaine, où je l'ai dénoncée au coq » : il y a donc comme deux compléments de lieu au verbe « lever les voiles », même s'il s'agit de deux phrases séparées.

D'autres associations peuvent vous sembler étranges : « les camps d'ombres » « les quais de marbre » ou encore « les clochers et dômes » (on attend plutôt les clochers et les toits) : à vous de donner sens à ces trouvailles poétiques ou tout simplement de faire des hypothèses, car en matière de poésie plusieurs interprétations cohabitent souvent !

Sujet corrigé

Commentaire composé

Sujet

↳ **Vous ferez le commentaire de ce poème.**

Document « Fantaisie »

Il est un air pour qui je donnerais
Tout Rossini, tout Mozart et tout Weber[1] ;
Un air très vieux, languissant et funèbre
Qui pour moi seul a des charmes secrets.

Or, chaque fois que je viens à l'entendre,
De deux cents ans mon âme rajeunit :
C'est sous Louis treize… et je crois voir s'étendre
Un coteau vert que le couchant jaunit,

Puis un château de briques à coins de pierre,
Aux vitraux teints de rougeâtres couleurs,
Ceint de grands parcs, avec une rivière
Baignant ses pieds, qui coule entre des fleurs.

Puis une dame, à sa haute fenêtre,
Blonde aux yeux noirs, en ses habits anciens…
Que, dans une autre existence peut-être,
J'ai déjà vue ! – et dont je me souviens !

Gérard de Nerval, *Odelettes*, 1853

1. Compositeurs du XVIIIe siècle. Prononcer « Vèbre ».

Né en 1808 et mort dramatiquement en 1885, Gérard de Nerval, de son vrai nom Gérard Labrunie, est un écrivain romantique. Surtout connu pour ses nouvelles et ses poèmes, il montre dans ses œuvres sa fascination pour le rêve, l'occultisme et l'ésotérisme. Le recueil *Odelettes*, qu'il publie en 1853, regroupe des poèmes dont l'auteur met en avant, par le titre, la simplicité et la musicalité. Le poème qui nous est ici proposé, intitulé « Fantaisie », évoque directement cette thématique musicale : formé de quatre quatrains de décasyllabes, il dit la mélancolie qu'une mélodie tout à coup entendue éveille chez le poète. Comment la musique permet-elle de dire la nostalgie ? Pour répondre à cette question, nous verrons d'abord que ce poème montre le pouvoir de la musique ; puis nous montrerons qu'il met en œuvre ce pouvoir en se faisant lui-même musical ; enfin, nous étudierons la nostalgie du passé qu'il provoque chez le lecteur.

*

* *

Dans ce poème, le poète dit le pouvoir qu'a sur lui la musique.

La musique est le thème principal du poème. Cela est indiqué par l'utilisation, dès le premier vers, du terme « air », répété ensuite au vers 3. Mais, comme le caractère flou du terme le dit, c'est une musique anonyme et populaire, intemporelle. La seule caractéristique qu'on en a tient au champ lexical de la mort employé au vers 3 dans les adjectifs « très vieux » et « languissant et funèbre ». Il est difficile de savoir si ce champ lexical dit l'état ou la fonction de ce chant : est-ce un air mort parce que démodé, oublié, disparu à l'époque du poète ou un air funèbre parce que chanté au moment de la mort, c'est-à-dire lors de veillées funèbres ou d'enterrements ? Il est difficile de trancher cette ambiguïté, mais sans doute n'est-ce pas important : tout ce qui semble importer, c'est le lien mystérieux de cette musique avec la mort, qui en fait un air mélancolique et doux.

Le poète affirme avec force son amour pour cette musique. Il faut remarquer le jeu d'opposition entre le terme « un air » (v. 1) et les métonymies hyperboliques « tout Rossini, tout Mozart et tout Weber » (v. 2) : à l'anonymat s'opposent des noms propres, et au singulier s'oppose une totalité marquée par la répétition de l'adjectif « tout » et l'énumération. Cela créé un effet de surenchère paradoxale : face aux brillantes œuvres de très grands compositeurs, extrêmement admirés des romantiques et de ses contemporains, Nerval affirme sa préférence pour un air inconnu. L'expression « pour moi seul », au vers 4, dans laquelle l'adjectif « seul » vient insister sur la singularité de ce goût, mais aussi sur la solitude du poète, met bien en avant le caractère subjectif de cet amour.

Or cette musique exerce sur le poète un pouvoir presque magique. Elle a pour lui, dit-il, « des charmes secrets » (v. 4). Le mot « charmes » ici est sans doute à prendre en son sens fort : étymologiquement, il vient du latin *carmen* qui signifie à la fois « chant » et « envoûtement, enchantement ». C'est donc dire que la musique exerce un effet magique, ensorcelant, sur le poète, et on le voit dès le deuxième quatrain :

« Or chaque fois que je viens à l'entendre

De deux cents ans mon âme rajeunit »

Elle a un pouvoir immédiat sur le poète, celui de changer non pas son corps mais son âme. Comme un philtre magique, elle lui rappelle sa réincarnation, elle la fait voyager dans le temps, revenir à des époques antérieures que son corps n'a pas connues. Son charme secret, c'est de provoquer chez le poète une métempsychose, de le faire entrer dans un autre ordre de réalité : son univers intérieur.

*

* *

La musique n'est pas seulement le thème principal de ce poème, elle en constitue aussi la forme : en effet, « Fantaisie » est un poème très musical.

Les titres l'indiquent dès le début. Prenons le titre du recueil : *Odelettes*. Comme nous l'avons dit plus haut, il renvoie d'emblée à la musique parce que l'odelette est une petite ode, or l'ode est un poème accompagné d'un chant. Penchons-nous ensuite sur le titre du poème : « Fantaisie ». Il désigne bien sûr la forme libre adoptée par le poète, qui a écrit un poème n'appartenant à aucune forme traditionnelle fixe bien qu'il soit proche du sonnet, mais il fait signe aussi vers la musique puisque c'est le titre de plusieurs pièces de Mozart et de Chopin. D'emblée donc, par ses titres, le poème est présenté comme un morceau de musique.

Or c'est bien ce qu'en fait l'important travail sur le rythme et les sonorités que l'on peut observer dans le poème. Il faut d'abord remarquer le choix du décasyllabe, plutôt que de l'alexandrin, qui est le vers utilisé pour les chansons. On peut aussi noter les rythmes ternaires employés aux vers 2 et 3 : « tout Rossini, tout Mozart et tout Weber » et « très vieux, languissant et funèbre ». Remarquons aussi la fluidité que la pratique des enjambements crée : ainsi entre les vers 1 et 2, entre les vers 3 et 4, ou encore entre les vers 7 et 8. On peut même dire que les troisième et quatrième couplets sont entièrement bâtis avec des enjambements qui enchaînent avec fluidité les images. Les points de suspension, aux vers 7 et 14, ont le même effet de rendre le poème fluide, en permettant à la phrase de se finir doucement. Tout ce travail sur le rythme du poème en accentue le caractère mélodieux.

On observe le même travail sur les sonorités : les rimes sont embrassées dans le premier quatrain (ABBA), mais elles sont ensuite croisées dans les suivants (CDCD). Là aussi, c'est une « fantaisie » de Nerval de ne pas respecter le même schéma pour toutes les strophes. En revanche, de façon classique, les rimes féminines et masculines alternent. Le côté envoûtant de la musique est rendu par le jeu sur les allitérations en « e » et « è » que l'on observe particulièrement dans le premier vers (« Il **est** un **air** pour qui je donn**erais** ») mais que l'on retrouve aussi dans le vers suivant : « W**e**ber », « sec**ret**s » et sur les allitérations en « s » (« Ro**ss**ini » v. 2, « langui**ss**ant » v. 3, « **s**eul » v. 4, « secrets » v. 4, « cents » v. 6, « c'est » v. 7, « sous » v. 7, « s'étendre » v. 7, *etc.*). Les répétitions de « air » (v. 1 et 3) et de « tout » (v. 3) produisent également cet effet d'entêtement.

*

* *

Ce pouvoir qu'a la musique, pour le poète, c'est celui de provoquer la nostalgie du passé : grâce à la musique, le poète voit son monde intérieur.

La musique fait entrer le poète dans une vision qui se déroule au présent : « c'est » et « je crois » écrit-il au vers 7. Elle fait surgir un tableau, que l'on pourrait prendre pour une rêverie : ainsi le modalisateur « je crois », au vers 7, met-il à distance la vision et évoque-t-il plutôt un rêve. Pourtant, à la fin du poème, cette vision est présentée comme un souvenir : c'est une femme, dit le poète,

« Que dans une autre existence peut-être

J'ai déjà vue et dont je me souviens ! » (v 15 et 16).

Loin d'un rêve né de l'imagination, la vision peinte par le poète serait le souvenir d'une vie réelle mais antérieure. Le point d'exclamation finale, qui semble souligner l'enthousiasme et la joie du poète, accentue l'affirmation. Alors, les faits ont-ils eu lieu ou n'ont-ils jamais eu lieu ? Entre rêve et souvenir, imagination et réalité, le statut de cette vision s'avère ambigu.

La vision onirique est elle aussi très imprécise. Ce n'est pas qu'elle ne soit pas organisée. On peut remarquer la pratique de l'énumération et l'emploi de l'adverbe « puis » au vers 13 qui l'ordonnent, ainsi que son mouvement qui va du plus large au plus précis (la colline, le château, la fenêtre et la dame). Mais l'ancrage temporel est très vague : « c'est sous Louis XIII » indique le poète au vers 7. L'on comprend que ce n'est pas une période précise qui est évoquée, mais une époque : celle de l'Ancien Régime à laquelle Nerval est attaché par tout un imaginaire aristocratique et chevaleresque. L'ancrage spatial n'est pas plus précis : c'est un « coteau » (v. 8) donc un paysage lointain. De même, on peut voir que le château a des « vitraux » (v. 10) et non des fenêtres : est-ce de la chapelle du château plus précisément qu'il s'agit ? Là encore, il faut comprendre que ce qui compte pour le poète n'est pas tant une description précise que l'atmosphère de sacré convoquée par les vitraux. Dernier élément flou : les « habits anciens » (v. 14) de la femme, très vaguement évoqués par un poète qui a pourtant noté juste avant les « yeux noirs » de la dame… C'est qu'à nouveau compte moins le vêtement lui-même que les temps passés qu'il évoque.

La vision a beau être assez floue, elle présente un cadre idyllique. Elle est d'abord très colorée, comme le montre le champ lexical de la couleur utilisé : « vert » et « jaunit » (v. 8), « vitraux » et « rougeâtre » (v. 10), « blonde » et « noirs » (v. 14). Le cadre lui-même est bucolique : c'est une colline au couchant du soleil, avec un château entouré de parc et d'une rivière. Le paysage est donc lumineux, mais d'une lumière douce et tamisée de fin de journée. La dernière image, celle d'une dame à sa fenêtre, est, elle aussi, idyllique. *Topos* des chansons médiévales, elle évoque tout un imaginaire courtois : cette noble et belle dame, pure et inaccessible, à la fois sainte et princesse, n'attend-elle pas fidèlement un chevalier parti combattre au loin et qui reviendra couvert d'honneurs ? Dans cette vision, c'est tout l'imaginaire d'un ancien monde aristocratique, disparu à l'époque de Nerval mais qui le fascine, qui ressurgit. Est-ce la nostalgie d'une autre époque à laquelle aurait préféré vivre le poète qui se dit ici ? Expression du « mal du siècle » romantique, cette vision pourrait aussi être celle du deuil. En effet, Gérard de Nerval a perdu sa mère à l'âge de deux ans. Cette vision radieuse de femme qui surgit entre rêve et souvenir pourrait donc, si l'on en fait une lecture psychanalytique, évoquer la mère trop tôt disparue, de même que l'« air funèbre » pourrait renvoyer à une berceuse, chantée par cette mère trop tôt disparue, tandis que la vision idéale et idyllique pourrait être une façon de dire, sous une forme de mythe, le bonheur du temps de l'amour maternel.

*

* *

Dans ce poème caractéristique du romantisme par sa liberté formelle et ses thèmes majeurs, qui à la fois dit et met en œuvre le pouvoir de la musique, Gérard de Nerval montre combien un simple « air » permet, par la création d'images qu'il provoque, d'accéder à un passé perdu et enfoui dans les tréfonds de l'être, que ce soit le passé idéalisé d'une génération romantique mal dans son siècle ou le passé douloureux et latent à la conscience d'un orphelin hanté par la mort de sa mère. N'est-ce pas le même rôle magique de réminiscence que jouent le chant de la grive pour Chateaubriand, dans le livre III des *Mémoires d'Outre-Tombe*, ou la madeleine trempée dans du thé pour Proust, dans *Du Côté de chez Swann* ?

S'exercer à la dissertation sur programme

Synthèse de cours

I. Victor Hugo, *Les Contemplations*

Le programme propose de n'étudier que **les livres I à IV** des *Contemplations*. Le **parcours associé** à cette œuvre est : « Les Mémoires d'une âme ».

A. Qui était Victor Hugo ?

1. Victor Hugo et le XIXe siècle

Victor Hugo est né en 1802 et est mort en 1885 ; par ses dates de naissance et de mort, ainsi que par sa longévité, Victor Hugo est un homme qui représente particulièrement bien ce qu'a été le XIXe siècle en France :

- un siècle profondément et durablement marqué par le souvenir de **la Révolution française** de 1789, et par les excès de la Terreur en 1793.
- un siècle qui, après la chute de l'Ancien Régime en 1789, s'est essayé à **différents régimes politiques**, avant d'aboutir à la IIIe République, qui sera maintenue jusqu'en 1940 : l'Empire de Napoléon Ier d'abord, de 1804 à 1814/1815, régime autoritaire, attaché aux acquis de la Révolution, comme celui de l'égalité civile (tous les citoyens sont égaux devant la loi) ; la Restauration de la monarchie ensuite, gouvernée successivement par les deux frères de Louis XVI, le mesuré Louis XVIII,

puis l'ultraroyaliste Charles X ; les deux frères ne peuvent renier ce qu'a apporté la Révolution : quand Louis XVIII parvient à trouver un difficile compromis entre l'héritage révolutionnaire et le retour au régime monarchique, Charles X, au contraire, va dans le sens d'un durcissement de la monarchie, ce qui lui vaut d'être renversé par la Révolution de Juillet en 1830 ; la Monarchie de Juillet, ou monarchie constitutionnelle, gouvernée par Louis-Philippe (cousin de Louis XVIII et Charles X) est alors mise en place : le nouveau régime a pour ambition de trouver un juste milieu entre les excès du pouvoir populaire, et les dérives de l'absolutisme monarchique. Louis-Philippe est finalement renversé par la Révolution de 1848 faisant advenir la très courte IIe République : le 2 décembre 1851, Louis-Napoléon Bonaparte (neveu de Napoléon Ier) prend le pouvoir à la faveur d'un coup d'État ; il se fait couronner empereur et prend le nom de Napoléon III : c'est l'instauration du Second Empire, qui durera jusqu'en 1870, date à laquelle Napoléon III est renversé, et la IIIe République instaurée.

L'**engagement politique** de Victor Hugo, inséparable de son œuvre d'écrivain et de poète, on va le voir en étudiant *Les Contemplations*, évolue radicalement au cours du siècle : si, dans sa jeunesse, Hugo est un fervent défenseur de la monarchie et de la cause ultra (ultraroyaliste), il est peu à peu attiré par les propositions des Libéraux, ce qui l'amène à rompre avec le régime de Charles X, et à soutenir la monarchie de Juillet de Louis-Philippe ; il ne devient républicain qu'à la fin de la IIe République, et rejette ainsi violemment le coup d'État de décembre 1851, et le Second Empire, ce qui l'amènera à s'exiler hors de France, dans les îles anglo-normandes de Jersey et de Guernesey, jusqu'au retour du régime républicain, en 1870. Victor Hugo a donc ardemment défendu le régime républicain du début des années 1850 jusqu'à la fin de sa vie, ce qui en a fait « **un homme de la République** » (alors même qu'il avait été farouchement monarchiste dans sa jeunesse : d'homme de droite, il est devenu homme de gauche), et lui a valu des funérailles nationales, ainsi que le transfert de sa dépouille au Panthéon.

2. L'histoire familiale

Après Abel et Eugène, Victor Hugo est le troisième et dernier fils d'un général d'Empire, Léopold Hugo, et d'une jeune femme issue de la bourgeoisie nantaise, Sophie Trébuchet. Il passe une partie de son enfance au couvent des Feuillantines, à Paris, dont il évoque les souvenirs heureux dans un poème des *Contemplations* (v. 10). Lorsque sont publiées *Les Contemplations*, Hugo a perdu depuis longtemps sa mère, ainsi que ses deux frères ; c'est l'occasion, pour le poète, de convoquer ces figures de morts dans ses poèmes.

En 1822, Victor Hugo épouse Adèle Foucher, qui lui donnera cinq enfants : Léopold (qui meurt à peine quelques mois après sa naissance), Léopoldine,

Charles, François-Victor, et Adèle. À plusieurs reprises, le poète évoque dans *Les Contemplations* les scènes de joie familiale (IV, 9).

En 1833, il rencontre Juliette Drouet, qui sera sa maîtresse jusqu'à la fin de ses jours.

Le 4 septembre 1843, alors qu'il revient d'un séjour dans les Pyrénées avec sa maîtresse, il apprend dans un journal la mort de sa fille Léopoldine, à peine âgée de 19 ans, noyée dans la Seine avec son mari Charles Vacquerie, à côté de Villequier. Hugo est terriblement affecté par cette mort qu'évoqueront, treize ans plus tard, *Les Contemplations*. La mort de Claire Pradier, fille de Juliette Drouet, quelques années plus tard, vient réveiller le souvenir cuisant de la perte de Léopoldine ; Claire devient un double de Léopoldine dans *Les Contemplations* (V, 14 ; VI, 8).

En décembre 1851, on l'a vu, Hugo est contraint de quitter la France, à la suite du coup d'État de Napoléon III. Par sa situation d'exilé, qui le prive de tout (position sociale, gloire littéraire, rôle politique, etc.), le poète a le sentiment d'être mort, d'être devenu une sorte de spectre, ce qui le rapproche paradoxalement de sa fille Léopoldine, morte elle aussi quelques années plus tôt, avec qui il lui semble plus aisé de communiquer ; ainsi, cette terrible épreuve de l'exil est aussi l'occasion de se rapprocher de sa fille perdue. Après quelques années passées dans la maison de Marine-Terrace sur l'île de Jersey, Victor Hugo s'installe sur l'île de Guernesey, dans la maison de Hauteville-House ; plusieurs poèmes des *Contemplations* évoquent la maison de Marine-Terrace et ses paysages anglo-normands. Dans son exil, Hugo reçoit toutefois la visite de certains amis, dont fait partie Delphine de Girardin (à qui il dédie le poème 10 du premier livre des *Contemplations*) ; celle-ci l'initie à la pratique des tables tournantes (procédé utilisé par les adeptes du spiritisme pour permettre aux vivants de communiquer avec les esprits des morts), dont on trouve maints échos dans *Les Contemplations* ; pour ne donner qu'un exemple, le dernier poème du livre VI, « Ce que dit la bouche d'ombre », est directement inspiré de cette expérience : le poète met en scène la voix d'un « spectre » qui lui révèle certains mystères.

3. Une œuvre monumentale et moderne

Il est difficile d'embrasser du regard l'ensemble de l'œuvre de Hugo, tant elle est étendue, et variée. Hugo s'est illustré dans les trois grands genres que sont le théâtre, le roman et la poésie ; il ne s'est d'ailleurs pas contenté de les illustrer, il les a fait évoluer en en bouleversant les règles.

Ses romans les plus connus sont *Notre-Dame de Paris* (publié en 1831), *Les Misérables*, (1862) et *L'Homme qui rit* (1869) ; dans *Les Contemplations*, publiées avant *Les Misérables*, en 1856, certains poèmes « sociaux », mettant en scène des pauvres, des « misérables » annoncent le grand roman à venir (III, 2, 14, et 17).

Ses deux plus célèbres pièces de théâtre sont peut-être *Hernani* (1830) et *Ruy Blas* (1838). La première représentation d'*Hernani* donne lieu à une « bataille » : les conservateurs, partisans d'une conception classique du théâtre, s'opposent alors aux jeunes romantiques, dont Hugo devient du même coup le chef de file, partisans d'un théâtre renouvelé, prenant leurs distances avec les règles du théâtre classique (à cet égard, la préface de la pièce de théâtre *Cromwell*, drame publié par Hugo en 1827, constitue une première révolution théâtrale). Dans le poème V, 3 des *Contemplations*, Hugo revient sur la modernité de son œuvre théâtrale.

Enfin, son œuvre poétique est tout aussi considérable.

Qu'est-ce que le romantisme ?

- Le nom « romantisme » n'est employé pour la première fois qu'en 1804 – la forme adjectivale (« romantique ») existe déjà, et est employée dans deux sens très particuliers : est « romantique » ce qui a trait au genre romanesque ; sinon, le terme est employé en peinture pour qualifier un paysage pittoresque.
- Il est particulièrement difficile de définir en quelques mots ce qu'a été le mouvement littéraire du romantisme au XIXe siècle, car sa définition a varié selon les périodes, et selon les artistes. Ce qui est certain, c'est que pour Hugo le romantisme est indissociable de l'idée de révolution : la Révolution politique de 1789, aurait entraîné une révolution de type littéraire, esthétique, qui prendrait le nom de « romantisme » (cette idée est très présente dans le poème du premier livre des *Contemplations,* intitulé « Réponse à un acte d'accusation ») ; cette révolution est de différents ordres :
  - Avec la pensée des Lumières, et la Révolution de 1789, apparaît la notion d'« individu » : l'homme n'est plus déterminé par son appartenance à un ordre immuable, mais se caractérise par une volonté, une identité qui lui est propre, fondée bientôt en droit par des libertés que lui reconnaît la Révolution française. En termes littéraires, l'émergence de l'individu se traduit par des œuvres lyriques, exaltant le « moi », mettant en scène l'introspection du poète. Cette exaltation du « je », du « moi » lyrique est souvent associée chez les poètes romantiques à la célébration de la nature : le poète, particulièrement sensible aux charmes de la nature, a le sentiment que cette nature reflète son état d'âme.
  - Ce mouvement d'introspection n'empêche pas le poète romantique d'être attentif au monde qui l'entoure, et d'être notamment particulièrement sensible aux nombreux bouleversements historiques qui affectent son temps ; comme ses contemporains,

Hugo a le sentiment de vivre, depuis la Révolution française, une accélération de l'Histoire, l'amenant à s'interroger sur le sens même de cette Histoire ; l'idée très répandue est que l'Histoire humaine est régie par le Progrès, et que le XIXe siècle donne à voir l'accomplissement de la destinée humaine.

- Enfin, de même que la Révolution de 1789 a octroyé des libertés à l'individu, le poète romantique vient libérer la littérature du carcan des anciennes règles classiques. Cette libération s'effectue dans le choix des mots (Hugo n'hésite pas à faire entrer en poésie des mots considérés jusque-là comme trop prosaïques pour y figurer), dans le mélange des tonalités et des genres (les pièces de théâtre de Hugo sont des « drames » associant aussi bien des éléments tragiques que comiques), et dans le domaine de la versification (Hugo démantèle l'alexandrin, en n'obéissant pas nécessairement à la règle de la césure et des deux hémistiches ; il bouleverse le rythme du vers en ménageant enjambements et rejets).

4. La place des *Contemplations* dans l'œuvre poétique de Hugo

Victor Hugo est déjà considéré comme un très grand poète quand paraissent *Les Contemplations*, en 1856. De grands recueils poétiques, publiés dès le début des années 1820, puis au cours des années 1830 et au début des années 1840, ont assuré sa gloire de poète ; ce sont successivement les *Odes et Ballades* (1826 et 1828), les *Orientales* (1829), *Les Feuilles d'automne* (1831), *Les Chants du crépuscule* (1835), *Les Voix intérieures* (1837) et *Les Rayons et les Ombres* (1840).

Le recueil des *Contemplations* est publié en 1856, juste après le recueil des *Châtiments* publié en 1853. Ce sont donc deux œuvres d'exil. Il ne faudrait pas attribuer au long silence poétique de Hugo (treize années séparent la publication du recueil *Les Rayons et les Ombres* de celle des *Châtiments*) un manque d'inspiration : l'élaboration du projet des *Contemplations*, et l'écriture de certains poèmes, datent des années 1840. Ainsi, Hugo conçoit son recueil des *Contemplations* comme une œuvre lyrique s'inscrivant dans la continuité des recueils écrits dans les années 1830, venant comme les couronner.

Ce sont deux événements majeurs qui vont décider le poète à façonner entièrement, et donner une forme définitive à son projet initial des *Contemplations* : la mort de sa fille chérie, Léopoldine, le 4 septembre 1843, et l'expérience de l'exil politique, à partir de décembre 1851. Les deux événements, l'un personnel, l'autre politique, ne sont pas d'ailleurs si isolés l'un de l'autre qu'ils n'y paraissent : le premier amène le père à s'interroger sur le sens de l'existence et de la mort (quel sens donner à la vie quand une mort si injuste, contraire à l'ordre des choses, se produit ?) ; le second, privant le poète d'une grande partie de son identité (politique, sociale, entre autres), le fait plonger dans une sorte de mort : le poète exilé se met très souvent en scène comme un spectre, un fantôme, ou un esprit (V, 2), ce qui lui permet de se rapprocher de sa fille morte. Le poème liminaire du livre III où Hugo rend hommage à Dante (grand poète italien de la fin du XIIIe siècle et du début du XIVe siècle, auteur de *La Divine Comédie*) est une manière pour le poète de rappeler indirectement son propre exil : Dante, bien avant Hugo, a dû s'exiler de sa patrie en quittant Florence.

Les *Contemplations* ne doivent donc pas être lues comme un recueil exclusivement lyrique, mettant en scène la souffrance d'un père ayant perdu sa fille prématurément ; bien au contraire, les *Contemplations*, qui ne cessent de ressasser la douloureuse expérience de l'exil du poète, depuis le coup d'État du honni Napoléon III, développent toute une veine politique. On peut d'ailleurs rappeler que le projet initial de Hugo était d'écrire une seule œuvre poétique à deux volets, l'un, politique, dénonçant le nouveau régime mis en place par Napoléon III (c'est ce qui deviendra le recueil des *Châtiments*), l'autre, lyrique et mélancolique. Ces deux veines, lyrique et politique, sont souvent indissociables. Le titre du dernier poème des *Contemplations*, « À celle qui est restée en France », en est un bon exemple : il évoque à la fois l'exil politique du poète qui, lui, a dû quitter la France, et le souvenir de la fille perdue, Léopoldine, enterrée en France.

B. Comment comprendre le titre de l'œuvre, *Les Contemplations* ?

1. Quel sens donner au verbe « contempler » ?

Le verbe « contempler » est beaucoup plus utilisé que le nom « contemplation » dans le recueil ; il est présent dans de nombreux poèmes (en III, 30, IV, 3 ou VI, 14, par exemple) pour qualifier l'activité du poète.

Étymologiquement, le verbe « *contemplari* », en latin, signifie « regarder attentivement », « observer par la pensée » ; il est composé du nom « *templum* » (ayant donné en français le mot « temple ») qui désigne l'espace de ciel et de terre que délimite un oracle pour interpréter les présages, et lire l'avenir ; le mot a donc une connotation religieuse.

Dire que le poète « contemple », c'est lui attribuer un rôle, une mission très particulière : le poète est représenté comme un être privilégié, capable d'observer le monde qui l'entoure et d'en déchiffrer les énigmes : mystère de la vie, mystère de la mort. Notre recueil a donc une dimension philosophique, dans la mesure où il met en scène un poète en quête de vérité, méditant sur les mystères de la vie humaine.

2. Que contemple le poète ?

La nature et la beauté

Le poète est souvent mis en scène en train de contempler la nature et sa beauté ; les premiers poèmes du livre I le montrent bien : en I, 2, « Le poète s'en va dans les champs ; il admire / Il adore » ; en I, 12, il observe les « roses », les « jasmins » et les « pervenches ». Son regard se tourne aussi bien vers la terre que vers le ciel ; ainsi, dans le célèbre et dernier poème du livre III, intitulé « Magnitudo parvi », le poète et sa fille contemplent au crépuscule une étoile perdue dans « l'espace / Dans les ténèbres de l'azur, dans l'étendue où tout s'efface, / Radieux gouffre ! abîme obscur ».

Cette nature peut être un objet de délectation, mais aussi un objet de profond effroi ; ainsi, le poète contemple en frémissant un « gouffre », des « ténèbres », « l'invisible », dans le poème 14 du livre VI.

À travers la contemplation de la nature, le poète s'attache en fait à percer le mystère du monde ; à travers le visible, il s'agit de voir l'invisible.

L'invisible

Paradoxalement, à force de contempler, le poète finit par devenir aveugle au monde extérieur : dans le deuxième poème du livre I, ce sont finalement les éléments du paysage (arbres et fleurs) qui observent le poète plus que lui ne les observe ; c'est que le poète est parvenu à un tel degré de contemplation qu'il côtoie des vérités invisibles.

La contemplation peut donc aboutir à la révélation de vérités, de mystères. Dans l'un des derniers poèmes du livre VI, « Ce que dit la bouche d'ombre », le poète reçoit d'abord, de la part d'un « spectre » qui le « prend par les cheveux » et l'emporte « sur le haut d'un rocher », une révélation désespérante : « Je vais t'emplir les yeux de nuit et de lueurs. / Prépare-toi, front triste, aux funèbres sueurs », déclare le spectre, en ajoutant un peu plus loin : « Et d'abord sache / Que le monde où tu vis est un monde effrayant / Devant qui le songeur, sous l'infini ployant, / Lève les bras au ciel et recule terrible. / Ton soleil est lugubre et ta terre est horrible. » Pourtant, dans une sorte de mouvement final inversé, où le poète prend à son tour la parole et semble répondre à ce que lui a dévoilé la « bouche d'ombre », une nouvelle révélation est faite au lecteur, pleine d'espoir cette fois : « Espérez, espérez, espérez, misérables », s'écrie le poète, « Pas de deuil infini, pas de maux incurables, / Pas d'enfer éternel » ; le poète décrit ensuite la métamorphose du monde pétri par le mal en un monde où triomphe finalement le bien. Ce type de poème « apocalyptique » (le mot est à comprendre à la fois comme une référence à l'*Apocalypse* de Jean, dans le Nouveau Testament, qui décrit ce que sera la fin des temps, et dans son sens étymologique de « révélation », « dévoilement » des mystères de la vie et de la mort) n'est pas isolé dans notre recueil, bien au contraire ; le poète n'hésite pas non plus à s'identifier à la figure de Jean de Patmos (celui à qui l'on attribue l'écriture de l'*Apocalypse* dans le Nouveau Testament) ; c'est le cas du quatrième poème du livre VI, qui commence ainsi : « Écoutez. Je suis Jean. J'ai vu des choses sombres. J'ai vu l'ombre infinie où se perdent les nombres. »

Le chaos

Toutefois, la contemplation peut aussi aboutir à un relatif échec en révélant au poète non plus l'harmonie du monde, mais, au contraire, un profond chaos. La fin du dernier poème des *Contemplations*, « À celle qui est restée en France », semble aller dans ce sens ; le poète constate avec amertume que la contemplation du monde n'a pas été fructueuse : « Hélas ! j'ai fouillé tout. J'ai voulu voir le fond. / Pourquoi le mal en nous avec le bien se fond, / J'ai voulu le savoir. [...] Qu'ai-je appris ? J'ai, pensif, tout saisi sans rien prendre ; / j'ai vu beaucoup de nuit et fait beaucoup de cendre [...] J'ai tout enseveli, songes, espoirs, amours, / Dans la fosse que j'ai creusée en ma poitrine. »

3. Comment contempler ? Les voies de la contemplation.

C'est par sa sensibilité, par ses différents sens, que le poète accède à la contemplation. Dans le premier poème du livre II, « Premier mai », le poète entend les voix de la nature (les bois « soupirent », le geai « rit » »), sent « l'atmosphère, embaumée et tendre », voit les fleurs qui « font des taches partout de toutes les couleurs » ; de la même manière, le poème 5 du livre II convoque l'ouïe, la vue, le toucher et l'odorat du poète ; il commence ainsi : « Hier, le vent du soir, dont le souffle caresse, / Nous apportait l'odeur des fleurs qui s'ouvrent tard ; / La nuit tombait ; l'oiseau dormait dans l'ombre épaisse. »

Le poète est si sensible au spectacle de la nature qu'il la met très souvent en scène en train de dialoguer ; dans de nombreux poèmes des *Contemplations*, on entend en effet la voix des arbres, celle des oiseaux, ou celle des fleurs ; en I, 2, par exemple, les fleurs, voyant passer le poète, déclarent : « Tiens ! c'est notre amoureux qui passe ! », quand les arbres disent : « C'est lui ! c'est le rêveur ».

Le poète est également souvent qualifié de « rêveur » ; le motif de la rêverie est récurrent dans la littérature romantique ; déjà, Jean-Jacques Rousseau, à la fin du XVIIIe siècle, se mettait en scène en train de rêver au sein d'une nature harmonieuse, dans *Les Rêveries du promeneur solitaire*. Hugo reprend ici ce thème en lui donnant une nouvelle dimension, dans la mesure où c'est par la rêverie que le poète parvient à contempler la nature et ses mystères. Par la rêverie en effet, le poète convertit le regard qu'il porte sur le monde extérieur en un regard intérieur ; sa vision du monde s'approfondit et se transforme en une sorte de méditation. Ainsi, dans le poème 2 du livre I, le poète contemple finalement peu la nature qui l'entoure : « il écoute en lui-même une lyre ».

Enfin, la contemplation du monde est facilitée par l'amour et l'amitié, qui donnent au poète la faculté de comprendre et de connaître l'autre. On comprend ainsi pourquoi sont à ce point entremêlés les amours du poète et l'observation de la nature dans les deux premiers livres du recueil.

4. Le poète, une figure d'exception ? Le poète-mage.

Le poète fait figure d'exception dans la mesure où il possède cette faculté à contempler le monde, et à en révéler certains mystères. Pour cette raison, la nature est souvent représentée, dans *Les Contemplations*, comme un « livre » à lire, et le poète, comme un « déchiffreur » de ce livre : dans le poème 13 du livre III, « La Chouette », on peut ainsi lire : « La nature [...] lui donne à déchiffrer les animaux, qui sont / Ses signes, alphabet formidable et profond ».

Cette mission que s'attribue le poète (déchiffrer le sens du monde et le transmettre aux autres hommes) fait de lui un « mage ». Dans le poème 23 du livre VI, intitulé « Les Mages », Hugo énumère tous les hommes qui, selon lui, ont fait figure de « mages » depuis les débuts de l'humanité ; il les qualifie d' « esprits conducteurs des êtres », de « têtes fécondées / Vers qui monte et croît pas à pas / L'océan confus des idées, / Flux que la foule ne voit pas ». Bien évidemment, lui-même s'inscrit dans la continuité de tous ces êtres d'exception.

C. Les « Mémoires d'une âme » : rapide étude de la Préface des *Contemplations*

La formule que propose le parcours, « les Mémoires d'une âme », est **une citation tirée de la Préface** du recueil. Pour définir le genre de son œuvre, Hugo pose en effet la question suivante : « Qu'est-ce que les *Contemplations* ? » ; il répond alors en ces termes : « C'est ce qu'on pourrait appeler, si le mot n'avait quelque prétention, *les Mémoires d'une âme* ». Cette définition est mise en valeur par l'usage de l'italique, et par la précaution oratoire de l'auteur (« si le mot n'avait quelque prétention »). Comment la comprendre ?

1. Que signifie le mot « Mémoires » ?

Le mot « Mémoires », employé au masculin et au pluriel, désigne un genre littéraire dans lequel l'auteur raconte sa vie passée, privée et publique, et fait le récit des grands événements historiques dont il a pu être le témoin. Ainsi, au tournant des XVIIe et XVIIIe siècles, **Saint-Simon** raconte dans ses *Mémoires* son expérience de la cour à la fin du règne de Louis XIV, et pendant la Régence. L'autre très célèbre mémorialiste est bien entendu **Chateaubriand** (1768-1848), dont les *Mémoires d'outre-tombe* sont publiés en 1848 et 1849 : l'auteur y raconte son enfance avant la Révolution française, puis la manière dont la Révolution a mis à bas le monde ancien de l'Ancien Régime. L'Avant-Propos des *Mémoires d'outre-tombe* est d'une tonalité lugubre et macabre, comme l'est le titre (ces mémoires étaient censés être publiés après la mort de Chateaubriand) ; l'auteur y explique qu'il n'a plus que quelques années à vivre (alors qu'il vivra encore plus de vingt ans après avoir rédigé ce texte), et donne des indications sur la manière dont il veut être enterré (« Je reposerai donc au bord de la mer que j'ai tant aimée. Si je décède hors de France, je souhaite que mon corps ne soit rapporté dans ma patrie qu'après cinquante ans révolus d'une première inhumation. Qu'on sauve mes restes d'une sacrilège autopsie »). De toute évidence, Hugo pense à Châteaubriand et aux *Mémoires d'outre-tombe* quand il écrit la Préface des *Contemplations*. Comme chez son prédécesseur, les références à la mort sont omniprésentes ; ainsi déclare-t-il, dès le premier paragraphe de sa Préface : « Ce livre doit être lu comme on lirait le livre d'un mort » ; le texte se clôt de manière significative sur le mot « tombeau ». Rappelons également l'anecdote selon laquelle Victor Hugo, dans sa jeunesse, aurait déclaré vouloir « être Chateaubriand, ou rien ». En qualifiant son recueil de « Mémoires d'une âme », Hugo s'inscrit donc dans la continuité de l'œuvre de Chateaubriand ; les uns sont écrits en prose, les autres en vers.

Le choix que fait Hugo d'écrire des « Mémoires » annonce par ailleurs le **caractère autobiographique** de son œuvre. D'autres phrases de la préface vont dans ce sens : « Vingt-cinq années sont dans ces deux volumes [...]. C'est l'existence humaine sortant de l'énigme du berceau et aboutissant à l'énigme du cercueil [...]. Une destinée est écrite là jour à jour. » Effectivement, un grand nombre de poèmes des *Contemplations* font référence à la vie de Hugo, et l'on a souvent le sentiment que l'auteur (c'est-à-dire la personne de Victor Hugo) et le poète (le personnage qui s'exprime à la première personne dans les poèmes, que l'on distingue le plus souvent de l'auteur, comme on a l'habitude de distinguer, dans le cadre d'un roman, l'auteur du narrateur) sont une seule et même personne : il est question de l'enfance de Hugo au couvent des Feuillantines, dans le poème 10 du livre V, et de ses deux frères ; dans le poème 3 du livre V, le poète convoque la figure de sa mère, et dans le poème 3 du livre I, celle de ses deux filles ; beaucoup de poèmes sont dédiés à des amis du poète : Alexandre Dumas (V, 15) et Delphine de Girardin (I, 10), par exemple. À la fin des poèmes, le lecteur peut parfois savoir où ils ont été écrits : les lieux correspondent à des endroits dans lesquels l'auteur a vraiment séjourné (Villequier, ou Marine-Terrace à Jersey par exemple). Hugo n'hésite pas non plus, comme dans le poème « Réponse à une lettre d'accusation », à rappeler les combats politiques et esthétiques du siècle, auxquels il a pris part. Sur un autre plan, la structure même de l'œuvre repose sur une donnée autobiographique : la mort prématurée de la fille aînée de l'auteur, le 4 septembre 1843.

2. La mort de Léopoldine

Ces « mémoires » que nous propose de lire le poète sont structurés autour de **la mort de Léopoldine**, la fille aînée de Hugo, d'une manière très rigoureuse, comme nous l'indique la Préface : « La joie, cette fleur rapide de la jeunesse, s'effeuille page à page dans le tome premier, qui est l'espérance, et disparaît dans le tome second, qui est le deuil. Quel deuil ? le vrai, l'unique : la mort ; la perte des êtres chers » ; « Nous venons de le dire, c'est une âme qui se raconte dans ces deux volumes : *Autrefois*, *Aujourd'hui*. Un abîme les sépare, le tombeau. »

Le recueil se présente donc sous la forme d'un diptyque, au cœur duquel se trouve inscrite la mort prématurée de la fille aînée ; la première partie du recueil s'intitule « Autrefois » quand la seconde porte le titre « Aujourd'hui » ; chaque partie est elle-même divisée en trois livres, dont les titres mettent en valeur le cheminement spirituel du poète ; il s'agit donc bel et bien des mémoires d'une « âme » : les trois premiers livres s'intitulent successivement « Aurore » (le poète y évoque sa jeunesse), « L'âme en fleur » (le poète raconte ses amours), et « Les luttes et les rêves » (dans « Melancholia », « À la mère de l'enfant mort », ou « Le maître d'études », le poète fait le récit des misères que connaît l'homme de son temps) ; les trois suivants, « Pauca meae » (le titre est emprunté à un vers du poète latin Virgile, qu'on pourrait traduire par « quelques vers écrits pour celle qui m'est chère » ; ce quatrième livre est consacré au deuil de la fille perdue), « En marche » (dans ce livre, le poète parvient à se remettre en marche, après l'épreuve du deuil, et semble effectuer une sorte de pèlerinage dans la mesure où la vie, absurde depuis la mort de sa fille, semble reprendre de son sens), et « Au bord de l'infini » (le poète hésite entre désespoir et espérance).

3. Une dimension autobiographique ?

Le poète, une construction fictive

Cette architecture très élaborée du recueil révèle du même coup que ces « mémoires d'une âme » sont en réalité une construction, ou reconstruction du passé : si la **dimension autobiographique** est indéniable, il faudra toutefois prendre bien soin de distinguer l'auteur du poète.

En effet, le poète, qui parle ici à la première personne, est une construction fictive, forgée par l'auteur ; comme l'auteur du recueil, certes, le poète des *Contemplations* fait l'expérience de la mort de sa fille, et doit vivre en exil, mais il est le plus souvent bien distinct de la figure de l'auteur, puisqu'il est l'objet d'**une construction**, nous l'avons dit.

Ainsi, par exemple, Hugo ne cesse de **falsifier les dates ou les lieux**, les circonstances, dans lesquelles sont censés être écrits certains poèmes. Dans

« Réponse à un acte d'accusation » (I, 7), « Quelques mots à un autre » (I, 26) et « Écrit en 1846 » (V, 3), le poète modifie la date d'écriture des poèmes, ce qui lui permet de suggérer qu'il est devenu républicain dès les années 1830, alors que l'engagement républicain de l'auteur ne date en réalité que de la fin des années 1840 : le « je » lyrique, le poète, est donc bien le résultat d'une construction fictive.

Le poète, une image de tout homme

Il faut noter à cet effet que Hugo prend bien soin d'effacer les noms, événements qui renverraient à une histoire trop personnelle (celle de l'auteur). Pour donner un exemple significatif, s'il est bien question, dans notre recueil, de la perte d'un enfant, le nom de « Léopoldine » n'est jamais mentionné. C'est que, de cette manière, Hugo veut donner à la voix du poète, à la voix de celui qui dit « je » **une dimension universelle** ; il écrit les mémoires d'« une » âme, et pas de « son » âme spécifiquement.

Il le répète plusieurs fois dans la Préface, par le biais de formulations qui deviendront très célèbres (et dont on trouve un écho dans le poème liminaire des *Fleurs du mal* de Charles Baudelaire) : « L'auteur a laissé, pour ainsi dire, ce livre se faire en lui. [...] Ceux qui s'y pencheront retrouveront **leur propre image** dans cette eau profonde et triste » ; « Est-ce donc la vie d'un homme ? Oui, et la vie des autres hommes aussi. [...] **Ma vie est la vôtre**, et votre vie est la mienne. [...] Hélas ! quand je vous parle de moi, je vous parle de vous. Comment ne le sentez-vous pas ? Ah ! insensé, qui crois que je ne suis pas toi ! [...]. Ce livre contient, nous le répétons, autant l'individualité du lecteur que celle de l'auteur. *Homo sum* ».

En d'autres termes, l'auteur insiste sur l'idée que le « je » de son recueil, autrement appelé le « sujet lyrique » (de manière générale, le lyrisme désigne le fait d'exprimer, de manière exaltée, ses sentiments personnels), renvoie à **chacun d'entre nous** ; ainsi, quand le poète raconte son expérience de la mort, du deuil et de l'exil dans *Les Contemplations*, c'est à la fois de sa propre expérience, mais aussi de celle que fait **l'humanité tout entière**, dont il parle ; d'où l'expression latine « homo sum », « je suis un homme », je parle au nom de l'humanité que j'incarne en disant « je ».

Dès lors, on comprendra peut-être mieux l'usage de **l'article défini** dans certains poèmes du recueil ; le titre du poème 14 du livre III en est un bon exemple : « À la mère de l'enfant mort » ; dans ce poème, le poète s'adresse à la figure de mère endeuillée en général, et non pas à telle ou telle figure particulière ; son but est d'exprimer, à travers cette figure générale, la souffrance indicible de la perte d'un enfant, souffrance commune à toute l'humanité. Ainsi, paradoxalement, le sujet lyrique des *Contemplations* en vient à devenir anonyme, impersonnel, dans la mesure où il reflète la voix des autres, la voix de l'humanité tout entière.

Le poète, une voix qui se tait

Enfin, le sujet lyrique des *Contemplations* perd parfois ses contours, et semble **menacé de silence**, à cause de l'épreuve du deuil et de l'exil.

Après la mort de sa fille, la voix du poète accablé par le chagrin court le risque de s'éteindre. Dans le poème « Veni, vidi, vixi » (le poète substitue « vixi » au « vici » de la célèbre phrase prononcée par Jules César), qu'on pourrait traduire par « je suis venu, j'ai vu, j'ai vécu », c'est-à-dire, « je suis mort », le poète exprime son **désir de mourir**.

L'expérience de l'exil menace également la voix du poète en détruisant son identité ; c'est pourquoi le sujet lyrique apparaît souvent dans le recueil sous la forme d'**un spectre**.

4. D'autres œuvres à associer au parcours

Les Contemplations, « *Mémoires d'une âme* », couronnent donc l'œuvre poétique de Victor Hugo, même si d'autres recueils seront publiés ensuite (*La Légende des siècles*, par exemple) : le poète se retourne sur son passé, et raconte « la jeunesse, l'amour, l'illusion, le combat, le désespoir » qui ont été les siens, et qu'il partage avec l'humanité tout entière. *Les Contemplations* sont publiées en 1856 ; un an plus tard, en 1857, **Charles Baudelaire** publie son grand recueil de poèmes, *Les Fleurs du mal*, dans une tout autre veine. La proximité temporelle de publication ne peut dissimuler les divergences esthétiques des deux recueils, mais dans les deux recueils il est question du parcours spirituel d'une âme, et de son expérience du mal.

Nous pouvons aussi rapprocher *Les Contemplations* des *Mémoires d'outre-tombe* de **Chateaubriand**, dont on a vu l'influence plus haut.

II. Charles Baudelaire, *Les Fleurs du mal*

A. Présentation du recueil

1. Qui est Charles Baudelaire ?

Le parcours personnel de Baudelaire, que nous dresserons ici dans ses grandes lignes seulement, permet d'éclairer certains aspects de l'œuvre.

Né en 1820, orphelin de père, Baudelaire est marqué par la haine qu'il voue au général Aupick, le second mari de sa mère. Il suit une scolarité irrégulière, passant de résultats excellents à médiocres, et mène une adolescence ombrageuse.

Âgé de vingt ans, il part en voyage, poussé par son beau-père à renoncer à son existence scandaleuse. Il découvre alors l'Île Bourbon, aujourd'hui connue sous le nom d'Île de la Réunion. C'est là la source des motifs exotiques de son œuvre.

De retour à Paris, il s'établit avec une « mulâtresse », c'est-à-dire une métisse, nommée Jeanne Duval, à qui il reste lié plus de vingt ans. Il se noue d'amitié avec Théophile Gautier, commence à écrire sous son influence mais compromet sa santé par ses excès et dissipe son patrimoine. En 1844, il est placé sous tutelle : sa vie sera réglée par son administrateur de biens.

À partir de 1845, il se lance dans la critique d'art (comptes rendus de salons) puis dans la traduction de l'œuvre de Poe, un poète et nouvelliste romantique américain. Il s'intéresse de près à l'œuvre de Delacroix, puis de Wagner.

En 1857, il fait paraître *Les Fleurs du mal,* recueil qu'il méditait depuis quinze ans. Cette publication lui amène bien des tourments : un procès en correctionnel est lancé contre le poète.

Après une tournée en Belgique en 1864, il regagne la France bien las. Syphilitique, il connaît des troubles nerveux qui le laissent aphasique et paralysé. Il meurt en 1867, à quarante-six ans. Les *Petits Poèmes en prose* sont publiés de façon posthume en 1869.

2. Comment comprendre le titre du recueil ?

Le syntagme « Fleurs du mal » semble une trouvaille tardive de Baudelaire, qui s'est d'abord arrêté sur deux autres titres. D'abord, le recueil s'est intitulé *Les Lesbiennes*, ce qui constitue sans nul doute une provocation majeure du poète ; l'inspiration saphique, si elle est présente, ne constituant pas une source essentielle du recueil. Un peu plus tard, Baudelaire songe à un autre titre : *Les Limbes*, apportant par là une signification particulière puisque les « limbes » désignent soit le séjour des innocents avant leur rédemption, soit un état incertain, indécis (qui pourrait alors préfigurer le tiraillement entre spleen et idéal).

En 1855, le titre définitif est choisi. Dans ce groupe grammatical, formé d'un nom commun enrichi par un complément du nom, s'exprime toute la **tension métaphysique et esthétique** du recueil. L'antithèse souligne l'antagonisme entre la fleur, image du beau, pur et naturel, et le Mal, qui appartient non au monde sensible mais aux catégories morales, et évoque immédiatement souffrance et corruption. On retrouve ainsi l'opposition entre l'idéal (dont la fleur est manifestement une image) et le spleen (qui assurément est une forme du Mal). Néanmoins, au-delà de l'apparente dualité, la préposition « du » doit attirer l'attention du lecteur : un lien s'est bien créé entre ces deux entités, l'une étant, visiblement, le fruit de l'autre. Que faut-il comprendre, alors ? Les fleurs naissent du Mal, y trouvent leurs racines. D'une certaine manière, le Mal est le terreau fertile où se cultivent les fleurs. Et que sont ces fleurs ? La dédicace nous l'apprend, puisque Baudelaire y offre à son maître « ces fleurs maladives », c'est-à-dire son recueil : elles sont donc les poèmes, la poésie elle-même. **La poésie est cette beauté fécondée par la souffrance et le péché.**

3. Comment le recueil est-il construit ?

Les *Fleurs du mal* sont quasiment l'œuvre unique de Baudelaire, dont le rythme d'écriture est lent, étiré. En un recueil, le poète cherche à condenser le tout d'une expérience humaine personnelle et universelle, qui fera somme. Il ne s'agit donc pas de penser la composition des *Fleurs du mal* comme une succession chronologique élaborée à partir des dates de rédaction des différents poèmes, mais comme une **véritable architecture, profonde et signifiante**, qui retrace, par son ordre, un **parcours**, et ce d'autant plus que Baudelaire y a apporté de nombreux remaniements.

D'abord, il faut observer que le recueil propose deux seuils. On entend par « seuil » les marques qui balisent l'entrée dans le recueil. Le premier seuil est, constatez-le en observant votre ouvrage, la page de titre, qui comporte une dédicace liminaire à Théophile Gautier, poète important du XIXe siècle et précurseur du mouvement du Parnasse, dont Baudelaire se place ainsi sous la tutelle.

Le Parnasse

- Empruntant son nom au mont où réside Apollon et ses muses, Le Parnasse est un mouvement poétique de la seconde moitié du XIXe siècle, initié par Gautier puis incarné par Théodore de Banville et Leconte de Lisle. On a coutume de considérer que ce mouvement propose une forme de « réaction » au lyrisme subjectif du romantisme, en prescrivant un retour à « l'art pour l'art ». Ainsi, la poésie parnassienne favorise-t-elle l'expression du beau par le travail, le cisèlement parfait et pur du langage, et rejette-t-elle les thèmes sociaux pour leur préférer des motifs légendaires ou mythiques.
- Le Parnasse a imprégné de son influence de nombreux poètes majeurs et visionnaires de la poésie du XIXe siècle : Baudelaire, mais aussi Verlaine, Rimbaud ou Mallarmé.

Le second seuil est une pièce liminaire, c'est-à-dire un poème situé avant le début de l'œuvre, en marge des sections à venir. Il s'agit d'un poème de dix quatrains intitulés « Au Lecteur », dans lequel le poète dresse d'emblée le constat de l'omniprésence du mal et de la corruption morale, en finissant par une apostrophe cynique qui associe poète et lecteur.

Viennent ensuite les différentes sections qui structurent le recueil. Elles sont de tailles inégales.

« Spleen et idéal »

La première section, la plus fournie (qui contient 85 poèmes en 1861) et la plus célèbre, est intitulée « Spleen et idéal ». La tension déjà sensible dans le titre du recueil est ici réactivée par le jeu de l'antithèse.

- **Les mots « spleen » et « idéal »**

Le terme **« spleen »**, emprunté au vocabulaire anatomique anglais (« rate »), est défini en ces termes dès le milieu du XVIIIe siècle par l'écrivain des Lumières Denis Diderot, dans une lettre à Sophie Volland :

« J'ai des idées noires, de la tristesse et de l'ennui ; je me trouve mal partout, je ne veux rien, je ne saurais vouloir, je cherche à m'amuser et à m'occuper, inutilement ; la gaieté des autres m'afflige, je souffre à les entendre rire ou parler. Connaissez-vous cette espèce de stupidité ou de mauvaise humeur qu'on éprouve en se réveillant après avoir trop dormi ? Voilà mon état ordinaire, la vie m'est en dégoût [...] »

Il s'agit donc de décrire **un état psychologique d'écœurement, d'angoisse ou d'ennui,** pour reprendre le terme employé dans « Au Lecteur », qui caractérise durablement l'état d'esprit du poète.

À l'inverse, l'**« idéal »** semble désigner **un mouvement d'ascension**, d'élévation, réponse apparente à la pesanteur du monde et des souffrances humaines. Mais l'idéal est aussi, sans doute, à entendre dans le sens platonicien du terme. En effet, selon le philosophe antique Platon, le monde qui nous entoure, le monde réel, sensible, n'est que l'image dégradée d'un monde dit « des idées », invisible, refuge du beau, des connaissances pures et intelligibles.

- **L'organisation de la section**

Si cette opposition est bel et bien opératoire dans la section, il convient néanmoins de ne pas se laisser piéger par ce titre, car assurément et contrairement à ce qui est suggéré, l'idéal est bien présenté avant le spleen. Ainsi, la postulation du poète vers l'idéal n'est pas un remède à son spleen. Au contraire, le spleen caractérise le mouvement de chute né d'une incapacité intrinsèque et métaphysique à atteindre l'idéal en dépit de toutes les tentatives.

La section « Spleen et idéal » est donc **organisée de façon binaire** : un premier ensemble de poèmes est consacré à la quête de l'idéal, à travers deux aspects majeurs ; un deuxième ensemble vient constater l'impuissance du poète et la domination progressive du spleen. Il est cependant difficile de cerner clairement la charnière entre ces deux ensembles, le passage de l'un vers l'autre se faisant de façon irrémédiable, mais progressive.

Traditionnellement, on dira que les poèmes d'« idéal » se déploient d'abord sur le motif de l'art et de la mission du poète (« Les Phares », « L'Albatros »), puis sur l'évocation de la beauté idéale et inaccessible (« La Chevelure », « Hymne à la beauté »). On parle d'ailleurs de **cycles intérieurs** organisés en fonction des muses de Baudelaire, c'est-à-dire des maîtresses qui l'ont inspiré : Jeanne Duval pour « Parfum exotique », Mme Sabatier pour « Le Flacon » ou Marie Daubrun pour « A une Madone ».

À partir des poèmes LX à LXX, la tonalité évolue vers une noirceur plus radicale, signe du passage vers le spleen. Quatre poèmes sont intitulés « Spleen ». Les images horrifiques se développent, et sont liées au motif de la fuite du temps (« L'Horloge ») et de la certitude de la mort (« L'Irrémédiable »). Comme le suggère le poète lui-même, l'angoisse a triomphé de l'aspiration à l'idéal.

Les autres sections

Les Fleurs du mal sont composées de cinq autres sections beaucoup plus brèves.

Les « Tableaux parisiens », « Le Vin », « Les Fleurs du Mal » et « La Révolte » développent **une forme d'échappatoire au Mal**. Les « Tableaux Parisiens » dessinent, sur fond de modernité urbaine, la solitude du poète cherchant dans la déambulation et la foule une communauté illusoire. « Le Vin » propose quelques poèmes célébrant l'ivresse, paradis « artificiel » offrant une trêve éphémère aux souffrances humaines. « Les Fleurs du mal » évoquent quant à elles la débauche sensuelle. C'est d'ailleurs dans cette section que se trouvent la plupart des pièces litigieuses condamnées en 1857. « La Révolte » constitue le point culminant du dégoût du poète, qui retourne sa violence contre Dieu, à travers des pièces blasphématoires.

L'aboutissement nécessaire, et appelé de ses vœux par le poète, à ce parcours de destruction morale et métaphysique apparaît dans **l'ultime section du recueil** : c'est **« La Mort »**. Présentée comme un « voyage », non exempt d'une certaine volupté (« La Mort des amants »), la mort apparaît comme une solution salvatrice, pourvoyeuse de nouveauté.

Les différents états de l'œuvre

- On désigne par « état » les modifications successives qu'a subies le recueil en l'espace de quelques années.
- En 1857, à la première publication, le poète est rapidement poursuivi puis condamné pour « délit d'outrage à la morale publique et aux bonnes mœurs ». On retire six poèmes.
- En 1861, l'ouvrage reparaît, toujours amputé de ces six poèmes, mais enrichi de trente-deux nouvelles pièces et de la section des « Tableaux parisiens ».
- En 1867, une troisième édition est rendue possible après la mort de Baudelaire. Elle réintègre les pièces dites « condamnées ».
- Il faudra attendre 1949 pour que la cour de Cassation reconnaisse que l'œuvre ne présente aucun caractère « grossier ou obscène » et que le poète soit réhabilité.

4. Quelles sont les formes poétiques adoptées ?

Le Romantisme a initié une exploration large et fructueuse de la liberté poétique en matière de versification, autorisant l'invention de formes poétiques nouvelles, s'éloignant volontiers des formes traditionnelles, parfois pour mieux y revenir.

Les Fleurs du mal est un recueil aux formes poétiques variées, conformément donc à l'esprit du XIXe siècle. Dans l'ensemble, on pourra dire, pour l'opposer peut-être aux *Contemplations* ou à d'autres grands recueils hugoliens, que les *Fleurs du mal* sont essentiellement composées de pièces brèves, les plus longues occupant une dizaine de quatrains – le maximum étant atteint par le poème de clôture de vingt-sept quatrains.

Parmi les formes fixes réinvesties par le poète, on notera évidemment la **récurrence du sonnet**, présenté à plus de soixante reprises. Le poète y semble attacher une valeur particulière, qu'il exprime dans une lettre de 1860 :

« Parce que la forme est contraignante, l'idée jaillit plus intense. Tout va bien au sonnet […] »

Cependant le sonnet, qui est une forme ancienne héritée de la Renaissance italienne puis française, connaît sous la plume de Baudelaire quelques irrégularités, essentiellement centrées sur le choix des schémas de rimes. La licence du poète se fait ici gage de sa modernité.

Un poème du recueil fait figure d'exception dans ce sens qu'il met à l'œuvre une forme fixe rare et folklorique : **le pantoum**. Il s'agit d'une forme poétique empruntée à la poésie malaise, qui connaît une certaine fortune au XIXe siècle, sous la plume de Victor Hugo et des Parnassiens. Baudelaire s'y essaie dans « Harmonie du soir », où le procédé de reprise et d'entremêlement des vers dans les différents quatrains est bien visible. **Plus largement d'ailleurs, la poésie baudelairienne est friande de refrains**. Nombreux sont ainsi les poèmes qui opèrent une répétition, d'un ou plusieurs vers, créant ainsi une musicalité tout à fait singulière. L'exemple le plus typique est sans doute celui de « L'Invitation au voyage », dont le rythme semble reproduire celui de la valse.

Sur le plan métrique, Baudelaire privilégie l'alexandrin qu'il combine parfois à l'octosyllabe, comme dans « Une charogne ».

B. Les thèmes et extraits incontournables

1. « *Anywhere out of the world* » : dans quels paradis le poète trouve-t-il refuge ?

La quête de l'idéal est celle d'un ailleurs où le poète échappe à sa condition, et où il renoue avec une forme d'unité et d'apaisement perdus. Ces « paradis » sont protéiformes : ils peuvent être ceux du passé, et peuvent alors se traduire par le motif de la nostalgie de l'enfance ; ceux du voyage ou de l'exotisme, d'un départ vers l'imaginaire dont les sens sont bien souvent le vecteur ; ou encore ceux de l'ivresse, qui procure une évasion fugace.

Le paradis du passé est sensible à travers deux poèmes majeurs : « *Moesta et errabunda* » et « La Vie antérieure ». Dans le premier, dont le titre signifie en latin « triste et vagabonde », le poète, après avoir invoqué son dégoût de la ville immonde et corrompue et formulé un véritable appel au départ, opère une remembrance sensible des paysages et jeux enfantins, qualifiés à trois reprises de « paradis ». Sous l'apparente déploration de la distance géographique, c'est en fait l'éloignement dans le temps que regrette le poète, comme si le désir d'ailleurs ne trouvait sa formule que dans le retour obsessionnel à une enfance idéalisée. Dans « La Vie antérieure », le poème semble capter la réminiscence d'une vie d'harmonie, comme vécue à l'écart du monde réel, dans une atmosphère à la fois spirituelle et sensuelle. Néanmoins, cette évocation est également décevante, puisque la pointe du sonnet souligne la présence insidieuse du spleen, qui détruit l'équilibre de cette unité apparente.

Le voyage, et plus précisément les **touches exotiques**, empruntant sans doute à l'expérience réunionnaise de Baudelaire, constitue la forme d'ailleurs la plus évidente. Il traverse de nombreux poèmes du recueil (notamment « A une Dame créole », « La Vie antérieure », « Parfum exotique », « L'Invitation au voyage », « La Chevelure »), et se décline à travers les motifs de l'île, du port et de la nature luxuriante (forêt, tamariniers, palmiers, fruits…). **Mais l'exotisme est, presque toujours chez Baudelaire, un transport des sens avant tout**. En effet, l'évocation sensuelle, voire synesthésique, domine la description de l'ailleurs. Les sens sont privilégiés, notamment celui de l'odorat, auquel Baudelaire fait de multiples références : « je respire l'odeur / guidé par ton odeur (« Parfum exotique ») / parfums / parfumés / mon esprit nage sur ton parfum / je m'enivre des senteurs... ». **Le parfum**, et particulièrement celui du **corps féminin**, est donc le principal vecteur de l'évasion, et ouvre souvent les sens à un degré supérieur de perception, qu'on nomme chez Baudelaire les **« correspondances ».** Ainsi, dans « La Chevelure », l'âme assoiffée du poète se désaltère-t-elle de la profusion des sensations, à grands flots de « parfums, de sons et de couleurs ».

La femme dans le recueil

- Nous l'avons dit, plusieurs inspiratrices sont implicitement présentes dans le recueil. Il s'agit des maîtresses connues de Baudelaire dans la période de rédaction des Fleurs du mal.
- Plus largement, les figures féminines sont nombreuses. Il est essentiel de les définir par leur caractère hétéroclite et ambigu.
- La femme peut revêtir l'aspect d'une beauté statuaire et froide, comme dans « La Beauté ». Elle peut aussi être la séductrice lointaine et enivrante, comme dans « La Chevelure » ou la figure inaccessible et jamais possédée de « La Passante ». Dans ces exemples, la femme est possiblement pourvoyeuse d'idéal, proche ou lointain, rêvé ou passé (« Le Balcon »).
- Néanmoins, la femme se fait aussi créature, femme-serpent (« Le Serpent qui danse »), voire support de la débauche la plus aboutie (« À Celle qui est trop gaie ») et devient progressivement l'image même de la mort, figure de vampire (« Le Vampire ») et de la destruction (« A une Madone », « Le Léthé »).

Enfin, le paradis baudelairien se fait volontiers artificiel lorsqu'il s'agit du vin, « fils sacré du soleil », célébré notamment dans la troisième section du recueil. L'ivresse peut, comme nous venons de le voir, être celle des sens comblés dans la projection rêvée de l'ailleurs. Mais elle peut aussi être l'ivresse véritable de l'alcool, dont Baudelaire chante les vertus psychotropes et anesthésiantes, comme dans « Le Vin du solitaire » ou celui de « l'assassin ».

2. Le spleen et ses figures : par quelles images le poète convoque-t-il le mal ?

Le motif de la mélancolie parcourt l'œuvre, en prenant des formes hétéroclites.

Notons d'abord que le spleen est sensible dès les seuils évoqués plus haut. En effet, le « mal », ce qui frappe les « fleurs maladives », semble en être la première déclinaison. Dès le poème « Au lecteur », le mal est défini par le terme « Ennui », élevé à l'allégorie, comme ce sera encore le cas dans le deuxième spleen. Le spleen, autrement nommé « Angoisse » (quatrième spleen), s'incarnera ensuite à travers des aspects variés, figures ou créatures inquiétantes qui peuplent le recueil.

Le spleen imprime son tempo à l'œuvre, et particulièrement à la section « Spleen et idéal ». **Il est d'abord insidieux, rampant et profond, et susceptible de s'exprimer avec une certaine indolence**, comme dans « Tristesse de la lune » ou par touches, comme dans « La vie antérieure » dont il vient ternir la pointe par le dernier vers. Il est, parfois, un simple horizon, un « ciel brouillé », un « ciel d'automne », « un ciel bizarre et livide », une atmosphère nébuleuse, voire une « vapeur », pour reprendre un terme de Diderot. Il est aussi, d'ailleurs, un paysage urbain, une « brume » des faubourgs parisiens.

Mais, telle une maladie, il progresse par crises et se manifeste par certains symptômes aigus, accablant le poète à travers des **visions horrifiques qui altèrent ses perceptions.** Dès lors, le spleen se fait son, celui par exemple de la cloche furieuse et bondissante qui hurle dans le quatrième spleen, ou râle dans « La Cloche fêlée », ou encore celui, obsédant, du martèlement des clous scellant le cercueil de « Chant d'automne ». Il est une pluie battante telle une prison, de « froides ténèbres », un « soleil moribond », ou un ciel « couvercle » ou « caveau » (« Le Couvercle »). Les occurrences de la mort, définie à travers ses lieux ou ses symboles, se multiplient : les derniers poèmes de « Spleen et idéal » campent des « cimetières », des « sépultures », des « caveaux » et des « cercueils », préfiguration du « gouffre » ou du « trou » où s'ensevelira l'âme plombée par sa pesanteur (« Avalanche, veux-tu m'emporter dans ta chute »).

Dans le même temps, on voit défiler **un véritable cortège de créatures mortifères**. Le bestiaire baudelairien est peuplé de chats, de hiboux, sages et inquiétants animaux nocturnes, d'araignées nombreuses et tissant des toiles, de limaçons, vers et autres insectes se délectant de la putréfaction des cadavres (« Le Mort joyeux », « Une Charogne », « Coucher de soleil romantique », « L'Horloge »). Les créatures fantastiques sont elles aussi légion : le vampire (« L'Ennemi », « L'Heautontimoroumenos »), le revenant ou fantôme, l'ange déchu (« Réversibilité ») apparaissent comme des présences anxiogènes, traduisant la richesse morbide de l'imaginaire baudelairien et rendant sensible le cauchemar de sa tourmente.

Enfin, remarquons que le spleen du poète, bien qu'il prenne chez Baudelaire des formes frappantes, témoignage d'un romantisme noir dont on trouve les avatars chez certains peintres de l'époque (on peut penser à Füssli et à son « Cauchemar »), doit aussi se lire comme une réécriture d'un motif lyrique fondateur : celui du deuil, de la perte, et de la fuite du temps. À ce dernier titre, on lira avec intérêt des poèmes tels « L'Ennemi » ou « L'Horloge » comme des échos baudelairiens au topos cher à Ronsard, Lamartine, ou Hugo.

3. La poésie et ses fonctions : de quels pouvoirs la poésie est-elle dotée ?

Hugo pensait le poète comme un « mage », un homme visionnaire dont la mission est, par sa connaissance des choses secrètes, de guider le peuple vers le progrès. Si Baudelaire hérite bien de cette représentation élective du poète et de l'artiste, rendue sensible dans le poème « Les Phares », il creuse particulièrement **le rapport et l'écart entre sa bénédiction divine et sa malédiction terrestre**. En effet, « L'Albatros », poème emblématique des *Fleurs du mal*, propose sous la forme d'un récit qui peut évoquer la fable à certains égards, une analogie célèbre et signifiante entre le poète et l'oiseau. Ce dernier, agile et noble dans le domaine céleste qui lui est naturellement assigné, devient faible, stupide et ostracisé sur le pont d'un bateau, symbole du monde humain. Le destin de l'albatros est celui du poète : s'il évolue avec aisance dans la sphère spirituelle, dont on peut penser qu'elle est bien celle de la poésie, il est inapte à se conformer à la bassesse de ses semblables, dont il devient dès lors la cible. Le poète, comme l'oiseau, est donc à la fois l'objet d'une élection et d'une déchéance.

Mais parce qu'il est divin, le poète a accès à un monde invisible, comme en hauteur, qui le place en relation intime avec la Nature. Le poème qui suit immédiatement « L'Albatros », « Élévation », illustre parfaitement cet élan et cette capacité : il s'agit de « planer sur la vie » et de « comprendre le langage des fleurs et des choses muettes ». Dans la suite directe encore une fois, et cela ne peut être une coïncidence, mais bien un réseau significativement tissé par Baudelaire, « Correspondances » vient nourrir cette idée en réinvestissant **la possibilité d'un langage secret de la Nature, porteur d'unité.** Cette fois, le poète révèle la voie d'accès qui permet d'éclairer cette « forêt de symboles », indéchiffrable au tout-venant : **ce sont les sens, ou, plus précisément, la fusion des sens, autrement appelée synesthésie**. Si, en effet, « les parfums, les couleurs et les sons se répondent », ils transporteront l'esprit vers une intelligence nouvelle du réel, dont la cohérence sera ainsi restituée. La théorie dite des « correspondances » constitue un apport majeur de Baudelaire à la modernité poétique : les poètes symbolistes, Rimbaud, Verlaine, puis les pionniers du XXe et chantres du surréalisme n'auront de cesse d'en prolonger l'héritage. Le poète est alors celui qui décrypte le monde, et le langage poétique la clé qui en dévoile le champ et la profondeur.

Enfin, la poésie détient **un pouvoir de transfiguration du réel, dont elle peut dépasser la laideur ou la noirceur**. En un sens, le langage, à la manière d'une pierre philosophale, convertit maux, souffrances, horreurs et péchés en objets esthétiques. La poésie est, pour le dire autrement, ce qui transforme le laid en beau, ou garde la mémoire du beau avant qu'il ne disparaisse, comme le suggère le dernier quatrain de « Une Charogne ». Baudelaire semble s'opposer aux critères traditionnels qui catégorisent le beau et le figent dans certains motifs ou certaines peintures. Pour lui, « le beau est toujours bizarre » ; il peut, dès lors, devenir cette carcasse rendue sublime par le jeu des métaphores (« Une Charogne »), ou cette mendiante rousse, maigre et maladive.

C. Le parcours associé : « alchimie poétique : la boue et l'or »

L'expression est empruntée à Baudelaire lui-même, et est située dans un appendice aux *Fleurs du mal*, dont nous avons évoqué plus haut les différents états de publication. Dans son contexte originel, l'expression est ainsi formulée, dans un poème à l'adresse de la ville (Paris, désigné par le « tu ») : « Tu m'as donné la boue et j'en ai fait de l'or ».

1. Que signifie l'expression « la boue et l'or » ?

Bien qu'elle soit empruntée à l'auteur, l'expression repose sur une association de deux éléments qui, elle, n'est guère nouvelle. **En effet, elle renvoie à l'imaginaire d'une discipline ésotérique ancienne : l'alchimie**. L'alchimie, dans l'Antiquité souvent synonyme de « chimie », est une discipline ayant pour objet la description des matières et de leurs propriétés. Elle se fixe pour objectif principal la transmutation des métaux, en spéculant qu'il existe une substance, appelée communément « pierre philosophale », ayant la capacité de transmuer les métaux les plus vils ou les plus banals (comme le plomb) en métaux précieux, comme l'or. Évidemment, cette opération relevant d'une forme de magie, ou de « sorcellerie », dirait Baudelaire, il convient d'en considérer la dimension mythique. Changer le plomb en or, telle est la quête infinie de l'esprit humain qui cherche à arracher toute chose à sa bassesse, par un sublime effort d' « élévation ».

2. En quoi cette expression peut-elle s'appliquer à la poésie ?

Par l'emploi du « je » (« j'en ai fait de l'or »), le poète se présente comme agent de cette transmutation. **Il est, lui, l'alchimiste**. Reste à élucider ce que, métaphoriquement, peuvent bien représenter cette « boue » et cet « or ».

La boue est un élément profondément terrestre, mélange informe d'eau et de terre. La boue semble une souillure qui tache ce qui s'en macule. Associée au motif de la ville (puisque c'est la ville qui la « donne » au poète), elle évoque les bas-fonds urbains, l'insalubrité des taudis et des trottoirs piétinés vus dans les « Tableaux parisiens ». Entendue plus largement et abstraitement, la boue est pour Baudelaire **le réel perçu de façon « brute »**, saisi dans sa laideur, dans son absence totale de noblesse, dans son prosaïsme le plus grossier, dans sa quotidienneté la plus affligeante. Les chiffonniers, les prostituées qu'on retrouve dans le recueil sont boue. Boue également la conséquence la plus évidente des trombes de pluie qui accompagnent le spleen. Boue enfin le déchet, ce qui reste des « amours décomposées ».

Mais la boue, ne l'oublions pas, est aussi **sédiment**. D'une certaine manière, elle est susceptible de fertilisation. Elle est, en quelque sorte, porteuse de cet or qu'elle deviendra.

Ainsi, c'est la poésie, le langage poétique, qui permettra, à la manière d'une pierre philosophale et par l'action du poète, artisan du langage, de changer la boue en or, donc de changer le réel en **une matière précieuse, brillante, et inaltérable**. L'expression « la boue et l'or » permet ainsi de définir l'un des pouvoirs majeurs de la poésie, son pouvoir de transmutation, de transfiguration, comme nous l'avons appelé plus haut. Passé au filtre du langage poétique et des déplacements qu'il consent, le réel change de substance et devient autre. S'il est laid, informe, et passager, la poésie le rendra beau, ordonné, et éternel.

3. En quoi cette image de « la boue et l'or » permet-elle d'affiner sa lecture du recueil de Baudelaire ?

Dans le recueil, on observera deux phénomènes majeurs.

D'une part, la **sublimation** du réel (du latin « *sublimare* », élever), qui consiste à accepter le traitement poétique de la laideur. Typiquement, le poème « Une Charogne » en est le meilleur exemple : par la mise en scène du cadavre, associé à une promenade estivale et sentimentale, et au moyen d'un entremêlement habile des motifs de l'abomination (bestiaire des insectes, caractérisation très crue de la putréfaction, évocations sexuelles), de l'art (référence à la musique, travail précis sur les sensations, métaphore du tableau) et d'une rhétorique amoureuse d'apparence traditionnelle (adresse à la femme aimée, idéalisation de sa beauté présente), le poète compose une totale réécriture du motif de la nature morte, de même qu'il revisite le lyrisme du *carpe diem*. Le travail poétique prend en charge la laideur de l'objet choisi pour mieux la dépasser. De même, dans « Hymne à la beauté », l'articulation de l'imaginaire du spleen au discours d'éloge de la femme souligne **la profonde ambivalence, voire dualité du beau.** La boue et l'or semblent ainsi moins éloignés qu'on ne s'y attendait.

D'autre part, il est essentiel de creuser la métaphore de la boue et de l'or en envisageant **la question de la matière**. La matière boueuse d'un quotidien parisien morne et dégradé est la première nourriture du poète, bien qu'il y vive un exil souligné dans « Le Cygne », par exemple. La lecture des « Sept Vieillards » nous donne ainsi une image assez précise des visions qui emplissent tristement l'espace urbain et d'ailleurs, ces deux textes font explicitement appel au motif de la boue pour décrire le paysage parisien. Néanmoins, cette substance est transmuée par l'alchimie poétique, comme on le voit dans le poème au titre significatif « Le Rêve parisien ». Ici, littéralement, la matière se transfigure. La boue des « faubourgs », des « hôpitaux » ou des « taudis », est alors magiquement transformée, par le travail poétique de l'image, en matières précieuses, nobles, telles que le « marbre », le « cristal », le « diamant » ou, bien sûr, « l'or ». Mais si le langage ornemente, s'il altère positivement la qualité du réel, c'est non seulement par l'image mais aussi par la forme. La boue est en effet coulante, insaisissable, ni solide ni liquide, molle et informe, comme nous l'avons déjà signalé. Or, la poésie, par sa nature, par le cisèlement sur lequel elle repose, suppose un travail formel. On peut donc aussi considérer qu'aussi bien **l'emploi récurrent d'une forme contraignante comme celle du sonnet** – ou du *pantoum*, que **l'attention très nette portée au mètre, au rythme et à la rime**, sont **l'un des aspects de cette transfiguration.**

Ainsi, la « boue » du réel devient « or » par le langage poétique, qui la met en forme et la sublime.

4. D'autres auteurs et œuvres associés au parcours

Lautréamont

En 1869, Isidore Ducasse, sous le nom de Comte de Lautréamont, publie un recueil en prose étrange et provocateur : *Les Chants de Maldoror*. L'ensemble comporte six chants, de propos disparates, porté par la voix de Maldoror, un personnage déchu, satanique et meurtrier. Ici, l'esthétique de la laideur assume son immoralité jusqu'à la caricature. Le lyrisme cynique de Lautréamont prolonge l'expérience de Baudelaire d'une façon extrême, faisant naître **le merveilleux au sein même de l'horreur**, et sa radicalité sera à la source des expériences surréalistes, en quête d'insolite et de bizarre. On pourra lire avec intérêt un célèbre extrait du deuxième « chant », traditionnellement intitulé « Le pou ».

Arthur Rimbaud

Le jeune poète ardennais a écrit en cinq ans d'expérience poétique une œuvre radicale, dont il explicite l'ambition dans sa célèbre lettre dite « du voyant ». Il est l'inventeur d'une expression particulièrement pertinente pour nous aujourd'hui puisqu'il évoque en effet son « alchimie du verbe », dans un poème ainsi nommé de sa *Saison en enfer*. Rimbaud présente la poésie comme **une vision,** qui dépasse totalement le réel pour accéder à une **« hallucination des mots »**, qu'on retrouve par exemple dans le sonnet « Voyelles », ou dans certaines strophes du « Bateau ivre ». Cette voyance magique permet d'aller à la rencontre de la beauté, comme le signale le dernier vers du texte : « Cela s'est passé, **je sais aujourd'hui saluer la beauté** ».

L'esthétisation du laid en beau est également chez Rimbaud une manifestation de son espièglerie poétique. Nombreuses sont chez le jeune homme les audaces introduisant un univers et un lexique prosaïques : chope de bière, tartines de jambon, fiente de vache, culottes trouées, marques d'oralité ou termes grossiers sont des composantes essentielles de son langage poétique. Plus nettement encore, les poèmes « Venus Anadyomène » ou « Le sonnet du trou du cul » se jouent avec une malice évidente de cette capacité du langage à élever et enrichir même les aspects les plus méprisables du corps humain.

Francis Ponge

Pour ce poète du milieu du XXe siècle, ce sont les choses les plus ordinaires qui doivent devenir le support de l'alchimie poétique. Ainsi, dans son recueil *Le Parti pris des choses*, le poète s'affaire-t-il à réenchanter le quotidien, en posant son regard sur un cageot, du pain, une huître ou une simple valise. Pourvoyeur d'harmonie, voyant **le tout** dans le détail, **le cosmique** dans l'apparemment insignifiant, le poète restitue ainsi la **profonde unité du monde**. Le langage poétique révèle alors son pouvoir unificateur et réveille notre capacité à nous **émerveiller** du réel.

Trois sujets de dissertation pour vous entraîner

- **Sujet 1**

Dans *Réflexions sur mes contemporains* Baudelaire demande : « qu'est-ce qu'un poète si ce n'est un traducteur, un déchiffreur ? » Après l'avoir expliquée, vous vous demanderez en quoi cette représentation du poète permet d'éclairer votre lecture des *Fleurs du mal* et des autres œuvres rencontrées.

- **Sujet 2**

Le poète Pierre Reverdy écrivait dans son *Journal de bord* que « la poésie est à la vie ce qu'est le feu au bois. Elle en émane et le transforme. » Vous illustrerez et discuterez cette affirmation à la lumière de votre lecture des *Fleurs du mal* et des autres textes poétiques que vous connaissez.

- **Sujet 3**

En quoi le poète peut-il être, selon vous, un alchimiste ? Vous répondrez à cette question en vous appuyant sur votre lecture des *Fleurs du mal* et des autres textes étudiés cette année.

III. Guillaume Apollinaire, *Alcools*

A. Présentation du recueil

1. Qui est Guillaume Apollinaire ?

Guillaume Apollinaire, de son vrai nom Wilhelm de Kostrowitzky, est né en 1880 d'un père officier de nationalité italienne et d'une mère originaire de la noblesse polonaise. Il fait ses études à Paris, où sa mère et lui sont installés, puis quitte la France pour l'Allemagne où il devient précepteur. Là, il rencontre Annie Playden, dont il tombera amoureux mais qui repoussera ses avances, le laissant éconduit et malheureux. Rentré à Paris un an plus tard, il pénètre, grâce à sa plume de journaliste, les milieux artistiques et littéraires. Il commence à publier, et fréquente les plus grands artistes de l'époque : Picasso, le Douanier Rousseau, Max Jacob…

En 1907, il rencontre Marie Laurencin, artiste elle aussi, et entamera avec elle une relation difficile et passionnée de sept ans. Il a alors une vie artistique intense, sous le nom de plume qu'on lui connaît aujourd'hui. C'est en 1913 que l'éditeur *Le Mercure de France* publie sous le titre d'*Alcools* un recueil faisant la somme de ses écrits depuis 1898.

En 1914, au tout début de la première guerre mondiale, il rencontre la troisième de ses inspiratrices : « Lou » (Louise de Coligny-Châtillon). Leur liaison est brève car le poète s'engage dans le conflit après avoir obtenu sa naturalisation. Pendant ses classes et sur le front, Apollinaire entretient avec Lou une correspondance poétique importante, qui sera recueillie plus tard sous le nom de *Lettres à Lou* ou *Poèmes à Lou*.

Blessé par un éclat d'obus en 1916, il est rapatrié à Paris pour sa convalescence.

Il écrit alors un « drame surréaliste » —c'est d'ailleurs lui qui forge ce mot nouveau—, intitulé *Les Mamelles de Tirésias*, puis publie les *Calligrammes*. Il fait autorité dans le milieu littéraire où il apparaît comme l'un des précurseurs du siècle, et chantre de l' « esprit nouveau ».

Emporté par l'épidémie de grippe espagnole, il meurt en novembre 1918.

2. Comment comprendre le titre du recueil ?

Rédigé sur la période longue de 1898-1913, le recueil connaît des titres successifs, dont chacun révèle un des aspects majeurs de l'ensemble, mais aussi correspond aux dynamiques distinctes adoptées par le poète au cours de ces quinze années. D'abord, Apollinaire évoque un projet de publication d'un regroupement de poèmes rhénans, inspirés par son séjour en Allemagne, sous le titre explicite *Le Vent du Rhin*. Ce projet n'ayant guère abouti, quatre ans plus tard, en 1908, il sort un volume intitulé *Le Roman du Mal-aimé*, sur le modèle du poème « La Chanson du mal-aimé », dominé par la tonalité élégiaque.

C'est en 1910 que la composition du recueil s'enrichit des nouvelles expériences amoureuses et artistiques du poète. Le titre choisi est alors ***Eau de vie.*** Par rapport aux deux précédents titres, le changement est sensible, et paraît nettement ancrer le nouvel ensemble dans le motif dionysiaque de l'ivresse, dont l'écho avec l'œuvre de Baudelaire ne peut être ignoré. La dimension élégiaque est ainsi écartée au profit d'un lexique de la vigueur.

Sur épreuve, c'est-à-dire *in extremis*, peu avant la publication définitive de l'œuvre, Apollinaire modifie une dernière fois le titre, pour lui préférer *Alcools*. **Si le motif de l'ivresse reste le même, le changement grammatical n'est pas anodin.** D'abord, *Eau de vie* était formé d'un groupe nominal composé d'un substantif au singulier et d'un complément du nom. L'« eau-de-vie » (le nom commun en français comporte des tirets) désigne un alcool, une liqueur forte obtenue par la distillation d'une boisson faiblement alcoolisée à l'origine. Faire de l'eau-de-vie, c'est donc augmenter la concentration d'alcool, tirer l'extrait le plus fort, l'élixir le plus enivrant. Mais, comme le nom l'indique, et comme le sens littéral vient nous le rappeler et nous le faire entendre, c'est d'abord la quintessence de la vie même qu'il s'agit d'extraire. L'absence de tirets voulue par Apollinaire semblait mettre l'accent sur cet aspect : la poésie n'est-elle pas ce qui vient désaltérer la soif d'existence du poète ? Le poète n'est-il pas le « gosier de Paris » ? Déjà Rimbaud jouait de ce registre. La substitution du syntagme « eau-de-vie » par le seul nom « alcools » a beau préserver le motif de la boisson et de l'ivresse, elle rend moins évidente la dimension métaphorique rendue sensible par la seule présence du terme « vie ». Le lien est cependant ré-établi par le poète non dans le titre, mais à la fin du poème inaugural « Zone », par les deux vers suivants :

Et tu bois cet alcool brûlant comme ta vie
Ta vie que tu bois comme une eau-de-vie

Mais il convient d'observer en outre une autre variation grammaticale : **le passage du singulier au pluriel.** Apollinaire, bien qu'éludant le déterminant, évoque bien plusieurs alcools. Qu'en comprendre ? Serait-ce qu'il existe plusieurs ivresses, ou voies d'accès à l'ivresse ? Si oui, lesquelles ? Le pouvoir de suggestion du titre est ici renforcé.

3. Comment le recueil est-il construit ?

Contrairement aux *Contemplations* ou aux *Fleurs du mal*, *Alcools* **ne comporte pas de section interne**. Il convient donc de repérer des effets d'ensembles, **une architecture secrète**.

D'abord, notons que si certains poèmes sont rédigés, nous l'avons vu, dès les premières années du XXe siècle, autour de 1904, et d'autres plus tardivement, dans les années 1910, la totalité couvrant une expérience de quinze ans d'écriture poétique, **il n'est ici pas question d'une composition chronologique**. Il serait vain et inexact de partir du postulat que les premiers poèmes sont les plus anciens, et se rafraîchissent ensuite jusqu'en 1913. D'ailleurs, le poème liminaire « Zone » est en fait le dernier écrit par Apollinaire, fin 1912. De même, la structure n'épouse pas un ordre purement thématique (voir les thèmes infra), Apollinaire disséminant habilement motifs rhénans ou urbains, amoureux ou paysagers, au fil du recueil, dans **un jeu d'entremêlement**.

Certains regroupements sont cependant traditionnellement observés. Certains semblent signalés par une sorte de « titre » interne, visible sur la table des matières. On établira un ensemble de « Rhénanes », composé de neuf poèmes dépeignant mythologie et nature du Rhin. Les titres des poèmes contiennent, par l'adjectif, la marque de cette appartenance. Vient ensuite « À la Santé », six poèmes numérotés se référant à l'incarcération du poète, soupçonné de complicité dans l'affaire du vol de la Joconde (la « Santé » étant le nom d'une prison parisienne). Les ensembles « Le Brasier » et « Fiançailles » semblent se présenter sous la forme de plusieurs poèmes, car ils occupent plusieurs pages de façon apparemment discontinue. Cependant, ce sont bien des poèmes, de longs poèmes, et non des regroupements, et il s'agit alors de les concevoir dans leur unité.

L'effet de structure le plus significatif est marqué par **le jeu entre l'ouverture et la clôture du recueil, les poèmes « Zone » et « Vendémiaire ».** Il s'agit d'abord de deux pièces longues. Elles évoquent toutes deux l'environnement urbain, et constituent des chants de la modernité, que la voix d'un poète passant fait s'élever. Ce sont donc deux promenades dans Paris. Mais les pièces se répondent essentiellement par leur circularité, créant un effet de boucle qui vient englober le recueil dans le cycle de l'éternelle recréation poétique. En effet, on observera que « Zone » commence avec la déploration d'un poète avide de recommencement : « À la fin tu es las de ce monde ancien ». Sa déambulation, qui lui fait traverser temps et espace, met en tension l'ancien et le moderne, l'enfance (enfance personnelle et enfance du monde) et le progrès. « Vendémiaire » constitue une reprise du motif, en soulignant moins la fin d'un monde que **la nouveauté qui se profile** : le premier vers évoque « l'avenir ». Si « Zone » marque un crépuscule, « Vendémiaire » évoque donc l'aube suivante et s'achève d'ailleurs sur l'expression « le jour naissait à peine ». Naturellement, l'antithèse entre monde dépassé et nouveau doit se comprendre comme une potentielle métaphore de la création poétique. L'élan du recueil est bel et bien de faire se déplacer la poésie, de l'accompagner dans son **progrès,** voire dans sa **révolution**. Il s'agit, constatez-le par le jeu des titres, de la faire passer de la « zone », espace de l'entre-deux, à l'année nouvelle où se vendange la vigne du langage (Vendémiaire est le nom du mois de septembre, et le premier mois du calendrier républicain – autre avatar de la Révolution). Le jour annoncé en clôture est ainsi incontestablement celui des avant-gardes. Enfin, l'effet de miroir est renforcé par la symétrie amplificatrice du thème suggéré par le titre du recueil, l'alcool, l'ivresse. Dans « Zone », le poète s'enivrait de « l'eau de sa vie », indice apparent du lyrisme personnel sur lequel nous nous attarderons plus tard. Au terme du recueil, le poète se grise de façon hyperbolique, quasi cosmique, non plus de lui-même mais de l' « univers ».

4. Quelles sont les formes poétiques adoptées ?

Il est essentiel de comprendre combien l'écriture poétique d'Apollinaire est ici profondément **affranchie,** notamment par le mélange de formes novatrices et de formes classiques.

Notons d'abord que le recueil est présenté **sans ponctuation**. Ainsi, la respiration intérieure des vers, le tempo des phrases, mais surtout leur structuration syntaxique ne sont éventuellement induites que par la taille du vers. L'ensemble donne à la lecture une impression de fluidité, puisque rien ne fait apparemment obstacle à l'œil, mais aussi de suspension, d'irrésolution ou d'incertitude quant au balisage grammatical de la langue, dont les potentialités sont alors maximisées. **En un mot, l'absence de ponctuation ouvre le sens**. *Alcools* est le premier recueil de poésie française à proposer cette nouveauté.

Par ailleurs, observons le **recours fréquent au vers libre**. De longueur inégale, très bref (« Adieu ») ou s'étirant au-delà de la limite de la ligne et s'approchant alors du verset, le vers d'Apollinaire rompt souvent - mais pas toujours- avec la métrique traditionnelle. De même, il ne faut pas s'attendre à trouver un retour de rime ni une organisation strophique réguliers. Ce qui se joue est d'un autre ordre : le poète établit ainsi des ruptures, des scansions nouvelles, des séquences de vers inédites, et des espaces typographiques plus présents, comme on l'observe dans les vingt derniers vers de « Zone », où se juxtaposent vers uniques, distiques, quatrain, dans un rétrécissement brutal du mètre final. La parole poétique oscille donc entre **dilatation et rétractation,** entre **déploiement et à-coup, entre essor et retrait.** Sur le plan rythmique, on relèvera ainsi un travail récurrent sur l'enjambement, comme dans les premières strophes de « Rhénane d'automne ». La grande majorité des poèmes d'*Alcools* sont écrits en vers libres. Il s'agit pour lui d'une condition nécessaire de la création poétique, comme il le dit lui-même dans une lettre : « [...] il ne peut y avoir aujourd'hui de lyrisme authentique sans la liberté complète du poète ». Sur la base de cette liberté, le poète se penche d'ailleurs sur le cas du sonnet. Celui-ci est en effet déconstruit dans le poème « Colchiques », et réduit à quelques vestiges : le mètre semble un alexandrin, disloqué en hexasyllabes aux vers 2 et 3, ramenant ainsi la totalité des vers à 14. La dernière strophe semble la trace d'un ultime tercet qui vient constater l'échec du lyrisme traditionnel.

Néanmoins, **l'emploi du vers libre n'exclut pas totalement les formes plus classiques.** La musicalité célèbre du « Pont Mirabeau » est le fruit d'une savante orchestration de mètres réguliers : décasyllabes, pentasyllabes et hexasyllabes, animés par un refrain octosyllabique. De même, l'harmonie sonore domine, par la reprise de la rime sur la totalité du quatrain et les nombreuses allitérations qui le traversent. Le poème « Merlin et la vieille femme » est constitué de quinze quatrains en alexandrins. Il est amusant de noter par ailleurs que le premier vers du recueil est un alexandrin régulier contenant une diérèse (sur « ancien », significativement), comme si le vers se faisait lui-même porteur de l'ancienne poésie que l'on chercherait à vivifier (voir le parcours associé).

Enfin, l'influence cubiste du poète, dont l'origine est à chercher dans sa fréquentation de la bohème artistique de l'époque, notamment dans son amitié avec Picasso, est sensible dans le travail **de juxtaposition d'images** ou de scènes, où le réel est présenté de manière **diffractée**. On voit bien ce procédé dans « Zone », où le poète passe successivement, vers après vers, d'espace en espace, de Rome à Prague, Amsterdam...

B. Les thèmes et extraits incontournables

1. Mythologies : quels imaginaires nourrissent le recueil ?

L'univers d'*Alcools* est peuplé de références mythologiques dont certaines sont érudites, ce qui constitue en un sens une trace de la **filiation symboliste** héritée du dernier tiers du XIXe siècle. La particularité de l'imaginaire apollinarien réside surtout en **une forme de syncrétisme** : au fil des images et des figures convoquées, le poète mêle mythes ou références judéo-chrétiennes et légendes païennes, dont la plupart sont principalement tirées du folklore rhénan.

Ainsi, on notera par exemple que le poème inaugural « Zone », dont on a dit qu'il était un chant de modernité, est paradoxalement dominé par l'évocation de la figure christique, citée à quatre reprises. De même, Apollinaire consacre un poème entier à une réécriture biblique, à travers « Salomé », femme séductrice dansant pour obtenir littéralement la tête de Jean-Baptiste. Dans le poème « L'Ermite », il évoque le discours d'un croyant, tenté par les choses sensuelles, lançant au ciel une prière désespérée, et fait de multiples allusions aux rites et aux écrits chrétiens (Lilith, le Christ crucifié, le pain sans levain, l'évocation omniprésente de la sainteté).

Mais à cet univers teinté de religiosité vient se juxtaposer celui des **légendes magiques** ancrées dans différents espaces géographiques et différentes temporalités. On peut évidemment s'arrêter sur le personnage d'Orphée, représentation mythologique et père de la poésie selon les Anciens. Il est convoqué notamment dans « Le Larron » ou « Poème lu au mariage d'André Salmon ». Il apparaît, nous y reviendrons, comme un avatar du poète lui-même. Notons d'ailleurs que l'édition d'*Alcools* s'accompagne souvent d'un second ensemble intitulé « Le Cortège d'Orphée ». Par ailleurs, dans le poème « Merlin et la vieille femme », Apollinaire invite cette fois l'imagerie celtique des légendes médiévales, et plus précisément arthuriennes, à travers les figures du magicien de Brocéliande et de la fée Viviane. Enfin, l'expérience allemande de l'année 1902 imprègne le recueil qui est traversé par les évocations de la mythologie ou des paysages rhénans. C'est naturellement dans la petite section de neuf « Rhénanes » que sont développés ces motifs. Le Rhin abrite les ondines, créatures féminines aquatiques autrement connues sous le nom de « nixes ». Apollinaire consacre le poème « La Loreley » à l'une d'entre elles, en réécrivant une légende germanique célèbre, ici aussi campée dans une atmosphère médiévale. Dans le poème « Nuit rhénane » ou dans « Lul de Faltenin », les « fées aux cheveux verts » et les « sirènes » semblaient annoncer la figure de la Loreley, tombée dans le fleuve qui en devient l'éternel tombeau. Plus avant dans le recueil, la Loreley se présentait déjà sous la forme d'une autre noyée : Ophélie, héritée de l'imaginaire shakespearien, dépeinte dans le « Poème lu au mariage d'André Salmon ».

Les sources mythologiques d'*Alcools* sont ainsi de nature variée, convoquant un imaginaire riche, caractérisé par ses **motifs hétéroclites**, mais que la parole poétique vient souvent confondre pour **unifier le sacré et le païen**, de même qu'elle abolit, par ce même mouvement, les frontières spatiales et temporelles de l'inspiration.

2. Mélancolie poétique : comment le poète convoque-t-il ses sentiments ?

Le recueil *Alcools* a beau célébrer le motif de l'ivresse dans une pulsion dionysiaque qui se voudrait porteuse d'énergie, il n'en reste pas moins profondément ancré dans une **démarche d'expression du mal-être** et teinté, de bout en bout, d'une mélancolie tenace.

Apollinaire fait du poème le dépositaire de sa souffrance amoureuse. Les déceptions nombreuses qu'il connut sur le plan personnel sont toutes retranscrites, déplorées et exorcisées dans le recueil, si bien que le poète lui-même se donne pour autre nom « le mal-aimé ». Les allusions aux deux femmes qui ont marqué l'époque de composition d'*Alcools*, Annie Playden puis Marie Laurencin, sont nombreuses et peuvent s'avérer tout à fait transparentes, puisque ces prénoms constituent le titre de deux poèmes respectifs, ou peuvent apparaître comme destinataires, comme c'est le cas pour « Crépuscule », directement dédicacé à Marie Laurencin. Les poèmes dits « rhénans » appartiennent au cycle d'Annie, jeune gouvernante anglaise qu'il rencontra en Allemagne, et dont la Loreley pourrait bien n'être qu'un double légendaire, tandis que certains textes d'inspiration parisienne, comme « Zone » ou « Le pont Mirabeau », évoquent eux la rupture avec Marie. Plus largement, *Alcools* apparaît comme un recueil des amours mortes (et volontiers noyées), délivrant une vision pessimiste de l'amour. Celui-ci est perçu tantôt comme une « angoisse » ou une « maladie honteuse » (« Zone »), comme un « poison » (« Les Colchiques »), une consumation (« Le Brasier », « Les Fiançailles »), une perte (« Le Pont Mirabeau », « La Chanson du mal-aimé), une ombre, voire un fantôme (« Clotilde », « Signe »).

La mélancolie du poète dépasse la simple expression de sa déception amoureuse et, comme chez Baudelaire, s'incarne sous la forme de **paysages particuliers**, saisis dans des moments précis. En premier lieu et avant tout, il est essentiel de relever l'omniprésence de l'automne. **L'automne parcourt l'œuvre de part en part**. Présenté comme une « saison mentale » (« Signe »), il permet l'adéquation de l'environnement du poète à sa vie intérieure. Sa première occurrence est repérable dès le début du poème avec la quatrième pièce « Les Colchiques », que l'automne ouvre et referme, annonçant le caractère éternel de la saison mélancolique. Il réapparaît ensuite sous les traits du « déclin de l'été » dans « Le voyageur », puis est évoqué de façon directe dans plusieurs poèmes, dont « Rhénanes d'Automne » ou « Signe ». Il devient pleinement objet poétique dans « Automne » et « Automne malade », où le poète dépeint une saison inféconde, porteuse d'un deuil à venir et sans cesse renouvelé. Associé au blason féminin dans « Marie » par l'expression « tes cheveux / et tes mains feuilles d'automne », il se fait symbole de la flétrissure inévitables des amours. Sur le plan du paysage, **le motif de l'eau, du fleuve et de son écoulement assume les mêmes fonctions**. Le courant du fleuve ou le mouvement de la mer qui emporte, immerge voire noie moments heureux ou femmes aimées est l'autre élément structurant du panorama que nous offre *Alcools*. La Seine et le Rhin en sont bien sûr les composantes principales. La première apparaît dans le « Pont Mirabeau », et en est la figure centrale puisque le poème déplore et reproduit l'écoulement du courant, pareil à l'écoulement du temps emportant les souvenirs des amours, quand le poète reste fixe et immobile, comme figé dans sa souffrance. De même, dans « Mai », le mouvement naturel du Rhin éloigne inéluctablement chaque chose à la vue du spectateur. Dans « La Loreley », le fleuve semble cette fois représenter l'illusion de l'amour dans laquelle l'amoureuse déçue vient s'ensevelir. En ce sens, il se rapproche de l'Océan de « L'Emigrant de Lander Road », qui n'offre au voyageur que l'engloutissement des promesses et des serments amoureux, comme le signale la dernière strophe.

Notons à cet instant que les motifs conjoints de l'automne et du fleuve permettent l'un et l'autre, ou l'un avec l'autre, de soutenir l'évocation d'un **thème lyrique majeur, celui de la fuite du temps**. Dans l'univers d'*Alcools*, comme nous venons de le voir, la menace de l'effacement est omniprésente. Le poète se présente comme celui qui, tel Orphée se retournant pour mieux perdre Eurydice, « regarde en arrière / les cadavres de [ses] jours » (« Les Fiançailles ») et dont le lyrisme peine à retenir « l'heure qui passe trop vitement / comme toutes les heures » (« À la Santé », V).

Enfin, la mélancolie du poète est en dernier lieu rendue sensible par l'évocation de plusieurs **figures de l'exclusion**, auxquelles le poète semble s'identifier. Tziganes, saltimbanques, matelots, migrants, voyageurs ou passants sont nombreux dans l'œuvre. Ils incarnent ensemble une forme d'humanité à la marge, en transit, consciente du caractère provisoire de sa présence, et contribuent ainsi à **une esthétique du passage, porteuse de l'universelle nostalgie** : « Je ne vis que passants ainsi que vous passâtes / Et détournant mes yeux de ce vide avenir / En moi-même je vois tout le passé grandir » (« Cortège »).

4. Ville et monde moderne : comment le poète célèbre-t-il un nouvel espace poétique ?

Encore plus que chez Baudelaire, **Paris** occupe dans *Alcools* **une place centrale dans l'inspiration poétique.** Paris ouvre le recueil. Ce n'est pas le Paris des faubourgs auquel « Les Tableaux parisiens » nous avaient habitués, avec leur cortège de vieillards, de chiffonniers et de boue. Sous la plume d'Apollinaire, le Paris poétique entre de plain-pied dans le XXe siècle, et nous dévoile les aspects les plus criants et ostentatoires de sa modernité. C'est la Tour Eiffel, d'abord, élevée à la fin du XIXe, qui apparaît comme le pâtre de Paris. Puis viennent les voitures, les hangars, l'avion, la rue industrielle, les autobus, Saint Lazare. Toutes ces visions poétisent des objets profondément nouveaux, symbole d'un monde que le chant n'avait jamais célébré jusque-là. Dans ce Paris jamais vu, le poète apparaît comme un passant, un homme de déambulation. Rimbaud avait pu l'être, lui qu'on nommait le « passant considérable ». Mais il n'avait, et pour cause puisque sa carrière poétique a pris fin en 1875, pas constaté les progrès dont Apollinaire est témoin et auxquels il porte une attention accrue. « Tout seul parmi la foule », il accumule **les visions** : « tu marches / tu vois / tu regardes ». Mais, dans « Zone », cette modernité n'est pas encore assumée par l'œil du poète, qui semble souffrir d'angoisse et recompose, à travers son parcours parisien, un parcours personnel qui le transporte en d'autres temps et d'autres espaces. En effet, aux évocations du Paris « d'aujourd'hui » se mêlent les images de monuments éternels (« Notre Dame ») ou de lieux éloignés (Prague, la Méditerranée, Marseille, Amsterdam, Rome). Temps et lieux se juxtaposent dans une intuition que le poète ne parvient pas encore à formuler ou absorber, ce que le motif final de la décapitation (« soleil cou coupé ») vient sans doute exprimer.

Source d'angoisse plus que de jouissance dans « Zone », **Paris** devient dans « Vendémiaire » un lieu d'universel, dont le poète capte « la chanson ». Cette fois, les **motifs urbains**, l'évocation d'autres villes fusionnent ensemble dans une forme de confluence, ou de polyphonie : « Et Rennes répondit avec Quimper et Vannes / Et les villes du Nord répondirent gaiement / Et Lyon répondit / Et les villes du Midi répondirent / Les villes répondaient maintenant par centaines »). Le « vin » de Paris et celui des « villes de France et du monde » viennent en un seul « gosier » désaltérer l'inextinguible ivresse du poète, qui enfin, boit et voit. L'heure n'est plus au feuilletage des époques, des mythologies, ou à la déploration du passé : le poète ouvre « une salve d'avenir », comme le dit l'un des poètes majeurs du XXe siècle, René Char. La sainteté n'est plus celle d'un christianisme patiné, mais celle des « usines » car c'est en Paris que « Dieu peut devenir », signe que la modernité sera, à n'en pas douter, **le nouveau sacré**, tout comme la ville est devenue, en l'espace d'un recueil et de ses cinquante poèmes, le lieu d'un nouveau lyrisme.

C. Le parcours associé : « modernité poétique ? »

Il est séduisant de penser qu'un recueil écrit dans la première décennie du siècle, par un homme ayant vécu vingt ans au XIXe et dix-huit au XXe puisse à lui seul marquer un tournant du genre poétique, le faisant passer d'une ère à une autre. Qu'en est-il exactement ?

1. Quelles interrogations l'intitulé « modernité poétique ? » peut-il susciter ?

Il est difficile de saisir le concept de modernité, aussi bien sur le plan historique qu'esthétique. Si l'on se réfère à l'étymologie latine, le moderne renvoie au récent, à ce qui appartient à son époque actuelle, par opposition à ce qui est ordinairement accepté comme « ancien » ou « classique ». Moderne serait donc ce qui est « de son temps ». En ce sens, le Du Bellay de la Pléiade ou le Hugo du Romantisme ne furent-ils pas modernes, en leur temps ? Pourtant, on le sent bien, l'intitulé ne nous invite guère à considérer la dimension relative de la modernité, mais au contraire, semble nous inciter à en dessiner une ligne définitive et radicale, comme s'il s'agissait de trouver un avant et un après, une sorte de point de rupture qui pourrait bien, nous suggère-t-on, être l'expérience poétique d'Apollinaire. On peut alors légitimement se demander à quel titre le recueil *Alcools* constitue une forme de crise qui transforme fondamentalement et durablement les enjeux formels et esthétiques de la poésie. Mais la tournure interrogative de l'intitulé « modernité poétique ? », introduit une réserve que nous devons exploiter pour éviter l'arbitraire d'une telle consécration. Apollinaire n'a-t-il pas eu de devanciers ? Quels poètes, avant lui, ont creusé le sillage dans lequel a pu s'inscrire sa démarche ? Quels recueils ou quels textes ont créé les conditions d'émergence d'une poésie « moderne », à l'orée du XXe siècle ? Et, à l'autre extrémité, après lui, comment s'est transmis son héritage ? Quelles voies a-t-il ouvertes, et à qui ?

2. Le recueil *Alcools* est-il moderne ?

La question a déjà pour partie trouvé sa réponse dans les développements antérieurs que nous pouvons ici brièvement synthétiser. Moderne est **l'emploi d'une nouvelle versification**, qui repose sur la libération totale du vers, tant sur le plan métrique que rimique. Moderne est l'audace de moduler contraction (« Chantre ») et expansion (« Vendémiaire »), continuité et rupture (« Les Fiançailles », poème dispersé en strophes isolées). Moderne est **la suppression de la ponctuation qui ouvre le sens et gonfle le souffle du chant lyrique**. Moderne est l'accointance de l'écriture poétique avec les formes artistiques qui se développent à la même époque, comme le cubisme ou le futurisme. Moderne est enfin, surtout, **la sacralisation du progrès et la poétisation des visions urbaines**, jusque dans ses aspects techniques ou industriels.

À tous ces titres, la modernité du recueil paraît évidente. Pourtant, nous ne devons pas nous passer de confronter notre certitude au filtre de l'interrogation imposée par l'intitulé. Car, **sur bien des aspects, Apollinaire se pose moins comme l'inventeur d'une nouvelle poétique que comme le digne légataire d'une tradition parfois très ancienne**. En effet, plusieurs constats sont à faire. D'abord, notons que l'ouvrage, comme nous l'avons déjà évoqué, est porteur d'une culture classique, parfois érudite, qui vient solidement l'ancrer dans le passé. Précisons d'ailleurs que l'association du poète à la figure d'Orphée est une représentation tout à fait commune, dont on retrouve des traces au XVIe siècle notamment sous la plume de Du Bellay (« Que n'ai-je encore la harpe thracienne... », dans *Les Antiquités de Rome*). Dans la même veine d'idée, traditionnels sont les motifs lyriques développés par Apollinaire. **Le motif nostalgique du « tempus fugit », la déploration des amours perdues** sont, quasiment depuis la source mythique de la naissance de la poésie, **les composantes les plus évidentes du chant**. L'élégie amoureuse et l'expression de la nostalgie d'un temps trop court ou d'un chez soi trop lointain parcourent le discours poétique depuis l'Antiquité et connaissent une résurgence dans la poésie de la Renaissance. Ils sont, bien sûr, à nouveau au cœur des expressions romantiques (voyons « Les Séparés » de Marceline Desbordes-Valmore) ou post-romantiques (relisons les *Poèmes saturniens* de Verlaine). Finissons par considérer que l'universalisme visionnaire du poète de « Vendémiaire » n'est finalement pas si éloigné de la fonction de mage ou de voyant que lui assignaient Hugo ou Rimbaud.

Il n'est donc pas si pertinent d'affirmer qu'*Alcools* est un recueil moderne. Il peut l'être à bien des égards, mais autant qu'il affirme sa filiation avec les poètes du passé.

Finissons, enfin, en anticipant sur l'œuvre à venir d'Apollinaire, une fois que celui-ci a publié *Alcools*. En 1918, sont en effet publiés les *Calligrammes*, que la postérité a largement et très populairement consacrés depuis. Avec cette œuvre, dans laquelle la question de la mise en page du poème est profondément bouleversée, et où s'associent forme visuelle du texte et propos tenu, rappelant l'association inséparable du signifiant et du signifié d'un mot (son image et son sens), Apollinaire prolonge lui-même le travail du vers qu'il a initié dans *Alcools*. **Il lui apporte une facette nouvelle, en lui conférant une dimension visuelle et en le confondant avec les arts picturaux.**

3. Les autres auteurs et œuvres associés au parcours

Les précurseurs : Baudelaire et Rimbaud

Dans notre présentation des *Fleurs du mal* et du parcours associé « la boue et l'or », à laquelle nous vous renvoyons, nous avons pu comprendre en quoi l'année 1857, date à laquelle le recueil de Baudelaire est publié, était un moment crucial de l'histoire du genre poétique. Le poète qui se veut « peintre de la vie moderne », est en effet le premier à utiliser **le paysage urbain et ses figures comme matière première de son inspiration poétique**. Rimbaud, lui aussi, dans les *Illuminations*, suggère par un réseau d'images très complexes, la beauté et le mystère des « villes » et des « ponts » auxquels il consacre plusieurs évocations dans des poèmes du même nom. Par ailleurs, Rimbaud lui-même disait qu'il fallait être « absolument moderne » et rejetait au plus haut point la « vieillerie poétique » pour chercher un langage qui fût vecteur de « progrès » (voir la lettre à Paul Demeny dite « du voyant »).

De même, ces deux poètes, Baudelaire d'abord et Rimbaud ensuite, contribuent chacun pour sa part à la libération formelle du vers, notamment par l'utilisation du poème en prose, que ni l'un ni l'autre n'a inventé pourtant. **Déjà en 1860, on cesse donc de cheviller la poésie au travail d'un vers contraint**. Rimbaud, lui, se joue du sonnet qu'il s'amuse à détraquer, par des hachures ou des coupes incongrues, ou par le prosaïsme de ses sujets (« Au Cabaret vert » en est un bon exemple). Progressivement, il se débarrasse de la rime pour lui préférer une rime « visuelle » dont les lettres sont semblables à l'œil mais pas toujours à l'oreille. Ce sont là ses « Vers nouveaux ».

Un contemporain d'Apollinaire : Blaise Cendrars

Publié en 1913, année de publication d'*Alcools*, *La Prose du Transsibérien* témoigne d'un élan poétique assez semblable. Écrite en vers, et non en prose comme le nom l'indique, l'œuvre est un long poème de forme libre, suggérant un voyage en train, le Transsibérien étant, à l'époque et encore aujourd'hui, une ligne ferroviaire reliant Moscou aux confins de la Mongolie. Au long du voyage, écrit à la première personne, le jeune poète décrit ses visions (transfigurant notamment par des images habiles la ville de Moscou), auxquelles il mêle les souvenirs de son adolescence. Le travail du vers reproduit bien souvent le rythme du train par un jeu de *staccato* et d'anaphore qui lui confère mouvement et cahot.

Plus fort encore se fait le rapprochement avec Apollinaire lorsque l'on sait que *La Prose du Transsibérien* a été illustrée par une artiste abstraite importante, proche du poète d'*Alcools* : Sonia Delaunay. L'œuvre est alors le premier « livre-objet », exposé à travers le monde, et constitue le témoignage conjoint d'une modernité poétique et picturale. Il incarne, en un sens, la synthèse des arts qu'Apollinaire souhaitait voir éclore dans sa conférence de 1917 « L'esprit nouveau et les poètes ».

Les surréalistes, héritiers d'Apollinaire

Dans la conférence sus-citée, Apollinaire développe un aspect important de sa pensée esthétique. Il dit admettre « les expériences littéraires même hasardeuses », qui pourront d'ailleurs s'avérer « peu lyriques **».** En ce sens, il semble **anticiper les tentatives exploratoires des surréalistes,** qu'il a d'ailleurs pressenties en forgeant lui-même **le néologisme « surréalisme ».** En effet, dans le souci d'accéder à des images nouvelles, les surréalistes se livrent à des jeux poétiques pourvoyeurs d'insolite : listes, cadavre exquis, jeu de questions réponses définitoires permettent le rapprochement de réalités éloignées permises par le langage, parfois de manière aléatoire ou automatique et rompent alors avec le langage lyrique. Cette recherche de la nouvelle « combinatoire » n'aurait certes pas été reniée par Apollinaire, l'art nouveau reposant essentiellement sur la « surprise ».

Trois sujets de dissertation pour vous entraîner

- **Sujet 1**

Dans sa *Conférence sur l'esprit nouveau et les poètes*, Apollinaire évoque « une liberté d'une opulence inimaginable » dans le domaine de l'art. Pensez-vous que la modernité poétique soit essentiellement caractérisée par la liberté des poètes ? Votre réponse s'appuiera sur votre lecture du recueil *Alcools* et des autres textes et auteurs rencontrés.

- **Sujet 2**

Baudelaire définissait la modernité comme « le fugitif, le transitoire ». Cette vision de la modernité vous semble-t-elle s'appliquer aux textes poétiques étudiés cette année ?

- **Sujet 3**

Un recueil comme *Alcools* vous semble-t-il absolument nouveau ?

Fiche méthode

Méthode

Analyser un sujet

A. Les types de sujet

Il y a **deux types de sujet** de dissertation :

- **une question** posée directement, à laquelle vous devez répondre.
  Exemple Quelle vision du monde proposent *les Fables de La Fontaine* ?
- **une citation**, que vous devez évaluer, c'est-à-dire que vous devez expliquer et illustrer, mais dont vous devez aussi montrer la portée et les limites. Il n'est bien sûr pas nécessaire de connaître l'auteur de la citation pour traiter le sujet.
  Exemple Dans *Le Peintre de la vie moderne*, Baudelaire écrit : « La modernité, c'est le transitoire, le fugitif, le contingent, la moitié de l'art dont l'autre moitié est l'éternel et l'immuable ». Cette définition de la modernité vous semble-t-elle conforme à ce qu'en dit Apollinaire dans Alcools ?

B. Les étapes de l'analyse du sujet

Pour analyser le sujet de dissertation qui vous est proposé, vous devez respecter plusieurs étapes :

Étape 1

Lire et relire plusieurs fois et calmement le sujet, pour être sûr de bien le comprendre. S'il y a des mots que vous ne comprenez pas, cherchez-en le sens dans un dictionnaire (pour un devoir-maison) ou cherchez-en des synonymes (pour un devoir sur table).

Étape 2

Analyser le sujet : surlignez les mots-clefs et cherchez à les définir, puis reformulez le sujet avec des mots différents.

Étape 3

Déployer le sujet : pour être sûr de bien saisir l'ampleur et la profondeur du sujet et ne pas manquer des aspects essentiels, il faut chercher si les mots-clefs ont plusieurs sens et s'il y a **des sous-entendus ou des présupposés** dans le sujet.

Il faut aussi comprendre si la question posée est neutre ou évoque une polémique. Au fond, vous devez ici mettre au jour les différentes questions qui peuvent se cacher sous la question qui vous est posée ou la citation que vous devez évaluer.

Méthode appliquée

Sujet

↳ Les recueils de poème évoquant la « boue » de l'existence sont-ils immoraux ?

Consigne Pour répondre à cette question, vous vous appuierez sur votre lecture des *Fleurs du mal* et des textes étudiés dans le parcours.

A. Le type de sujet

Le sujet proposé appartient à la première catégorie : c'est une question posée directement, courte. Cela vous facilite la tâche : la problématique du devoir est donnée dans le sujet.

B. Les étapes de l'analyse du sujet

Étape 1

Lire et relire le sujet :

Ici, vous connaissez tous les mots du sujet.

Seule l'expression « boue de l'existence » peut être désarçonnante et devra être étudiée de près. C'est une des raisons pour lesquelles le mot « boue » est entre guillemets dans le sujet.

Si le mot « immoraux » vous pose problème, pensez à le décomposer. Il est constitué du préfixe « im-/in- », qui indique une négation (comme dans impossible, intolérable, immortel, etc.) et du radical « moraux/moral ». Cet adjectif est de la même famille que les mots : la morale, les mœurs, la moralité, moralement, etc.

Étape 2

Analyser le sujet :

Les mots-clefs du sujet sont : « boue » et « immoraux ».

La « boue de l'existence » est une **métaphore** qui désigne les endroits sales de l'existence, c'est-à-dire les moments ou les aspects de la vie dont on a honte, qu'on cache, qui ne sont pas reluisants. Cela peut être un aspect de la vie personnelle (une dépression, une addiction, une mauvaise action, *etc.*), comme un aspect de la vie d'une société (la misère, la prostitution, les crimes de guerre, *etc.*)

Le candidat doit se rappeler que le mot « boue » est présent dans l'intitulé du parcours associé et qu'il provient d'un poème de Baudelaire.

« Immoral » est un adjectif qui signifie « ce qui est contraire à la morale, aux bonnes mœurs ». Il diffère de l'adjectif « amoral » qui signifie « ce qui ne relève pas de la morale ». Sont ainsi immoraux le vol, le mensonge, la délation, *etc.*

Étape 3

Déployer le sujet :

Les mots-clefs « boue » et « immoraux » ne sont pas polysémiques.

En revanche, il y a **un sous-entendu** dans la question : l'image de la « boue » est péjorative. Elle vient de Baudelaire qui, dans un poème pour la deuxième édition des *Fleurs du mal,* écrit : « Tu m'as donné ta boue et j'en ai fait de l'or ». Son recueil, et même le but de la poésie, est donc, selon lui, la transformation de la boue de l'existence en or.

Enfin, l'affirmation renvoie à **une polémique** : *Les Fleurs du mal* ont en effet été accusées d'être un recueil immoral. Un procès eut lieu, qui condamna le poète à une amende et à en supprimer six poèmes.

Le sujet peut donc être reformulé de la sorte : « peindre la laideur de la vie, est-ce immoral ? » Il faudra considérer le procès fait à Baudelaire, puisque c'est ce dont il a été accusé, mais surtout élargir la réflexion en convoquant d'autres poèmes peignant une « boue de l'existence ».

Sujet corrigé

Dissertation

Sujet

↳ **En 1960, dans son discours de réception du Prix Nobel de littérature, le poète Saint John Perse déclare : « Poète est celui-là qui rompt pour nous l'accoutumance ». En quoi ce pouvoir du poète participe-t-il de l'alchimie poétique ?**

Consigne Vous répondrez à cette question en vous appuyant sur votre lecture du recueil *Les Fleurs du mal*, ainsi que sur les autres textes que vous connaissez.

Le poète Saint John Perse, devant l'assemblée du Prix Nobel qui le récompensait en 1960, propose une définition étonnante : « Poète est celui-là qui rompt pour nous l'accoutumance ». Ainsi, c'est au poète qu'échoirait, pour le bien commun, la tâche de vivifier, de ranimer ses prochains, abrutis ou aveuglés par l'habitude. En quoi le poète est-il, en effet, l'agent du réveil de nos perceptions ou de nos consciences ? De quelles accoutumances nuisibles peut-il, par le pouvoir de son alchimie poétique, nous sevrer ? C'est ce que nous saisirons en nous interrogeant sur les différents champs de l'action du poète, et en nous penchant particulièrement sur la démarche d'une figure majeure de la poésie française, à travers l'exemple des *Fleurs du mal*, de Baudelaire. D'abord, nous montrerons que le poète nous incite à nous détacher du réel. Puis nous verrons comment, plutôt que de nous en détourner, il entreprend de modifier notre regard sur le monde qui nous entoure, ressuscitant notre capacité d'émerveillement. Pour finir, nous comprendrons que le poète applique ce programme à sa propre forme d'expression, en transfigurant le langage poétique lui-même.

*

* *

Tout d'abord, considérons que le poète, comme l'annonce Saint John Perse, tend à nous déshabituer du monde réel, concret, par une invitation récurrente à l'éloignement.

Le poète lui-même, en effet, est un être de l'ailleurs, qui par nature, bon gré mal gré, apparaît comme profondément marginal. C'est ce que Baudelaire met en scène à travers la célèbre figure de l' « Albatros », oiseau majestueux dans les sphères célestes et spirituelles, mais rendu ridicule dans l'environnement concret, quotidien, représenté par l'image du navire. Le vol de l'albatros est le signe même de cet arrachement au réel qui semble la condition d'existence du poète, comme si l'éloignement lui rendait la pleine possession de ses aptitudes.

Ainsi, le lecteur est amené à accompagner le poète dans sa quête de l'ailleurs, en acceptant ses innombrables « invitations au voyage ». À travers de nombreux poèmes, Baudelaire ouvre devant nous l'horizon de son paradis. Le motif exotique, souvenir des expériences réunionnaises de l'auteur, jalonne l'œuvre tout entière, par les évocations d'une nature luxuriante notamment. C'est par exemple le cas dans le poème « Parfum exotique », où le poète dépeint une « île paresseuse où la nature donne / des arbres singuliers et des fruits savoureux ». De même, dans les poèmes « *Moesta et errabunda* » ou « L'Invitation au voyage », le poète formule explicitement son appel au large et au lointain, évoquant un ailleurs idéal qui s'oppose aux noirceurs quotidiennes. Le jeune Rimbaud, dans ses poèmes de Douai, empreints des aventures vécues de ses fugues de poète adolescent, fait lui aussi un éloge du vagabondage et de l'errance, notamment dans le célèbre sonnet « Ma Bohème ». Le voyage est donc le premier instrument utilisé par le poète lorsqu'il cherche à nous sevrer du monde concret.

Mais l'ailleurs peut aussi s'avérer intérieur, personnel, et alors l'éloignement désiré et installé par le poète n'est plus seulement géographique, mais devient d'ordre mental, psychologique. Par le rêve ou le pouvoir de l'imagination, auquel il s'abandonne parfois complètement, le poète se tient, et nous tient à l'écart du réel. La « rêverie » d'Hugo ou les « chimères » de Nerval en sont les témoins. Plus tard, les poètes surréalistes accentueront cette plongée par leur intense travail sur le récit de rêve, auquel ils consacrèrent une large part de leur activité, conscients qu'ils étaient que le rêve était pourvoyeur d'un ailleurs intime qu'il s'agissait de saisir.

Ainsi le poète vient-il en premier lieu rompre nos attaches, notre enracinement à un monde trop concret, quotidien, dont il promet de nous arracher par le départ immédiat. Le mouvement, figuré par le voyage ou le rêve, est ainsi le premier remède à nos accoutumances. Néanmoins, le pouvoir du poète est tel qu'il est capable, par « l'alchimie poétique » dont parleront tour à tour Baudelaire, Rimbaud ou Apollinaire, de renverser nos habitudes au cœur même du quotidien. Aussi, plutôt que de dessiner une alternative au monde tangible, le poète nous en propose-t-il la redécouverte.

*

* *

Poser un regard neuf sur ce qui nous entoure par le jeu de l'image poétique, qui vient transfigurer le réel : tel est le programme du poète, avide de commuter « la boue en or ».

Dans cette perspective, le poète vise d'abord à retourner nos perceptions esthétiques. Il exerce un pouvoir de conversion, par lequel les notions de beau et de laid ne sont plus dichotomiques, mais rétablies dans leur unité perdue. Ainsi, les objets les plus vils, misérables, répugnants peuvent-ils accéder au sublime par le langage poétique, qui vient les transformer, les « élever ». « Le poète sait descendre dans la vie ; mais croyez que s'il y consent, ce n'est pas sans but, et qu'il saura tirer profit de son voyage. De la laideur et de la sottise, il fera naître un nouveau genre d'enchantements ». C'est ce que dit Baudelaire, et c'est aussi ce qu'il fait dans de nombreux poèmes des « Tableaux parisiens », ou dans le poème « Une Charogne », dans lequel une carcasse animale en putréfaction, objet laid et peu poétique s'il en est, est dépeinte comme un sujet noble, porteur d'harmonie et de musique, dont les images poétiques ont restauré, révélé, ou inventé la beauté. La métaphore de la « toile oubliée » permet d'ailleurs d'associer le cadavre à une véritable œuvre d'art. Dans le même ordre d'idée, la Vénus décrite par Rimbaud dans « Vénus anadyomène » sidère par la laideur de son apparence. Mais le poète n'est pas à une sorcellerie près, et dans le même temps qu'il renverse l'imagerie traditionnelle de la Vénus blonde, pure et éternelle pour nous délivrer la vision quasi comique d'une vieille prostituée sortant de sa baignoire, il en reconstruit la beauté par l'écriture, dans l'écrin formel que constitue le sonnet.

Par ailleurs, le poète réenchante le quotidien dont l'habitude nous avait blasés, las d'avoir sous les yeux les mêmes objets banals, effacés par l'usage. Cocteau l'affirmait en ces termes, dans *Le Rappel à l'ordre* : « Voilà le rôle de la poésie. Elle dévoile, dans toute la force du terme. Elle montre nues, sous une lumière qui secoue la torpeur, les choses surprenantes qui nous environnent et que nos sens enregistraient machinalement. » Ce pouvoir, Ponge l'exerce particulièrement dans le recueil *Le Parti pris des choses* où il offre à notre regard des choses simples, devenues invisibles : une huître, du pain, un cageot, une valise. Par le langage poétique, il souligne la puissance de ces objets, porteurs de tout un monde, et dont l'aspect concret, bassement matériel, est une apparence que le poème vient briser pour révéler leur lien avec le cosmos. Ainsi, sous la plume de Ponge, le pain devient-il tellurique, chtonien, et l'huître céleste.

*

* *

Le poète, nous venons de le voir, réveille notre conscience en bousculant nos perceptions normatives et routinières, qui sont, à n'en pas douter, les manifestations les plus flagrantes de l'engourdissement causé par l'accoutumance.

Mais au fond quelle serait la valeur de cette mission si le poète ne l'appliquait pas également et d'abord à lui-même, et à sa forme d'expression. L'habitude ne menace-t-elle pas le langage poétique ? La fonction du poète est donc de briser cette dernière accoutumance et renouveler, selon le vœu de Rimbaud, « la vieillerie poétique ».

En premier lieu, le poète cherche le renouvellement des formes. L'affranchissement des codes permis par le Romantisme est exploré par tous les poètes des générations suivantes : par Baudelaire, lorsqu'il affermit l'existence du poème en prose, par Rimbaud, lorsqu'il modernise et déstructure les contraintes du sonnet, comme dans « Le Cabaret vert », par Apollinaire, lorsqu'il invente la forme visuelle du calligramme.

Mais surtout, si la poésie possède un pouvoir de transfiguration qui vient vivifier nos perceptions anesthésiées, c'est à l'égard du langage même qu'elle a le devoir de l'exercer. Il s'agira alors de produire une nouveauté dans le vocabulaire poétique d'abord. C'est ce que Rimbaud propose en introduisant des touches prosaïques : « tartines de jambon », « culotte trouée », « fiente de vache » ou « élastique » sortent la poésie d'un lexique figé et prétendument noble. De plus, la nouveauté sera aussi celle des images : le poète cherchera à saisir les associations plus insolites et surprenantes, à l'instar du travail d'André Breton dans l' « Union libre », ou de Lautréamont dans les *Chants de Maldoror*, où il imagine « la rencontre fortuite, sur une table de dissection, d'une machine à coudre et d'un parapluie ». Or, c'est bien la vocation du poète que de trouver cette nouvelle langue, dont la magie serait alors de nous ouvrir les portes de l'inconnu. En un sens, les recherches synesthétiques effectuées par Baudelaire dans le poème « Correspondances » sont révélatrices de cette volonté. Par le jeu des sens en fusion et des images poétiques qui permettent de les associer, le poète accède à un nouvel espace. Il devient le déchiffreur de symboles, susceptible de nous faire accéder, par là même, à la vérité cachée de l'essence des choses, au-delà de leur réalité concrète et de l'appréhension rationnelle que nous en avons.

*

* *

Ainsi la poésie possède-t-elle, selon l'expression de Saint John Perse, ce pouvoir de « rompre pour nous l'accoutumance ». À plusieurs titres, sa capacité à transfigurer permet bel et bien de proposer à l'esprit, au regard et au langage un ailleurs et un « autrement » salvateurs. Parce qu'elle renouvelle notre perception du monde, parce que, dans le même mouvement, elle se renouvelle elle-même, la poésie régénère et désaltère l'âme humaine, si prompte à l'inertie.

Objet d'étude 2

La littérature d'idées du XVIe au XVIIIe siècle

Introduction

Le programme de 2de invite à séparer la « littérature d'idées » des trois autres grands genres : roman, théâtre et poésie. Entrent dans la « littérature d'idées » des **genres** qui lui sont propres : l'essai, le pamphlet, la fable, le conte philosophique, la lettre, l'article d'encyclopédie ou de dictionnaire, le discours, le dialogue, l'entretien, etc.

Le programme de 1re pour la rentrée 2019 propose **trois œuvres** : les *Essais* de Montaigne (XVIe siècle), les *Fables* de La Fontaine (XVIIe siècle) et les *Lettres Persanes* de Montesquieu (XVIIIe siècle), appartenant chacune à un genre et à un siècle différents.

Nous remarquons que **la fiction** n'est pas exclue de cet objet d'étude. L'art du récit, mis en œuvre par La Fontaine dans ses fables et par Montesquieu dans son roman épistolaire, par Montaigne aussi parfois, peut permettre de déployer et de confronter des idées.

Nous remarquons que **la poésie** n'en est pas non plus exclue, puisque La Fontaine écrit ses fables en vers.

L'élève de 1re étudie **une seule des trois œuvres** au programme pour se préparer à la dissertation et à l'oral du baccalauréat. Vous devez donc étudier soit les *Essais* de Montaigne, soit les *Fables* de La Fontaine, soit les *Lettres persanes* de Montesquieu.

S'entraîner au commentaire composé

Synthèse de cours

Introduction

Qu'est-ce que la « littérature d'idées » ? L'expression « littérature d'idées » est nouvelle dans les programmes et n'est pas facile à circonscrire. Quels auteurs, quelles œuvres, quels textes appartiennent à cet objet d'étude ? C'est ce que nous allons voir ensemble.

I. Les genres propres à la littérature d'idées

L'objet d'étude « littérature d'idées » permet de regrouper toutes les œuvres qui n'appartiennent pas immédiatement aux **trois grands genres** au programme : « roman », « théâtre », « poésie ». Par exemple, un recueil de lettres ne peut être étudié ni dans le cadre du « roman », ni dans celui du « théâtre », ni dans celui de la « poésie ». Il en est de même pour un certain nombre d'œuvres qui se situent à la marge des trois grands genres canoniques.

Le texte qui vous sera donné à commenter pourra être extrait d'une œuvre appartenant à l'un des **genres mineurs** suivants : le discours, le dialogue, la lettre, l'apologue, l'essai, l'article, la maxime, le caractère, etc. Pour bien commenter ce genre de texte, quelques définitions et clés d'analyse vous sont nécessaires.

La liste qui suit n'est pas exhaustive. Les genres mineurs sont nombreux. Et la catégorie « littérature d'idées » permet précisément, par ses **contours flous**, de n'en exclure aucun.

Attention Il faudra toujours tenir compte du siècle auquel le texte a été écrit. Seuls des textes appartenant aux XVIe, XVIIe et XVIIIe pourront vous être donnés à commenter.

A. Le discours

1. Qu'est-ce qu'un discours ?

Le discours est une parole prononcée par une seule personne s'adressant à une assemblée de personnes. Contrairement au dialogue, l'orateur ne peut être interrompu. Il existe différents genres de discours en fonction du lieu où ils sont prononcés, de leur objectif et de leur contenu :

- Le **genre judiciaire**. Prononcé au sein d'un tribunal, le discours judiciaire a pour objectif d'accuser (réquisitoire) ou de défendre (plaidoyer). Il s'appuie sur **des faits passés** qui permettent d'identifier le coupable et les crimes qu'il a commis.
- Le **genre délibératif**. Une délibération a lieu lorsque l'on doit se prononcer sur la manière d'agir en collectivité. L'Assemblée nationale et le Sénat, le conseil municipal ou régional sont des lieux où peuvent être prononcés des discours délibératifs. Ils cherchent à envisager **le futur** pour prendre la meilleure décision et sont parfois suivis par un vote.
- Le **genre épidictique**. Le **blâme** et l'**éloge** appartiennent à cette catégorie de discours. Lors d'un mariage ou d'un enterrement, lors d'une cérémonie de commémoration, les discours font l'éloge des nouveaux mariés ou des défunts. Les orateurs louent les qualités des personnes concernées. À l'inverse, lorsque l'orateur critique une personne, on dit qu'il en fait le blâme.

On peut retrouver chacun de ces trois grands genres un peu partout. Au sein d'un roman, un personnage peut prononcer un plaidoyer. C'est le cas de Julien Sorel, dans le *Rouge et le Noir*, qui se défend lui-même devant ses juges.

Ne pas oublier :

- Le **discours religieux** connaît son âge d'or au XVIIe avec le **sermon** (prononcé lors d'une célébration religieuse) et l'**oraison funèbre** (prononcé lors d'un enterrement) : Bossuet et Massillon sont les grands prédicateurs de l'époque.
- Le **discours écrit** (âge d'or au XVIIIe) : sorte de longues dissertations, qui font semblant d'être orales, d'avoir pour but d'être prononcées, comme le *Discours de la méthode* de Descartes, qui n'est pas un discours au sens propre (n'a pas été prononcé devant une assemblée). Rousseau a écrit de nombreux textes qui ont pour titre « Discours sur... »

2. Comment analyser un discours ?

Dans un premier temps

- se demander **qui parle ?** (qui est l'orateur) et **à qui ?** (qui est l'assemblée, l'orateur s'adresse-t-il à elle) ;
- repérer les signes qui indiquent **les circonstances** dans lesquelles le discours a été prononcé.

Quelle image l'orateur donne-t-il de lui ?

On appelle **éthos** de l'orateur, l'image que ce dernier donne de lui. De quelle manière l'orateur fait-il son autoportrait ? Comment se met-il en scène comme homme honnête ?

Quels sont les procédés utilisés ?

- Pour empêcher la monotonie du discours et maintenir l'attention de son auditoire, l'orateur a recours aux **anaphores (répétition d'un mot ou groupe de mots en début de phrase ou paragraphe)** comme le fameux « *I have a dream* » de Martin Luther King qu'il a répété si souvent dans son discours, que c'en est devenu le titre. L'anaphore permet de marteler des choses pour les mettre en valeur et qu'elles soient retenues par l'auditeur.
- Il a aussi recours aux **métaphores** qui lui permettent de parler à travers des images. Les analogies (comparer la femme qui se meurt à une fleur qui se fane, la promesse faite aux Noirs lors de la Déclaration d'Indépendance à un chèque en bois) sont souvent plus efficaces qu'une explication compliquée.
- Il intègre la parole de l'auditeur à son discours, comme si celui-ci pouvait prendre la parole. Il imagine les objections et fait comme si l'auditeur parlait. Ainsi, un **dialogue** (factice) peut faire une brève apparition dans un discours. Soyez attentifs aussi aux **apostrophes**.

Quelle est la structure du discours ?

Les parties du discours sont souvent les mêmes :

- un **exorde** (introduction d'un discours) ;
- le **corps du discours** avec une argumentation qui peut se présenter sous forme d'objections et réfutation des objections ;
- une **péroraison** (conclusion d'un discours).

Les deux parties les plus travaillées sont le début et la fin car dans l'exorde on capte l'attention de l'auditeur et dans la péroraison on cherche à emporter définitivement son adhésion et à laisser une bonne image.

Tout discours s'organise selon une logique qui lui est propre. Quelle est sa progression logique ? D'où part-il et où cherche-t-il à aller ? Dans quel ordre les arguments sont-ils disposés ?

Quelle est la fonction du discours ?

Les trois fonctions d'un discours, définies par le célèbre orateur latin Cicéron, sont les suivantes : **plaire, instruire et émouvoir**. Demandez-vous quel effet l'orateur cherche à produire. Dans une oraison funèbre par exemple, il cherche souvent à émouvoir et peut faire pleurer son auditoire.

B. Le dialogue

1. La lettre, un dialogue différé

Entre discours et dialogue se situe la lettre. Long discours, elle ne peut être interrompue par le destinataire qui ne la recevra que plus tard. Mais contrairement au discours, elle ne s'adresse généralement qu'à une personne et attend une réponse, comme dans un dialogue. La lettre peut donc être considérée comme un dialogue différé.

- Le **recueil de lettres** (ou **correspondance épistolaire**) : livre regroupant toutes lettres conservées écrites par un même auteur. Les plus célèbres sont les *Lettres* de Mme de Sévigné (XVIIe siècle), et les correspondances de grands auteurs comme Diderot, *Lettres à Sophie Volland* ou Voltaire.
- La **lettre ouverte** : plus proche du discours, elle s'adresse à une seule personne mais est publiée dans un journal et peut être lue par tous. Le célèbre « J'accuse » de Zola est une lettre adressée au président de la République mais publiée dans un journal, *L'Aurore*.

2. Le dialogue

Le modèle de ce genre littéraire est **l'œuvre de Platon**, philosophe grec. Disciple de Socrate, Platon fait dialoguer son maître avec des interlocuteurs variés, sans l'intermédiaire d'une narration. Ses dialogues ressemblent fortement à des pièces de théâtre, mais ne sont aucunement faits pour être joués. Le dialogue sert de **support à la pensée**. Si Platon écrit sa philosophie sous forme de dialogue, c'est que son maître Socrate a la conviction que la vérité s'élabore dans l'échange d'idées, dans le jeu des questions et des réponses.

Le dialogue, forme antique, a connu son apogée dans la littérature française aux **XVIIe et XVIIIe siècles**. Il est défini par Richelet, en 1680, comme un « ouvrage qui est ordinairement en prose, et quelques fois en vers, où des personnes s'entretiennent avec esprit sur un sujet grave ou plaisant. » Le « dialogue » est aussi parfois appelé « entretien » ou « conversation ».

Parmi les plus férus de ce genre littéraire aux XVIIe et XVIIIe siècles, nous trouvons les célèbres écrivains Bouhours, Fontenelle et Diderot. *Le Rêve de D'Alembert*, publié par Diderot en 1769, fait dialoguer D'Alembert, Melle de Lespinasse et le médecin Bordeu. Il commence ainsi :

> « BORDEU. Eh bien ! qu'est-ce qu'il y a de nouveau ? Est-ce qu'il est malade ?
>
> Melle DE LESPINASSE. Je le crains ; il a eu la nuit la plus agitée.
>
> BORDEU. Est-il éveillé ?
>
> Melle DE LESPINASSE. Pas encore.
>
> BORDEU. (*Après s'être approché du lit de d'Alembert et lui avoir tâté le pouls et la peau*). Ce ne sera rien.
>
> Melle DE LESPINASSE. Vous croyez ?
>
> BORDEU. J'en réponds. Le pouls est bon... un peu faible... la peau moite... la respiration facile.
>
> MADEMOISELLE DE LESPINASSE. N'y a-t-il rien à lui faire ? BORDEU. Rien. »

Après cet entretien banal, qui ressemble plus à un début de pièce de théâtre, qu'au début d'un ouvrage de réflexion philosophique, les personnages entament une discussion sur les notions de réalité et d'illusion, de mythe et de rêve. Contrairement au théâtre, et bien qu'il se présente sous la même forme, le dialogue est un genre qui **n'est destiné qu'à la lecture**. Ce genre entre facilement dans la catégorie « littérature d'idées ».

C. L'apologue

Contrairement au discours et au dialogue, l'apologue prend la forme d'un **récit**. L'adresse directe au lecteur ou à d'autres personnages disparaît pour faire place à **un narrateur qui raconte une histoire**.

L'apologue, court récit imaginaire et parfois réel, a la particularité d'avoir **une visée morale**. En cela, il se rattache à la littérature d'idées.

Ce terme générique permet de regrouper :

- Les **fabliaux**. Genre médiéval, le fabliau est très codifié. Ce petit récit est écrit en vers de huit syllabes et a connu son apogée aux XIIIe et XIVe siècles. Petite histoire simple et amusante, il met en scène des personnages et des situations stéréotypés. Par exemple, le mari cocu, le faux médecin, le moine hypocrite, etc. Il a une dimension comique et édifiante. Il est bien souvent anonyme, comme bien souvent la littérature médiévale.
- Les **fables**. Inspiré de l'Antiquité, ce genre acquiert ses lettres de noblesses avec Jean de La Fontaine au XVIIe siècle. Il se compose généralement d'un court récit, mettant en scène des hommes, des animaux, des plantes, suivi d'une moralité. Notons aussi d'autres fables présentes dans les œuvres de Marot ou de Florian.

- Les **contes.** Le conte se définit comme un court récit de faits, d'aventures imaginaires, destiné à distraire. Ils intègrent bien souvent une dimension merveilleuse, comme dans les contes de fées. Il n'est pas rare d'y voir apparaître une sorcière, un dragon, une baguette magique. Le plus célèbre auteur français de contes est Perrault (XVIIe siècle).
- Le **conte philosophique.** Voltaire, au XVIIIe siècle, en est le principal représentant. Il reprend le genre du conte en lui donnant une dimension philosophique. Le plus célèbre est *Candide* : à travers les aventures du personnage principal, Voltaire développe une longue réfutation de la philosophie optimiste du philosophe allemand Leibniz.

D. Les maximes et les caractères

Comme l'apologue, la maxime et le caractère sont souvent courts, voire très courts, mais, contrairement à l'apologue, ces genres ne comportent pas la même dimension narrative. Ils ont souvent une visée critique voire satirique, ou tout du moins **une dimension morale** très prononcée.

1. La maxime

La maxime est **une formule conçue pour être brève et pour marquer les esprits**. Elle édicte une règle morale ou une vérité générale. Elle vise à l'universalité, à être valable pour chaque homme. Les recueils de maximes sont l'œuvre de moralistes, c'est-à-dire d'auteurs réfléchissant sur les conduites et les mœurs des hommes. Ils révèlent souvent une conception particulière de ce qu'est l'homme.

Le plus célèbre recueil de maximes a été écrit par **François de La Rochefoucauld**, au XVIIe siècle.

Les maximes sont souvent écrites au **présent de vérité générale**, comme dans cette sixième maxime du recueil de La Rochefoucauld : « La passion fait souvent un fou du plus habile homme, et rend souvent les plus sots habiles. »

À l'instar de celle-ci, les maximes sont souvent construites autour d'un **paradoxe**, ou d'un renversement de perspective. Folie et habileté s'opposent ici, pour mettre en valeur le bouleversement opéré par la passion.

2. Le caractère

Il ne faut pas se laisser piéger par la polysémie de ce mot. Le caractère peut être une lettre de l'alphabet ou le tempérament d'une personne, mais il désigne aussi un genre littéraire, qui vise à identifier des manières de se comporter, des manières d'être en société, et à s'en moquer.

Généralement, la tonalité des caractères est **satirique**. L'auteur se moque de tel ou tel défaut moral, en ne s'en prenant pas nommément à tel ou tel individu, mais en mettant en scène des types de personnages universels, portant des noms fictifs.

Le plus célèbre recueil de caractères a été publié par **Jean de La Bruyère**. Dans les *Lettres persanes,* **Montesquieu** glisse quelques caractères à la manière de La Bruyère à l'intérieur de son roman épistolaire (voir les lettres XLVIII, LII ou LXXIV).

E. Les Essais et les Mémoires

Appartiennent aussi à la « littérature d'idées » **les œuvres à dimension autobiographique**. L'autobiographie est le récit qu'un auteur fait de sa propre vie. L'auteur s'engage alors pleinement dans ce qu'il écrit et n'hésite pas à faire part de son expérience personnelle pour soutenir sa pensée.

Nous distinguerons plusieurs genres d'œuvres à dimension autobiographique :

- Les **Confessions.** Ce terme désigne d'abord un sacrement chrétien : le chrétien confesse ses péchés à un prêtre qui lui donne l'absolution si le chrétien regrette ce qu'il a fait. La confession devient un genre littéraire lorsque Saint Augustin (IVᵉ siècle après J.-C.) publie un livre intitulé *Les Confessions.* Dans ce récit autobiographique, Saint Augustin n'hésite pas, en effet, à avouer aussi les actes criminels qu'il a pu commettre. Au XVIIIᵉ siècle, Rousseau aussi écrit ses *Confessions.*
- Les **Essais**. Montaigne est le premier à écrire des Essais et invente ainsi un nouveau genre. Constitués de trois livres, les *Essais* de Montaigne comportent presque cent chapitres consacrés chacun à un thème différent (l'amitié, l'éducation des enfants, la découverte du nouveau monde, la guerre, etc.) Réfléchissant à chacun de ces thèmes à partir d'autres auteurs que lui, Montaigne fait part au lecteur de son jugement et de son expérience personnelle.
- Les **Mémoires.** À la fin de sa vie, un homme (généralement un homme politique) fait le récit de toutes les actions d'éclat qu'il a pu faire ou dont il a pu être témoin. Au XVIIᵉ siècle, **Saint-Simon** écrit ses *Mémoires* donnant à voir les coulisses de la cour de Louis XIV. Le **Général de Gaulle** publie les siens en 1954.
- Le **Journal**. Contrairement aux Mémoires, qui sont écrits à la fin de la vie et rapportent des faits passés et parfois lointains, le journal est écrit au jour le jour. Un journal très connu est celui d'Anne Frank, petite fille juive qui se cachent des Allemands pendant la Seconde guerre mondiale mais finira par être déportée.

F. Les articles

Ayant une visée principalement informative et écrit parfois dans la précipitation, **l'article de journal** est rarement considéré comme « littéraire ». Mais ce n'est pas le cas de tous les articles.

Ce terme d'article, polysémique, désigne aussi **les articles de dictionnaire**. Parmi les plus célèbres :

- Les **articles de l'Encyclopédie** (XVIIIe). Entreprise de grande ampleur, cet ouvrage a la prétention de faire la somme de tous les savoirs. Les articles sont rédigés par des auteurs différents, sous la direction de Denis Diderot. Commencée en 1751, son édition se poursuit jusqu'à la fin du siècle. L'Encyclopédie comporte 17 volumes. Ce sont souvent les articles de Diderot, Voltaire, D'Alembert ou Rousseau qui sont donnés à étudier, parce que particulièrement bien écrits.
- D'autres auteurs publient des dictionnaires, comme Voltaire avec son ***Dictionnaire philosophique***. Un article de ce dictionnaire peut être donné à l'étude des élèves de 1re.

II. La littérature d'idées dans les trois grands genres au programme

Si l'on se penche sur le sens de l'expression « littérature d'idées », il semble pourtant difficile d'en exclure les œuvres romanesques, théâtrales et poétiques. « **Littérature** » signifie, au sens large, tout ce qui est écrit, et en un sens plus restreint, tout ce qui est bien écrit. Lui ajouter le complément du nom « **idées** », loin d'en restreindre le champ, peut qualifier le terme de littérature. Ainsi, tout texte littéraire, quel que soit son genre, peut développer une idée et faire réfléchir son lecteur.

A. La littérature d'idées dans le roman

Certains romanciers entendent faire passer un message à travers le roman qu'ils écrivent. De façon péjorative, on entend quelquefois qualifier ces romans de « **romans à thèse** » pour dénoncer le côté factice de l'histoire racontée et la prépondérance des idées. Les personnages ne seraient ainsi que l'incarnation des idées qu'ils soutiennent, sans réelle psychologie. Cependant, le roman est souvent une façon subtile de **faire réfléchir** le lecteur en lui présentant une histoire plutôt qu'en lui assénant des idées. Ainsi, **Victor Hugo**, fervent défenseur de **l'abolition de la peine de mort**, est célèbre pour ses discours à l'Assemblée nationale, mais il choisit aussi d'utiliser la forme romanesque pour faire passer ses idées. Dans *Le Dernier jour d'un condamné*, publié anonymement en 1829, il donne la parole à un condamné à mort qui écrit son journal durant les vingt-quatre dernières heures de son existence. Par ce moyen, Victor Hugo cherche à émouvoir le lecteur et à emporter plus efficacement son adhésion.

Dans un roman, la visée argumentative peut :

- soit être circonscrite à des **moments précis de l'œuvre**. Par exemple, dans *Les Lettres persanes,* de Montesquieu (1721), seules certaines lettres bien précises font la satire de la société française (dans la lettre XCIX, il dénonce le penchant des Parisiens à suivre la mode)
- soit former un **niveau de lecture constant** de l'œuvre. Par exemple, dans *La Peste* de Camus, chaque moment de l'œuvre est un moment de la réflexion sur la possibilité ou non de fonder une morale sans Dieu. L'auteur ne cesse de dénoncer, à chaque moment de l'œuvre, le nazisme.

B. La littérature d'idées dans le théâtre

De même, dans les pièces de théâtre, les auteurs cherchent souvent à faire réfléchir le spectateur.

C'est le but de la comédie classique d'avoir **une visée morale**. Molière, au XVIIe siècle, dans la préface du *Tartuffe*, écrit qu'il cherche à changer les mœurs par le rire (*castigat ridendo mores*).

Au XVIIIe, les pièces de théâtre amorcent **une réflexion plutôt politique**. Dans *L'île des esclaves* de Marivaux ou *Le Mariage de Figaro* de Beaumarchais, les auteurs réfléchissent à l'organisation et la hiérarchie sociales, en mettant en scène des rapports complexes et ambigus entre maîtres et valets.

Au XXe siècle, le **théâtre de l'absurde** est lui aussi l'occasion de faire réfléchir le spectateur, **à la fois philosophiquement et politiquement**. Ainsi, Ionesco, à travers sa pièce *Rhinocéros*, dénonce la montée du nazisme et plus largement la contagion des totalitarismes.

C. La littérature d'idées dans la poésie

Certains poèmes, voire certains recueils poétiques, ont eux aussi une visée argumentative et se reconnaissent à leur tonalité **polémique ou satirique**. C'est le cas de nombreux poèmes de **Victor Hugo**. Ainsi, *Les Châtiments*, publiés en 1852 alors que le poète est en exil, dénoncent de manière constante et combattive l'arrivée au pouvoir de Napoléon III dans un long réquisitoire, qui prend la forme d'un recueil de poèmes.

Toutefois, **le lyrisme** exclut bien souvent la visée polémique. La recherche de la musicalité et l'expression des sentiments sont peu compatibles avec l'expression d'une pensée logique et clairement argumentée.

Fiche méthode

Méthode

Mettre en ordre les remarques du brouillon

Vous avez lu le texte très attentivement et avez noté, sur votre brouillon tout ce qui vous venait à l'esprit, sous forme de **remarques éparses** (cf. fiche de méthode : « Défricher le texte »). Comment les ordonner à présent ?

Nous vous proposons de **faire un tableau en trois colonnes**. Le mouvement est toujours le même :

1. **je cite, je relève**
2. **je nomme** ce que j'ai cité : le nom du procédé ou la catégorie grammaticale
3. **j'interprète** et je dégage l'idée que ce relevé me permet de montrer

Faire ce tableau vous permet de récapituler ce que vous avez déjà observé mais de manière cette fois ordonnée. Vous pouvez regrouper des procédés similaires par exemple.

Vous pouvez également pousser plus loin l'analyse grâce à la colonne interprétation qui vous oblige à formuler des hypothèses sur l'effet produit, le but recherché par l'auteur. Vous êtes incité par cette démarche à **relier forme et fond**. À terme, ce travail doit vous permettre de faire émerger des massifs thématiques ou des axes forts qui vous permettront de construire votre plan.

NB : certains d'entre vous seront plus à l'aise en ayant d'abord trouvé un plan, voir fiche de méthode 3, pour remplir ensuite le tableau en classant les remarques par parties, à vous de voir l'ordre dans lequel vous prenez les fiches 2 et 3.

Méthode appliquée

Sujet

↳ Faire le commentaire composé du texte suivant.

Document

Réfugiés, (*Hist. mod. politiq.*) C'est ainsi que l'on nomme les protestants français que la révocation de l'Édit de Nantes a forcés de sortir de France, et de chercher un asile dans les pays étrangers, afin de se soustraire aux persécutions qu'un zèle[1] aveugle et inconsidéré leur faisait éprouver dans leur patrie. Depuis ce temps, la France s'est vue privée d'un grand nombre de citoyens qui ont porté à ses ennemis des arts, des talents et des ressources dont ils ont souvent usé contre elle. Il n'est point de bon Français qui ne gémisse depuis longtemps de la plaie profonde causée au royaume par la perte de tant de sujets utiles. Cependant, à la honte de notre siècle, il s'est trouvé de nos jours des hommes assez aveugles ou assez impudents pour justifier aux yeux de la politique et de la raison, la plus funeste démarche qu'ait jamais pu entreprendre le conseil d'un souverain. Louis XIV, en persécutant les protestants, a privé son royaume de près d'un million d'hommes industrieux qu'il a sacrifiés aux vues intéressées et ambitieuses de quelques mauvais citoyens qui sont les ennemis de toute liberté de penser, parce qu'ils ne peuvent régner qu'à l'ombre de l'ignorance. L'esprit persécuteur devrait être réprimé par tout gouvernement éclairé : si l'on punissait les perturbateurs qui veulent sans cesse troubler les consciences de leurs concitoyens lorsqu'ils diffèrent dans leurs opinions, on verrait toutes les sectes[2] vivre dans une parfaite harmonie, et fournir à l'envi des citoyens utiles à la patrie et fidèles à leur prince.

Quelle idée prendre de l'humanité et de la religion des partisans de l'intolérance ? Ceux qui croient que la violence peut ébranler la foi des autres donnent une opinion bien méprisable de leurs sentiments et de leur propre constance. Voyez Persécution et Tolérance

D. Diderot, *Encyclopédie*, 1751

1. Ardeur au service d'une cause, ferveur, dévotion.
2. Le mot n'est pas péjoratif comme aujourd'hui, dans un sens ancien il renvoie à un groupe de personnes qui ont une même doctrine au sein d'une religion.

Corrigé

[I. Le texte est un article de dictionnaire]

Citation	Procédé	Interprétation
(Hist. mod. politiq.)	Abréviation et parenthèses	Abréviation typique d'un dictionnaire qui signale que le terme de « réfugié » appartient à l'histoire moderne et à la politique. En effet, l'article fait référence à la révocation de l'Édit de Nantes qui a eu lieu en 1685 soit une cinquantaine d'années avant la publication de *l'Encyclopédie*. L'article tire donc le bilan de cette politique.
« C'est ainsi que l'on nomme »	Présentatif, temps du présent, et usage du pronom indéfini « on »	**Style de la définition**, souci didactique de l'auteur
Voyez PERSÉCUTION et INTOLÉRANCE	Impératif et choix de la lettre capitale	qui incite le lecteur à circuler dans l'ensemble de l'*Encyclopédie* et met en lien la définition de « réfugié » **avec le combat contre la persécution**. La visée inattendue de la définition de « réfugié » se révèle ainsi.

[II. Mais qui repose sur une argumentation efficace]

Citation	Procédé	Interprétation
« cependant »	adverbe d'opposition et connecteur logique	qui marque le contraste scandaleux entre les gémissements de certains et la justification par d'autres du sort fait aux protestants
« depuis ce temps » « depuis longtemps » « de nos jours »	Compléments circonstanciels de temps	qui retracent une histoire depuis la révocation de l'Édit de Nantes jusqu'à un aujourd'hui dans lequel les protestants ont quitté la France

Citation	Procédé	Interprétation
« Louis XIV [...] a privé son royaume de près d'un million d'hommes industrieux »	Argument économique	Bilan comptable qui montre la perte pour la France
« la France s'est vue privée d'un grand nombre de citoyens qui ont porté à ses ennemis des arts, des talents et des ressources dont ils ont souvent usé contre elle »	Argument politique Répétition ternaire de groupes nominaux	Mention des ennemis (comme l'Allemagne) qui s'enrichissent des protestants réfugiés et se servent d'eux contre la France. qui valorise l'apport (et donc la perte) des protestants français pour la France
	Adjectifs mélioratifs, parallélisme (« utiles à la patrie et fidèles à leur prince »)	Qui montrent l'apport (économique, politique) des protestants à la France. En effet l'idée de leur utilité est fortement appuyée pour **renforcer le pathétique de la perte.**

[III. qui fait de ce texte un texte polémique contre la persécution religieuse]

Citation	Procédé	Interprétation
« zèle aveugle et inconsidéré », « assez aveugles et assez imprudents », « vues intéressées et ambitieuses »	adjectifs dépréciatifs coordonnés	qui appuient la critique des persécuteurs. Notons la répétition de l'adjectif « aveugle » qui montre le manque de lucidité de ces hommes.
« la honte de notre siècle » « la plus funeste démarche »	superlatifs et hyperboles	qui signalent la condamnation sans équivoque de ceux qui persécutent les protestants.
« la plaie profonde »	métaphore	La perte des protestants est décrite comme une blessure ouverte qui fait perdre sa force au corps de la France.

Citation	Procédé	Interprétation
« ombre de l'ignorance » « gouvernement éclairé »	Métaphores bien connues (on parle de métaphores figées)	qui associent l'obscurité à l'ignorance, Diderot met **ainsi ses ennemis du côté de l'ignorance** obscure et il se place du côté des **Lumières** qu'il appelle de ses vœux (cf. le mouvement littéraire des Lumières : diffusion de la connaissance, lutte contre ce qu'ils appellent « obscurantisme » et espoir politique d'un monarque éclairé comme Frédéric II de Prusse, admiré par Voltaire)
« persécutions », « persécutant », « persécuteur », « PERSÉCUTIONS »	Variations grammaticales autour de la persécution	ce qui signale l'importance de ce thème : les réfugiés sont en fait des persécutés.
« quelques mauvais citoyens qui sont les ennemis de toute liberté de penser », « ceux qui croient que la violence peut ébranler la foi des autres »	Subordonnées relatives	qui désignent la cible de la critique et du combat de Diderot (c'est le caractère **polémique** de ce texte) : les persécuteurs. Mais une cible plus précise se dessine : le conseil du roi (ses conseillers) et derrière celui-ci, le monarque lui-même : Louis XIV
« quelle idée prendre de l'humanité et de la religion des partisans de l'intolérance ? »	Question rhétorique	La réponse sous-entendue à la question est donnée dès la phrase suivante : ces partisans de l'intolérance donnent « une opinion méprisable d'eux-mêmes »
« si l'on punissait [...] on verrait toutes les sectes vivre dans une parfaite harmonie »	Système hypothétique et conditionnel. Hyperbole ou réalité possible ?	Projection dans un futur possible de paix et d'harmonie pour une société reposant sur la tolérance religieuse

À l'issue de ce travail se dessinent plusieurs axes pour lesquels utiliser les différentes cases du tableau :

I. Le texte est un article de dictionnaire

II. Mais qui repose sur une argumentation efficace

III. qui fait de ce texte un texte polémique contre la persécution religieuse

Sujet corrigé

Commentaire composé

Sujet

↳ Vous ferez le commentaire de ce texte.

Document

Phédon a les yeux creux, le teint échauffé[1], le corps sec et le visage maigre ; il dort peu, et d'un sommeil fort léger ; il est abstrait[2], rêveur, et il a avec de l'esprit l'air d'un stupide : il oublie de dire ce qu'il sait, ou de parler d'événements qui lui sont connus ; et s'il le fait quelquefois, il s'en tire mal, il croit peser à ceux à qui il parle, il conte brièvement, mais froidement ; il ne se fait pas écouter, il ne fait point rire. Il applaudit, il sourit à ce que les autres lui disent, il est de leur avis ; il court, il vole pour leur rendre de petits services. Il est complaisant, flatteur, empressé ; il est mystérieux sur ses affaires, quelquefois menteur ; il est superstitieux[3], scrupuleux, timide. Il marche doucement et légèrement, il semble craindre de fouler la terre ; il marche les yeux baissés, et il n'ose les lever sur ceux qui passent. Il n'est jamais du nombre de ceux qui forment un cercle pour discourir ; il se met derrière celui qui parle, recueille furtivement ce qui se dit, et il se retire si on le regarde. Il n'occupe point de lieu, il ne tient point de place ; il va les épaules serrées, le chapeau abaissé sur ses yeux pour n'être point vu ; il se replie et se renferme dans son manteau ; il n'y a point de rues ni de galeries si embarrassées[4] et si remplies de monde, où il ne trouve moyen de passer sans effort, et de se couler sans être aperçu. Si on le prie de s'asseoir, il se met à peine sur le bord d'un siège ; il parle bas dans la conversation, et il articule mal ; libre néanmoins sur les affaires publiques, chagrin contre le siècle, médiocrement prévenu[5] des ministres et du ministère. Il n'ouvre la bouche que pour répondre ; il tousse, il se mouche sous son chapeau, il crache presque sur soi, et il attend qu'il soit seul pour éternuer, ou, si cela lui arrive, c'est à l'insu de la compagnie : il n'en coûte à personne ni salut ni compliment. Il est pauvre.

Jean de la Bruyère, *Les Caractères ou mœurs de ce siècle,*
« Des biens de fortune », 83, 1688.

1. *Échauffé* : Marqué de rougeurs.
2. *Abstrait* : Absorbé dans ses pensées.
3. *Superstitieux* : consciencieux jusqu'à la superstition.
4. *Embarrassées* : Encombrées.
5. *Prévenu* : Peu favorable à.

La Bruyère est un moraliste du XVIIe siècle qui n'a écrit qu'un seul livre *Les Caractères*, publié en 1688, dans lequel il dépeint ses contemporains, leurs comportements, tout en visant une certaine universalité. Extrait du chapitre sur les biens de fortune, ce texte décrit le pauvre, en la personne de Phédon. [Originellement le texte était présenté en diptyque, avec en regard le portrait du riche Giton, mais vous n'avez ici que le portrait du pauvre à commenter]. La pauvreté du personnage donne paradoxalement lieu à un style abondant qui permet de dire le vide d'un homme sans existence sociale. Nous nous demanderons donc comment le portrait virtuose du pauvre démontre le vide de son existence sociale. Nous verrons dans un premier temps ce portrait plaisant et surprenant de Phédon. Mais nous montrerons, dans un second temps, que ce portrait paradoxal fait du pauvre un personnage ambivalent, ce qui nous conduira à considérer, dans un dernier temps, le portrait moral et critique de la pauvreté et du lien social qu'elle implique.

*

* *

Ce portrait de Phédon est plaisant et surprenant pour le lecteur.

Ce texte témoigne de l'art du portrait propre à La Bruyère, en effet il présente d'abord un portrait physique du personnage à travers une succession de **groupes nominaux** : « Phédon a les yeux creux, le teint échauffé, le corps sec et le visage maigre », puis il livre un portrait psychique avec les **adjectifs attributs** : « il est abstrait, rêveur », et dans une brève focalisation interne, nous donne accès aux pensées du personnage : « il croit peser à ceux à qui il parle ». Le texte commence par une description figée, ensuite mise en mouvement par des **verbes d'action** comme « il conte », « il applaudit », « il court », « il vole » « il se retire ». Ainsi, le portrait révèle le rapport de Phédon à la parole (c'est un mauvais conteur), à l'espace (il semble ne pas vouloir laisser de trace) et à ceux qui l'entourent (il est toujours hors du cercle mondain).

Cet art du portrait plaisant se manifeste également par la mise en place d'une description vive, qui « vole » et « court » à l'image de son personnage. On peut noter l'importance de la **juxtaposition des propositions indépendantes** dans ce texte : « il applaudit, il sourit à ce que les autres disent, il est de leur avis ». Elles participent de ce style discontinu et morcelé qui caractérise La Bruyère. Signalons aussi les **groupes ternaires** : « Il est complaisant, flatteur, empressé » ou les **balancements binaires** : « il se replie et se renferme dans son manteau », « il marche doucement et légèrement ». Ainsi, le portrait est incisif, brossé par touches successives. La dernière phrase est beaucoup plus brève que les autres, c'est une chute qui éclaire tout le portrait.

En effet, ce portrait est construit comme une énigme dont la fin permet de relire l'ensemble différemment. Tout le texte est organisé par la **répétition du verbe d'état** : « Il est » suivi d'attributs divers (avec parfois des variantes permises par d'autres verbes conjugués). La phrase finale reprend ce patron syntaxique et y ajoute l'adjectif « pauvre » qui requalifie l'ensemble du portrait et crée un effet de surprise pour le lecteur. Le texte tout entier est tendu vers cette chute, et crée des retardements, des effets d'attente, ainsi de la phrase « il n'occupe point de lieu, il ne tient point de place », dans laquelle les deux propositions reformulent deux fois la même idée, le pauvre n'a pas d'espace à lui.

Ce portrait construit comme une devinette ou une enquête crée donc un effet de surprise qui participe au plaisir de la lecture. Néanmoins, le plaisir ressenti peut se doubler d'un certain malaise qui renvoie à la dimension largement paradoxale de cette description, dimension que nous allons considérer à présent.

*

* *

Ce texte est un portrait paradoxal qui présente le personnage de Phédon de manière ambivalente.

Ce portrait est proche du portrait type. C'est d'ailleurs la définition que l'on pourrait donner du « caractère » tel que La Bruyère le pratique, une oscillation entre un type général et un portrait singulier. En effet, ici la description est d'abord particulière : l'homme a un nom « Phédon », et s'inscrit dans une époque donnée comme le signalent les adjectifs « chagrin contre son siècle, médiocrement prévenu des ministres et du ministère ». Il s'agit ici du siècle de la Bruyère, le temps de la monarchie de Louis XIV et de ses ministres. On trouve aussi la mention des « rues » et des « galeries embarrassées » qui peuvent faire référence à une ville comme Paris ou Versailles. Mais dans le même temps, ce portrait prend une dimension plus universelle (ainsi Phédon est un nom à consonances grecques qui peut rappeler les dialogues de Platon dont l'un s'intitule justement *Phédon*). Le présent de description peut être aussi un **présent de vérité générale** et le portraitiste chercherait alors l'essence de la pauvreté (comme le montre la répétition du verbe « être »). Ce type du pauvre donne lieu à une appréciation contrastée du peintre moraliste qu'est La Bruyère.

On note en effet l'ambivalence du caractère de Phédon, les **caractérisations sont tantôt positives, tantôt négatives**. Ainsi Phédon a de l'esprit mais « l'air stupide », il conte brièvement », l'adverbe ici est positif et montre l'efficacité de Phédon dans sa parole, « mais froidement » : la conjonction « mais » renverse le positif en négatif. Au XVIIe siècle, l'art de la conversation veut qu'on fasse des récits piquants et brillants. On trouve du vocabulaire péjoratif comme

« menteur » « complaisant » « flatteur ». Phédon est discret, humble, mais capable de « se couler sans être aperçu ». Le verbe « couler » semble **métaphoriser** Phédon en un serpent ou une anguille, agile, mais un peu inquiétant.

C'est ainsi que ce portrait suscite des émotions contrastées chez le lecteur, entre sourire, inquiétude et compassion pour ce personnage pathétique. L'image finale de Phédon : « il tousse, il se mouche sous son chapeau, il crache presque sur soi, et il attend qu'il soit seul pour éternuer » peut faire rire dans son excès (on trouve une accumulation de verbes d'expectoration, le retour du son [ch]) ou au contraire provoquer la pitié lorsqu'on connaît la chute et la pauvreté du personnage. Ce personnage semble en effet presque chercher à disparaître et à se faire disparaître comme le montrent les **pronoms réfléchis** *:* « se » et « soi ». Comme le montre également la phrase « il n'occupe point de lieu », les adverbes « furtivement », « doucement », « légèrement ». Phédon est donc un personnage qui se retire et échappe en partie à ses observateurs.

Ainsi ce portrait est paradoxal en ce qu'il suscite des émotions diverses. Il permet par là de démontrer et de faire sentir au lecteur le vide social qu'entraîne la pauvreté. Ce portrait est donc aussi un portrait moral et critique qui semble faire disparaître le personnage qu'il décrit.

*

* *

Ce portrait moral et critique permet de démontrer au lecteur le vide social de la pauvreté.

Phédon est souvent décrit dans son lien (ou son absence de lien justement) aux autres. Ainsi on trouve la mention de ces autres à travers **les subordonnées relatives substantives** : « ceux à qui il parle », « ceux qui passent », « ceux qui forment un cercle pour discourir », « celui qui parle » **les groupes nominaux** : « les autres », « le monde », « la compagnie ». Phédon est le plus souvent isolé de ces collectifs pluriels. Les liens qu'ils tissent sont des liens de service et de dépendance comme le montre **le pronom** « il » associé au pronom « leur » dans l'exemple suivant : « il court, il vole pour leur rendre de petits services ». Il semble donc que la pauvreté isole le personnage et le prive de véritables relations. Dans ce portrait relationnel, on remarque également deux occurrences du pronom « on » (« on le regarde », « on le prie de s'asseoir ») qui associent l'auteur moraliste à ces autres, extérieurs au personnage, mais qui n'en portent pas moins un regard sur lui.

Le regard du moraliste se caractérise par le recours récurrent à la **négation**. On trouve différentes formes de négations grammaticales : « il n'est jamais du nombre », « il n'occupe point » « il ne fait point rire » ou la négation restrictive « il n'ouvre la bouche que pour répondre ». On trouve également la préposition « sans » qui renvoie à l'absence : « sans effort, sans être aperçu ». De la même façon, la fin du texte présente le personnage seul, cette impression de solitude est renforcée par le pronom « personne » et la répétition de la conjonction « ni » : « il n'en coûte à personne ni salut, ni compliment ». Ainsi ce personnage ne reçoit aucune parole (même un « à vos souhaits » quand il éternue), cette exclusion hors de la parole mondaine est récurrente dans le texte. Toutes ces expressions de négation soulignent donc un manque et peut-être un vide du personnage, qui semble disparaître du fait de sa pauvreté.

Mais la série de négations dessine en creux un modèle positif, celui de l'honnête homme, dont le caractère est l'équilibre par excellence. Il se dégage alors une **morale implicite** de ce portrait. En effet, la pauvreté n'est pas qu'un état économique mais elle touche aussi la relation à soi-même, la confiance en soi et la relation à autrui. Le modèle positif implicite se perçoit en inversant les négations du texte, il est celui d'un homme qui a de l'esprit avec un air intelligent, qui parle des choses qu'il sait avec vivacité, qui fait cercle et tient sa place, garde un port de tête et une démarche équilibrée, parle et articule bien, un homme qui parle avec mesure et reçoit en retour des paroles bienveillantes.

*

* *

Ce portrait se présente comme une énigme divertissante pour le lecteur, une sorte de devinette. Le style très coupé de La Bruyère donne par petites touches une image paradoxale et complexe du pauvre qui suscite une impression mêlée chez le lecteur, entre le sourire et la pitié. Ainsi ce texte plaisant prend une dimension critique et montre l'isolement relatif à la pauvreté. Et ce portrait par la négative signale l'effacement de la figure du pauvre, à la fin du texte, au profit d'une autre figure positive en creux : celle de l'honnête homme. [On peut signaler que ce portrait, à l'origine, suit celui du riche Giton qui est comme son double inversé : du côté de l'excès et de l'assurance en société ; mais il est également mis à distance par La Bruyère pour son manque de mesure et son caractère vain justement.]

Chapitre 2

S'exercer à la dissertation sur programme

Synthèse de cours

I. Montaigne, *Les Essais*

Les *Essais* de Montaigne ne sont pas donnés dans leur ensemble à étudier. Le programme propose de n'en étudier que **deux chapitres** :

- « Des Cannibales », qui est le chapitre 31 du livre I.
- « Des Coches », qui est le chapitre 6 du livre III.

Le **parcours associé** à cette œuvre est : **« Notre monde vient d'en trouver un autre. »**

A. Présentation des Essais de Montaigne

1. Qui est Montaigne ?

Montaigne (1533-1592) est un célèbre **humaniste de la Renaissance**.

Une éducation humaniste

D'origine bordelaise, Michel Eyquem de Montaigne naît dans un château qui porte son nom : le **château de Montaigne**.

Montaigne apprend le **latin** en tant que langue maternelle. Il le parle couramment à l'âge de sept ans. Le précepteur que son père lui choisit est allemand et ne connaît pas le français, pour le forcer à ne parler que latin à son fils. Interdiction est faite à sa nourrice et ses valets de parler français en présence de l'enfant. Son père et sa mère, ainsi que l'ensemble de la maison, se mettent au latin, si bien que Montaigne écrit dans ses *Essais* : « Nous nous latinisâmes tant qu'il en regorgea jusques à nos villages tout autour. » Artisans et paysans se mettent aussi à nommer en latin des lieux dits et des outils. Montaigne poursuit sa scolarité au **collège de Guyenne** à Bordeaux, où il s'avère être un excellent élève.

Le Parlement et la Mairie de Bordeaux

Après des études de droit, Montaigne devient **magistrat**, à la Cour des Aides de Périgueux puis au Parlement de Bordeaux. Sa mission n'y est pas seulement juridique. Elle est aussi politique. En cette période de **guerres de religion**, il participe au maintien de l'ordre public et peut lever des troupes. Montaigne soutient, avec le roi, le camp des catholiques contre celui des protestants. Ainsi en 1561, il participe au **siège de Rouen**.

C'est au Parlement de Bordeaux que Montaigne rencontre l'écrivain **Étienne de la Boétie**. Dans les *Essais,* au chapitre « De l'Amitié », il a cette célèbre formule : « Si l'on me presse de dire pourquoi je l'aimais, je sens que cela ne se peut exprimer qu'en répondant : parce que c'était lui, parce que c'était moi. » Montaigne reste inconsolable de la perte de cet ami, qui meurt à l'âge de 32 ans. Peu après la mort de La Boétie, Montaigne épouse la fille d'une de ses collègues du Parlement de Bordeaux : ils auront six filles dont une seule survivra.

Ayant renoncé à sa charge au Parlement de Bordeaux pour se retirer dans son château et écrire ses *Essais,* Montaigne n'en est pas moins élu **maire de Bordeaux**. Il exerce cette fonction de 1581 à 1585. Cette charge lui permet de continuer à rédiger ses *Essais*, tâche à laquelle il s'était attelé dès 1571.

L'écriture des Essais

En 1571, peu de temps après la mort de son père, Montaigne hérite de ses biens et se retire dans le château familial. Il passe la majeure partie de son temps dans la **tour de son château** qu'il nomme « librairie » : au-dessus d'une chapelle qui se trouve au rez-de-chaussée, il a aménagé au premier étage une bibliothèque. C'est là qu'il lit et écrit. Jusqu'à sa mort, il se consacre à sa seule grande œuvre : les *Essais,* qu'il reprend, annote, corrige, amplifie et poursuit pendant **vingt ans**.

2. Que sont les Essais ?

Une explication du titre : « Essais »

Du tube à essai à l'essai nucléaire en passant par l'essayage d'un vêtement, le mot « essai » a des sens très différents. Tous ses sens comportent une **idée d'inachèvement**. Un essai n'engage à rien ; il peut être suivi d'autres essais ou être lui-même sans cesse transformé (comme au rugby).

L'ouvrage de Montaigne, commencé en 1571, ne sera interrompu qu'avec sa mort, en 1592 ; il ne cesse de **transformer sa pensée**, de modifier des mots et des idées, de réécrire, ajouter ou supprimer. Il se corrige sans cesse, d'où le titre de son ouvrage : « les Essais ».

Montaigne invente ce titre, qui indique la modestie et l'originalité de son intention : il essaie son jugement, il teste sa pensée, il expérimente l'expression de nouvelles idées à travers de nouveaux mots. Et il se met à l'épreuve dans le but de **se connaître lui-même** à travers l'effort même d'écrire. Dans sa préface, lorsqu'il écrit : « Je suis moi-même la matière de mon livre », il nous montre à quel point sa personnalité est impliquée tout entière dans ses idées et ses mots. Montaigne parle même d'un « **livre consubstantiel à son auteur** », comme si l'un et l'autre étaient faits d'une même substance. Ils s'influencent l'un l'autre : le fait d'écrire transforme Montaigne, de même que le fait de vivre le conduit à transformer sans cesse son livre. « Je n'ai pas plus fait mon livre que mon livre m'a fait, livre consubstantiel à son auteur d'une occupation propre, membre de ma vie ; non d'une occupation et fin tierce et étrangère comme tous autres livres. », écrit-il au chapitre 18 du livre II.

Montaigne, par cet ouvrage, invente **un nouveau genre littéraire**. De nombreux auteurs après lui écriront des « essais ». En ce sens, un « essai » est un ouvrage de réflexion assez libre, tant du point de vue du sujet abordé que de la méthode adoptée, et pouvant prendre en compte l'expérience personnelle de leur auteur. Contrairement à la thèse, l'essai ne prétend pas à l'exhaustivité. Le premier à employer pour la première fois ce terme comme désignant un genre littéraire est **Francis Bacon** (1561-1626) et il se réfère explicitement à Montaigne, à qui il attribue la paternité de ce genre. L'ouvrage de Montaigne est l'ancêtre de tous les essais à venir.

Le projet de Montaigne

Dans sa tour, sur son plafond, Montaigne a gravé – et on peut les voir encore, au château de Montaigne – de nombreuses citations en latin et en grec. On en trouve aussi en grand nombre dans les deux chapitres à étudier. Il les a glanées au fil de **ses lectures**. Sa bibliothèque contenait un grand nombre d'ouvrages **d'auteurs antiques**, que Montaigne connaît et admire. L'histoire des *Essais* commence ainsi, à partir de ces lectures. Une mode de l'époque consistait à tenir de grands recueils dans lesquels l'on inscrivait les citations d'auteurs connus que l'on voulait mémoriser ou facilement retrouver. Certaines de ces citations donnaient lieu alors à un bref commentaire du lecteur.

Et ce n'est que peu à peu que Montaigne en vient à exprimer **sa pensée**, développer sa réflexion et même s'appuyer sur **son expérience personnelle**, jusqu'à écrire dans sa préface des *Essais* de 1580 : « Je veux qu'on m'y voie en ma façon simple, naturelle et ordinaire, sans contention (c'est-à-dire « sans effort ») et artifice, **car c'est moi-même que je peins** ». Son expérience personnelle fait partie des *Essais*, au même titre que sa réflexion et sa lecture des auteurs antiques.

La publication des Essais

Les *Essais* paraissent pour la première fois **en 1580**. Cela fait déjà dix ans que Montaigne s'est retiré dans sa tour. Cette première publication comporte deux livres.

En 1588, paraît une nouvelle édition des *Essais* en trois livres. Le troisième livre, plus court que les deux premiers, comporte treize chapitres. Les deux premiers livres, qui avaient été publiés en 1580, ont eux aussi été augmentés de plus de six cents additions et cinq cents citations. Cette deuxième édition est la dernière édition publiée du vivant de l'auteur.

Ainsi, le **chapitre « Des Cannibales »** qui est le chapitre XXX du livre I a été publié en 1580. On peut connaître la date de rédaction de ce chapitre, par déduction. En effet, Montaigne y utilise la traduction française d'un auteur italien, Girolamo Benzoni, qui raconte son voyage dans le Nouveau Monde de 1541 à 1556. Cette traduction a été publiée en 1579. Par conséquent, le chapitre « Des Cannibales » aurait été rédigé entre 1579 et 1580. En revanche, le **chapitre « Des Coches »** a été publié en 1588, lors de la deuxième édition des *Essais.*

En 1595, trois ans après la mort de l'auteur, paraît **une édition posthume** des *Essais.* Elle est réalisée par les soins de Marie de Gournay, la « fille d'alliance » de Montaigne et comporte toutes les corrections et ajouts aux trois livres des *Essais* que Montaigne a effectués jusqu'à sa mort.

3. « Des cannibales » et « Des coches » : les deux chapitres au programme

Si le programme rapproche ces deux chapitres des *Essais*, c'est bien évidemment parce qu'ils sont les deux seuls à traiter aussi longuement du **Nouveau Monde**. Éloignés l'un de l'autre de plusieurs chapitres, et même situés dans deux livres différents (livres I et III), ils traitent pourtant du même sujet.

Ainsi, avant de poursuivre l'étude des *Essais,* nous proposons une petite mise au point historique.

La découverte et la conquête du Nouveau Monde

Les découvreurs

- **1492 – Christophe Colomb**, persuadé d'avoir débarqué non loin de l'Inde, le pays des épices, découvre en réalité de nouvelles terres : les Bahamas, Cuba et Haïti. Persistant jusqu'au bout dans son erreur, il nomme les habitants de ces contrées les « Indiens ». Lorsqu'il découvre l'Amérique, elle n'est pour lui qu'une extension de l'Asie. Il effectuera en tout quatre voyages (de 1492 à 1504) sans jamais en démordre. Dans son testament, il affirme avoir « donné les Indes au roi et à la reine ». Pour éviter la confusion avec les habitants de l'Inde, on appelle les « Indiens » d'Amérique les « Amérindiens ». C'est lors de son deuxième voyage, en 1493, que Colomb découvre les Petites Antilles, peuplées d'anthropophages, appelés « caniba ».
- **1503 – Amerigo Vespucci**, qui a participé à plusieurs expéditions vers l'Ouest, soupçonne que ces terres nouvelles ne sont pas l'Asie et que l'on se trouve en présence d'un « nouveau monde ». Il est le premier à employer l'expression *Novus Mundi* (Nouveau Monde), dans une lettre datée de 1503. Un cartographe donnera au nouveau continent le nom d'« Amérique », en souvenir de cet explorateur. Le voyage de l'Espagnol **Balboa** en 1513 vint confirmer cette intuition. Arrivé à Panama, après plusieurs jours de marche d'Est en Ouest, Balboa découvre un nouvel Océan, encore inconnu des Européens : l'Océan Pacifique. Le voyage de **Magellan** (1520) confirme cette observation. Il relie pour la première fois le continent américain à l'Asie en contournant le nouveau continent par le Sud, par le détroit qui porte aujourd'hui son nom.

Les conquistadors

- Espagnols et Portugais conquièrent le Nouveau Monde. Les nouvelles terres, riches en minerais (or, argent, etc.), sont autant de territoires à coloniser.
- **1519 – Cortès**, un navigateur espagnol, débarque sur la côte mexicaine. Les conquistadors se rendent maître de l'empire des **Aztèques** et des **Mayas** sur le plateau du Mexique, faisant subir de lourdes pertes parmi les populations indigènes et provoquant la fin de ces civilisations.
- **1531 – Pizarro** et ses hommes débarquent au Pérou. L'empereur inca Atahualpa est attiré dans un guet-apens par les Espagnols. Malgré une rançon évaluée à 88m3 d'or, il est brûlé vif. La ville sacrée de Cuzco (Pérou), capitale de l'empire, puis celle de Quito (Équateur) sont prises. Les **Incas** se soulèvent mais ne parviennent

pas à reprendre leurs villes. Ils ont notamment été décimés par une maladie transmise par les Espagnols.

- **1550 –** La **Controverse de Valladolid** est une dispute qui eut lieu à Valladolid, en Espagne, entre savants, juristes et théologiens, réunis par **Charles Quint** pour déterminer la manière dont doivent être traités les Indiens d'Amérique. Certains tentent de justifier la conquête et l'esclavage des peuples conquis, en faisant appel aux auteurs antiques. Leur barbarie condamne les Indiens à être dominés par les peuples civilisés. Mais ce n'est pas l'avis de **Las Casas** qui refuse de considérer les peuples indigènes comme étant par principe barbares. Selon lui, la conquête de ces territoires et le mal fait à ces populations ne sont pas légitimes.

Nous vous recommandons l'exposition virtuelle proposée par la BNF comportant cartes et illustrations sur la découverte du Nouveau Monde : http://expositions.bnf.fr/marine/arret/00.htm

Le titre « Des cannibales »

Un synonyme du mot cannibale est « **anthropophage** ». Du grec « *anthropos* » qui signifie « l'homme », et « *phagomai* » qui signifie « manger », l'anthropophage est celui qui mange d'autres hommes.

Le terme « **cannibale** » ne vient pas du grec, mais d'une langue amérindienne parlée par les Arawaks, peuple antillais découvert par Colomb. Les Arawaks appelaient « Canibas » une tribu ennemie qui avait coutume de manger ses ennemis vaincus. Christophe Colomb s'approprie le mot et en fait un mot espagnol qui, transposé à d'autres tribus indigènes, finit par désigner toute population pratiquant l'anthropophagie.

Les « Indiens » du chapitre « Des Cannibales » sont **brésiliens**. Le Brésil est une terre découverte en 1500 par l'explorateur Pedro Alvares Cabral, qui donne le nom de Brésil à cette terre car le bois y est rouge comme la braise. Ce pays est alors habité par **les Tupinambas**. En 1557, le Français Villegagnon débarque au Brésil accompagné d'André Thévet et de Jean de Léry, qui relatent leur expérience. Les scènes d'anthropophagie font partie de ce qui les intrigue le plus. Malgré les reproches faits aux récits d'exploration, Montaigne a lu ces deux explorateurs et s'inspire de leurs écrits pour parler à son tour des Tupinambas dont il n'a rencontré que trois individus, lors d'un séjour à Rouen.

Le titre « Des coches »

Les coches sont de **grandes voitures tirées par des chevaux** et qui servaient autrefois de transport en commun. C'est de ce mot que vient l'expression « rater le coche » qui signifie encore aujourd'hui manquer l'occasion de faire une chose utile. Le coche (ce mot est masculin) n'était pas toujours très confortable.

Le titre du chapitre indique que l'on va parler de ces grandes voitures. Mais quel est le **rapport avec le Nouveau Monde ?** C'est par associations d'idées que Montaigne finit par en parler, mais après avoir écrit une bonne moitié de son chapitre. Ainsi, le développement concernant la découverte du Nouveau Monde n'occupe que **la deuxième moitié du chapitre**, à partir de la fameuse phrase : « Notre monde vient d'en trouver un autre ». Cela montre bien la manière d'écrire de Montaigne « à sauts et à gambades », comme il le dit lui-même. Les **digressions** ne lui font pas peur.

Les « Indiens » du chapitre « Des Coches » ne sont pas les mêmes que dans « Des cannibales ». Ils sont **mexicains et péruviens** ; ce sont **les Aztèques et les Incas**.

B. Le parcours associé : « Notre monde vient d'en trouver un autre. »

Cette citation de Montaigne se trouve dans le **chapitre 6 du livre III**, intitulé « Des Coches ».

1. Petite analyse de la citation

Au **milieu du chapitre « Des Coches »**, alors qu'il parlait jusque-là de tout autre chose, Montaigne se met à évoquer la récente découverte du continent américain :

« Notre monde vient d'en trouver un autre (et qui nous garantit que c'est le dernier de ses frères, puisque les Démons, les Sibylles et nous-mêmes avons ignoré celui-ci jusqu'à cette heure ?) non moins grand, plein et peuplé que lui, toutefois si nouveau et si enfant qu'on lui apprend encore son a, b, c ; il n'y a pas cinquante ans qu'il ne connaissait ni lettres, ni poids, ni mesures, ni vêtements, ni céréales, ni vignes. » (Version modernisée par nos soins.)

La phrase de Montaigne est bien plus longue que la citation choisie par les auteurs du programme. D'emblée, les deux mondes sont comparés et mis **sur un pied d'égalité** : le nouveau, tout comme l'ancien, est « grand, plein et peuplé ». Cependant, deux mots (eux aussi **attributs du COD** « un autre », comme l'étaient les mots « grand, plein et peuplé ») qualifient ce monde qui vient d'être découvert : il est **« nouveau »** et **« enfant »**. A côté du mot « enfant », « nouveau » ne signifie plus « qui vient d'être découvert », mais « neuf, qui vient de naître, d'éclore » indépendamment de sa découverte par les Européens. La comparaison est bien présente ici mais **en défaveur des Indigènes** : suit une liste de négations qui les font apparaître comme bien moins évolués que les Européens, civilisés. Toutefois le terme « enfant » est empreint de **douceur et** de **compassion**. Et selon Montaigne, qui se fait prophète, ce nouveau monde est appelé à se fortifier et « entrer en lumière » face à une Europe appelée à vieillir et décliner.

Cette seule phrase reflète toute la réflexion de Montaigne sur le Nouveau Monde. Sa vision est constamment **ambivalente**, oscillant entre admiration et compassion, éloge et douce critique des peuples du Nouveau Monde.

2. Une observation des mœurs

Dans les deux chapitres des *Essais,* « Des Cannibales » et « Des Coches », Montaigne adopte **la démarche de l'ethnologue** (personne qui observe et décrit les coutumes d'ethnies différentes de la sienne).

Les sources de Montaigne

Montaigne n'a jamais voyagé en Amérique. Le voyage était long et périlleux et ne s'y aventuraient que les explorateurs. Dans son chapitre « Des Cannibales », il dit tenir la plupart de ses informations « d'un homme qui avait demeuré dix ou douze ans en cet autre monde qui a été découvert en notre siècle ». Il ne donne pas le nom de cet homme, mais nous le décrit comme « **un homme simple et grossier** ». Cette simplicité est pour lui « une condition propre à garantir un véritable témoignage », au contraire de tous les « géographes » et « topographes » qui, par excès de finesse, modifient allègrement la réalité pour la faire rentrer dans leurs plans.

La vie étrange des Indiens

Cet homme et « plusieurs matelots et marchands » qu'il lui fait rencontrer permettent à Montaigne de parler avec assez de précisions de la vie étrange des Indiens. Il s'intéresse à leur **santé**, leur **manière de dormir**, leur **régime alimentaire**, leurs **boissons**, leur **pilosité**, leurs **activités**, leurs **guerres**, leurs **prêtres et prophètes**, leurs **mariages**. Tout intrigue et tout étonne, car **tout est nouveau**. Ainsi, pour leur manière de dormir, Montaigne décrit très fidèlement –sans employer ce terme– le « hamac », qui ne permet pas à mari et femme de dormir ensemble. Cette invention sera reprise par les marins à bord des navires. Concernant le mariage, « les hommes y ont plusieurs femmes et en ont d'autant plus qu'ils ont une meilleure réputation de vaillance ». La **polygamie** qui existe dans le Nouveau Monde est une pratique interdite dans l'Europe chrétienne de Montaigne.

La barbarie des Indiens

Mais ce qui étonne le plus ce sont les **pratiques cruelles** auxquelles s'adonnent les peuples indigènes. Ainsi, concernant leur prophète : « lorsqu'il est défaillant dans ses prévisions et si les choses tournent pour eux autrement qu'il ne leur a prédit, **il est haché en mille morceaux** s'ils l'attrapent ».

Toutefois, cette mort atroce n'est rien comparée au sort qui attend le prisonnier de guerre : le vainqueur « attache une corde à l'un des bras du prisonnier par le bout de laquelle il le tient éloigné de quelques pas de peur d'être attaqué par lui et il donne au plus cher de ses amis l'autre bras à tenir de même ; et tous les deux, en présence de toute l'assemblée, l'assomment à coups d'épée. Cela fait, **ils le font rôtir et en mangent en commun** et ils envoient des morceaux à ceux de leurs amis qui sont absents. » La scène décrite ici est une scène de cannibalisme. L'emploi par Montaigne du verbe « rôtir » réservé habituellement à la viande animale est très imagé.

Avec le même étonnement, Montaigne décrit, sans critique, le sort réservé aux vaincus morts à la guerre : « Chacun rapporte comme trophée personnel la tête de l'ennemi tué et l'attache à l'entrée de son logis. » La tête d'un homme tué devient élément de décoration et accueille tout visiteur à l'entrée de la maison. Là encore cette phrase fait appel à l'imagination du lecteur : ce geste que l'Indien trouve naturel en rentrant de la guerre effraierait plus d'un Européen qui aurait plutôt tendance à ériger la statue du vainqueur.

Une vie sans artifice

Mais à cette cruauté fait pendant une vie plus proche de la nature. Montaigne fait **l'éloge de cette vie sans artifice** et la prend même comme exemple, dans sa préface aux *Essais* où il assure rechercher à se montrer « en sa façon simple, naturelle et ordinaire, sans contention ni artifice » : « Que si j'eusse été entre ces nations qu'on dit vivre encore sous la douce liberté des premières lois de nature, je t'assure que je m'y fusse très volontiers peint tout entier, et tout nu. »

Certes ils ont moins de connaissances et de compétences que les Européens, mais ils ont aussi moins de vices et de soucis. Montaigne loue leur clarté d'esprit et leur pertinence, leur hardiesse et leur courage, leur fermeté et leur constance.

Il fait l'éloge aussi de leur art : architecture, jardins, objets « en pierreries, en plume, en coton », peintures. Ils n'ont pas de métal, et pourtant, ils se rasent et se défendent très bien.

3. L'effet miroir : un retour sur soi

Cette observation des mœurs du Nouveau Monde amène Montaigne à réfléchir sur sa propre civilisation. Les coutumes des Européens ne sont ni pires ni meilleures que celles des autres : « Chacun appelle barbarie ce qui n'est pas de son usage. » Montaigne semble nous donner ici une leçon de relativisme. Et pour montrer que les peuples du Nouveau Monde ne sont pas les seuls à être barbares, il n'hésite pas à décrire et dénoncer les pratiques cruelles des Européens.

Montaigne dénonce la barbarie des conquistadors. Dans le fameux texte des « Cannibales » dans lequel il parle du sort réservé aux prisonniers et où il décrit une scène d'anthropophagie, il fait un véritable réquisitoire, accusant les Portugais d'être bien plus cruels que les Indiens. En effet, les Portugais pratiquent la torture, ce qui est pire que le cannibalisme : « Je pense qu'il y a plus de barbarie à manger un homme vivant qu'à le manger mort ».

Par ailleurs, Montaigne dénonce aussi les violences de son temps, perpétrées en France même. Les guerres de religion sont des guerres « non entre vieux ennemis, mais entre des voisins et des concitoyens, et qui pis est, sous prétexte de piété et de religion ».

La prérogative de la barbarie n'est pas réservée aux seuls peuples du Nouveau Monde.

C. Œuvres associées aux *Essais* et à leur parcours

Dans le cadre du parcours « Notre monde vient d'en trouver un autre », nous pouvons étudier les auteurs suivants.

1. Rabelais

Grand **humaniste** de la Renaissance, Rabelais (1483-1553) réfléchit au problème de la conquête du Nouveau Monde. Il le fait sur un **mode parodique** dans ses romans qui mettent en scène les géants Gargantua et Pantagruel.

Une parodie des grandes découvertes

Au chapitre XXXII du *Pantagruel,* publié en 1532, le narrateur entre dans **la bouche du géant** et y découvre des villes et des forêts. Le premier homme qu'il rencontre, sur la langue du géant, est un chrétien : « Mon ami que fais-tu ici ? –Je plante ici des choux [...] Je gagne ainsi ma vie, et les porte vendre au marché en la cité qui est ici derrière.– Jésus, dis-je, il y a ici un nouveau monde ? –Certes, dit-il, il n'est pas nouveau, mais l'on dit bien que hors d'ici il y a **une terre neuve**. » (version modernisée par nos soins) Le narrateur cherche à aller plus loin, pour atteindre cette « terre neuve ». Les villes qu'il découvre portent les noms amusants des parties du corps Aspharage (arrière-gorge), Laryngues et Pharingues, « qui sont deux grosses villes telles que Rouen et Nantes, riches et bien marchandes. »

Il **parodie l'observation ethnographique** des explorateurs de cette manière : « Puis, je trouvai une petite bourgade –j'ai oublié son nom– où je fis encore meilleure chère que jamais et gagnai quelque peu d'argent pour vivre. Savez-vous comment ? À dormir, car l'on loue les gens à journée pour dormir, et ils gagnent cinq et six sols par jour, mais ceux qui ronflent bien fort gagnent bien sept sols et demi. » Cette façon de gagner sa vie est assez absurde. Et le narrateur se moque des explorateurs qui rapportent des mensonges soit par incompréhension de la civilisation visitée, soit parce qu'ils n'ont pas vérifié leurs sources d'informations.

Le narrateur s'adonne alors à quelques réflexions : « Là je commençai à penser qu'il est bien vrai ce que l'on dit, que **la moitié du monde ne sait comment l'autre vit**. Vu que nul n'avait encore écrit de ce pays-là, auquel sont plus de XXV royaumes habités, sans les déserts et un gros bras de mer, mais j'en ai composé un grand livre intitulé *L'Histoire des Gorgias,* car ainsi les ai-je nommés parce qu'ils demeurent en la gorge de mon maître Pantagruel. »

Toutefois, l'aventure s'arrête bien vite à cause des exhalaisons mortifères qui sortent de l'estomac de Pantagruel. Rebroussant chemin, et ayant à peine franchi la barrière des dents, il veut y retourner. Son voyage a tout de même duré six mois. C'est le temps qu'il faut pour aller en Amérique et en revenir, par bateau, au XVe siècle.

Une dénonciation de la colonisation

Le chapitre XXXIII de *Pantagruel* fait le récit d'un deuxième voyage où, bien équipés, les explorateurs font du ménage dans l'estomac du géant. On ne peut s'empêcher de songer aux Européens qui d'explorateurs se sont faits conquérants. Ne serait-ce pas une critique latente du « grand nettoyage » effectué par les conquistadors en arrivant sur ces terres nouvelles ? Pantagruel sort certes guéri de ce nettoyage d'estomac mais ne se sent bien qu'après avoir vomi les intrus de son ventre.

Le *Tiers-Livre,* qui est une suite du *Pantagruel*, commence par ces mots : « Pantagruel avait entièrement conquis le pays de Dipsodie. Il y transporta une colonie d'Utopiens au nombre de 9 876 543 210 hommes, sans les femmes et les petits enfants, artisans de tous métiers et professeurs de toutes sciences libérales. » Le chiffre hyperbolique et très précis, qui est la suite des chiffres placés dans l'ordre décroissant, prête à sourire. L'allusion à la colonisation européenne du Nouveau Monde est évidente ici. Elle est très présente dans l'œuvre de Rabelais.

2. Jean de Léry

L'œuvre de Jean de Léry est d'autant plus intéressante à étudier qu'il décrit les mœurs des mêmes « Indiens » que Montaigne dans le chapitre « Des cannibales » et que Montaigne l'a probablement lu.

Dans son *Histoire d'un voyage fait en la terre du Brésil,* Jean de Léry consacre un chapitre au cannibalisme des Tupinambas, auquel il peut être intéressant de se reporter. Le chapitre XV est intitulé comme suit : « Comment les Américains traitent leurs prisonniers pris en guerre et les cérémonies qu'ils observent tant à les tuer qu'à les manger »

3. Autres auteurs

D'autres auteurs des XVe, XVIe et XVIIe siècles peuvent être intéressants à étudier dans le cadre de ce parcours associé :

- les écrits des explorateurs : Christophe Colomb, Hernan Cortès.
- Bartolomé de Las Casas, *Très brève relation de la destruction des Indes* dans laquelle il dénonce les abus de la conquête.
- Cyrano de Bergerac, *L'Autre Monde ou les États et Empires de la Lune,* vers 1650.

Deux sujets de dissertation pour vous entraîner

- **Sujet 1**

Dans un ouvrage publié en 1955, Claude Lévi-Strauss affirme : « Aucune société n'est parfaite. Toutes comportent par nature une impureté incompatible avec les normes qu'elles proclament, et qui se traduit concrètement par une certaine dose d'injustice, d'insensibilité, de cruauté ». (*Tristes Tropiques*) En vous aidant de votre étude des *Essais* de Montaigne (chapitres « Des Cannibales », « Des Coches ») et d'autres ouvrages réfléchissant à la découverte du Nouveau Monde, vous vous demanderez dans quelle mesure cette remarque de Lévi-Strauss est pertinente.

- **Sujet 2**

« Chacun appelle barbarie ce qui n'est pas de son usage ». En quoi cette affirmation de Montaigne invite-t-elle son lecteur européen à changer de regard sur les peuples du Nouveau Monde ? Pour répondre à cette question, vous vous appuierez sur des exemples précis tirés de votre lecture personnelle des deux chapitres des *Essais* de Montaigne (« Des Cannibales » et « Des Coches ») ainsi que sur d'autres œuvres de votre connaissance.

II. Les livres VII à XI des *Fables* de La Fontaine

A. Qui était Jean de La Fontaine ?

Jean de La Fontaine est né en 1621, à Château-Thierry, en Champagne, dans une famille de la bourgeoisie. Arrivé à l'âge adulte, il hésite à devenir prêtre ; il abandonne rapidement cette vocation pour entreprendre des études de droit ; c'est surtout l'occasion pour lui de faire d'immenses lectures, parmi lesquelles figure la lecture des littératures grecque et latine, qui inspirera toute son œuvre à venir. Il a un peu plus de trente ans en 1652 quand il achète une charge de maître des Eaux et Forêts : cette nouvelle fonction l'amène à fréquenter les bois de Champagne : sa connaissance de la nature, de la faune et de la flore, ne sera plus seulement livresque, mais bel et bien sensible.

Il se met ensuite à écrire des vers, et cherche des mécènes (personne riche qui, par goût des arts, aide financièrement des artistes) pour pouvoir vivre de sa plume. Parmi ces mécènes, on compte d'abord le célèbre surintendant des Finances du roi Louis XIV, Nicolas Fouquet, pour qui il écrira entre autres *Le Songe de Vaux* (œuvre dans laquelle La Fontaine célèbre les beautés du domaine qu'a acquis le ministre) ; La Fontaine est brutalement privé de cette protection après la disgrâce et l'emprisonnement de Nicolas Fouquet, en 1661.

À la fin de l'année 1664, il entre au service de la duchesse douairière d'Orléans ; il y écrit des *Contes et nouvelles* en 1665, et son premier recueil de *Fables*, comprenant les livres 1 à 6, en 1668, qui remportent un très grand succès auprès de ses lecteurs.

Un an après la mort de la duchesse en 1672, La Fontaine est accueilli chez la marquise de La Sablière (celle à qui il s'adressera, à la fin du livre IX des *Fables*, dans son « Discours à Madame de La Sablière »), une femme très cultivée dont il devient l'ami, qui reçoit chez elle de grands esprits de son temps ; au même moment, il reçoit la protection de la maîtresse de Louis XIV, Madame de Montespan (c'est à elle qu'il s'adressera au début du livre VII des *Fables*). Il publie alors de *Nouveaux Contes*, en 1674, et surtout, un second recueil de *Fables*, composé des livres 7 à 11, en 1678-1679 (dix ans, donc, après la publication du premier recueil).

En 1693, Madame de La Sablière meurt ; la même année, La Fontaine publie le troisième recueil des *Fables*, constitué du douzième et dernier livre. Il trouve un dernier hôte en la personne d'un riche financier, M. D'Hervart, qui l'accueille dans son luxueux hôtel, à Paris ; c'est là qu'il meurt, en 1695.

B. Le genre de la fable avant La Fontaine

1. Un genre pratiqué dans l'Antiquité

Le mot « fable » vient du nom latin « *fabula* » (venant lui-même du verbe latin « *fari* », qui signifie « dire », « parler ») qui désigne un récit sans garantie historique, un mythe, une légende, puis un conte, un apologue.

La fable est plus particulièrement un genre littéraire, qui existe dès l'Antiquité : l'écrivain grec Esope (VIIe-VIe siècles av. J.-C.) et l'écrivain latin Phèdre (Ier siècle av. J.-C.-Ier siècle apr. J.-C.) sont les deux grands fabulistes antiques (un fabuliste est un écrivain pratiquant le genre de la fable), dont s'inspire La Fontaine quand il écrit ses fables : comme tout écrivain classique (cf. définition du classicisme ?), La Fontaine s'inspire de la littérature antique pour écrire ses propres œuvres ; c'est que les écrivains classiques considèrent que les Anciens ont atteint la perfection en matière d'art, et qu'il reste donc à les imiter pour qu'une œuvre puisse prétendre à une certaine valeur.

2. Quelles sont les caractéristiques traditionnelles du genre de la fable ?

Depuis l'Antiquité, la fable est considérée comme **un genre mineur**, par rapport aux genres majeurs, nobles, que sont par exemple l'épopée et la tragédie. La fable est un genre aussi bien composé de **prose** (c'est le cas des fables d'Esope) que de **vers** (c'est le cas des fables de Phèdre).

C'est un genre qui se caractérise par sa **brièveté**, et par sa **dualité** ; on s'attend en effet à ce qu'elle se développe en deux temps : un **court récit**, faisant intervenir des animaux, des hommes, des éléments naturels, etc., suivi d'une brève **morale** dont le rôle est d'expliquer, de décrypter le sens du récit qui la précède, et de donner une petite leçon de vie. À ces deux parties de la fable (le récit en serait le « corps », la morale, l'« âme », dit La Fontaine) sont rattachées deux fonctions : une **fonction de divertissement**, puisque la fable, par le récit qui la compose, doit plaire au lecteur, le séduire et le divertir (« *delectare* », ou « *placere* », disent les Latins), et une **fonction d'enseignement**, une fonction didactique, par la présence de la morale (« *docere* »). Autrement dit, et pour reprendre la célèbre formule du grand poète latin Horace (Ier siècle av. J.-C.), il s'agit d'allier « l'utile à l'agréable » (« *utile dulci* » en latin).

C. Le renouvellement du genre de la fable par La Fontaine

Les douze livres des *Fables* de La Fontaine, que nous lisons aujourd'hui en un tout, ont été à l'origine publiés en trois fois :

- Le premier recueil, comprenant les livres I à VI, a paru en 1668.
- Le second recueil (que nous avons à notre programme), composé des livres VII à XI, a été publié dix ans plus tard, en 1678 et 1679.
- Enfin, le douzième et dernier livre a paru un an avant la mort de La Fontaine, en 1694.

Dès le début du premier recueil de fables, La Fontaine s'inscrit dans la lignée de celui qu'il considère comme le fondateur du genre de la fable, l'écrivain grec Esope ; ainsi, avant de lire la première et très célèbre fable du premier livre (« La Cigale et la Fourmi »), le lecteur peut se plonger dans l'histoire de « La vie d'Esope le Phrygien » ; raconter la vie d'Esope, et placer ce récit au seuil de l'œuvre, c'est évidemment une manière de rendre hommage au fabuliste grec.

Toutefois, si La Fontaine imite Esope et ses devanciers antiques, il ne s'agit surtout pas d'une imitation servile ; bien au contraire, La Fontaine renouvelle en profondeur le genre de la fable, et il en a tout à fait conscience. Ce renouvellement du genre prend plusieurs formes :

- D'abord, La Fontaine fait le choix d'**écrire ses fables en vers**, et non en prose comme Esope. Certes, bien avant lui, le fabuliste latin Phèdre avait fait le même choix. Cependant, à l'époque de La Fontaine, où le genre de la fable est pratiqué par d'autres écrivains, le vers n'est pas de mise ; c'est pour cette raison que La Fontaine défend son choix du vers contre ses détracteurs dans sa Préface du premier recueil des *Fables*.
- Il utilise très souvent **le vers libre**, mais pas seulement : certaines fables sont écrites avec un même type de vers, et en strophes. L'utilisation du vers libre lui permet d'utiliser dans une même fable des vers longs (alexandrins, décasyllabes) et des vers très courts, ce qui favorise des variations de ton, et les jeux de mots.
- Ensuite, La Fontaine souhaite **donner « de la gaieté » à ce genre** réputé sérieux et grave ; toujours dans la Préface du premier recueil, il définit ce qu'il entend par gaieté : « Je n'appelle pas gaieté ce qui excite le rire ; mais un certain charme, un air agréable qu'on peut donner à toutes sortes de sujets, même les plus sérieux ».
- Si, dans certaines fables, le récit et la morale sont faciles à distinguer (la morale est donc *explicite*), un grand nombre d'autres fables ne proposent pas au lecteur de morale explicite, ce qui peut dérouter le lecteur. C'est par exemple le cas de « La Cigale et la Fourmi ». La morale est alors implicite : le fabuliste laisse le soin au lecteur de déchiffrer le sens de sa fable, sens souvent complexe. En d'autres termes, La Fontaine renouvelle le genre de la fable en en brouillant les principales règles ; **il complexifie ainsi le sens de ses fables**.
- Plus généralement, il faut avoir en tête que La Fontaine souhaite **donner ses lettres de noblesse au genre de la fable** traditionnellement considéré comme un genre mineur : malgré sa brièveté, son apparente légèreté, la fable peut égaler des genres aussi nobles que sont l'épopée ou la tragédie.

D. Quelle est l'unité, et la spécificité des livres VII à XI des *Fables*, correspondant au second recueil des *Fables* ?

Pourquoi étudier les livres VII à XI des *Fables* ? Ce deuxième recueil a-t-il une particularité par rapport au premier ? A-t-il une unité ? La question de l'unité est loin d'être évidente, car, de prime abord, le lecteur est plutôt frappé par l'extrême diversité, l'extrême variété de ce recueil (« variété » que La Fontaine lui-même revendique dans son Avertissement au deuxième recueil des *Fables*).

1. Cette variété est de plusieurs ordres

On peut d'abord remarquer la diversité des thèmes abordés. En effet, les fables traitent aussi bien de l'amitié (« Les deux Amis », « L'Ours et l'Amateur des jardins »), de l'amour (« Les deux Pigeons », « Tircis et Amarante »), de la mort (« La Mort et le Mourant », « Le Cochon, la Chèvre et le Mouton ») de la justice (« Les Animaux malades de la peste »), du pouvoir (« Les Obsèques de la Lionne »), de l'argent (« L'Enfouisseur et son Compère ») que du rapport des hommes aux dieux, au sort/à la fortune (« L'Homme qui court après la fortune, et l'Homme qui l'attend dans son lit »), de la superstition (« L'Horoscope »), du mariage (« Le Héron »), de l'hypocrisie religieuse (« Le Rat qui s'est retiré du monde »), de l'orgueil (« Le Rat et l'Éléphant »), du commérage (« Les Femmes et le secret »), de la vengeance (« Les deux Perroquets, le Roi et son Fils »), de l'égoïsme (« L'Âne et le Chien »), etc.

Le lecteur est également sensible à la variété des tons, entre deux fables différentes, mais aussi, le plus souvent dans une même fable : le fabuliste se fait tour à tour burlesque, héroïcomique, satirique, polémique, pathétique, didactique, lyrique, sérieux, léger, etc.

D'autre part, le genre de la fable se prête à de multiples métamorphoses en s'associant à d'autres genres ou formes littéraires : le conte, l'épître, l'épopée, le discours ou la méditation philosophique, etc.

La variété du langage est également frappante : le fabuliste use de néologismes (un néologisme est le fait de créer un mot qui n'existe pas) et d'archaïsmes (c'est-à-dire qu'il emploie des mots que l'on n'emploie plus ou des tournures vieilles, désuètes) ; il n'hésite pas non plus à entremêler le registre familier et le registre soutenu de la langue.

Enfin, l'emploi du vers libre contribue encore à donner au recueil une très grande variété.

2. Pourtant, cette évidente variété du recueil ne doit pas nous faire oublier sa profonde unité

Cette unité se révèle de différentes manières :

Il s'agit d'abord d'une **unité de publication**. En effet, on l'a vu, les livres VII à XI ont été écrits, puis publiés au même moment ; ils ont donc été conçus par leur auteur dans un même projet d'écriture.

Cette unité est particulièrement manifeste quand on étudie la manière dont La Fontaine a voulu structurer son ouvrage ; **l'unité est donc liée à la structuration du recueil**. Il est à cet égard essentiel de lire attentivement certains passages, certaines fables des livres VII à XI, qui renseignent le lecteur quant au projet de l'auteur. C'est le cas de l'Avertissement et de la dédicace à Mme de Montespan, situés au tout début du livre VII des *Fables*, ainsi que de l'épilogue, placé à la fin du livre XI. Il faut également lire très attentivement les fables qui ouvrent, ou ferment chaque livre du recueil. Enfin, certaines fables, dans leur titre même, annoncent une réflexion de l'auteur sur le genre de la fable (nous pensons à la fable intitulée « Le Pouvoir des fables ») ; n'oublions pas non plus toutes les fables qui mettent en abyme d'autres fables (« Le Pouvoir des fables », « Le Bassa et le Marchand », « Le Berger et le Roi »). Tous ces textes donnent des informations précieuses sur le projet esthétique de l'auteur (c'est-à-dire sur sa manière de concevoir l'art de la fable) ; ils sont aussi parfois l'occasion pour l'auteur de délivrer, plus explicitement que dans les autres fables, sa pensée sur tel ou tel aspect du monde.

La lecture de ces textes essentiels pour comprendre la structuration du recueil et son unité nous apprennent au moins deux choses :

L'unité du deuxième recueil est d'abord liée à **sa source d'inspiration, orientale** : La Fontaine dit lui-même dans son Avertissement (au début du VIIe livre) qu'il s'inspire de Pilpay, auteur légendaire d'un célèbre recueil de contes indiens.

L'unité du deuxième recueil tient également au fait que les fables qui le composent s'apparentent davantage à **des contes** : la dimension morale, didactique se fait moins entendre, paraît plus secondaire que dans le premier recueil ; ce qui compte davantage, c'est le charme, le pouvoir de séduction qui se dégage de la fable. L'aspect didactique de la fable est donc moins présent que dans le premier recueil, et certains passages sont d'une tonalité bien différente : le fabuliste va jusqu'à se livrer à des confidences lyriques (comme dans « Les deux Pigeons », ou dans « Le songe d'un habitant du Mogol »)

E. « Imagination et pensée » dans le Second recueil des *Fables* de La Fontaine

Les deux mots d'« imagination » et de « pensée » ont chacun un sens complexe ; nous n'essayerons pas de les définir isolément, l'un après l'autre ; au contraire, nous proposons de *les définir l'un par rapport à l'autre*.

L'imagination est la faculté qu'a l'esprit de former des images ; celles-ci peuvent être aussi bien des images de choses perçues dans la réalité grâce à nos sens, que des images d'objets que l'on n'a pas perçus ; elles peuvent également résulter de la combinaison de plusieurs images. Dans cette mesure, l'imagination se rapproche de la fiction (étymologiquement, le mot « fiction » vient du verbe latin « *fingere* », qui signifie « forger, modeler », puis « imaginer, inventer », et enfin « inventer de toutes pièces, mentir »), de l'invention, donc de la fantaisie, du rêve, et du mensonge : écrire une fable, c'est en effet écrire une histoire fausse (les animaux ne parlent pas dans la réalité), mensongère, pleine de fantaisie.

Au contraire, **la pensée** serait une autre faculté de l'esprit, ayant pour objet la connaissance et la vérité, proche de la raison ; elle suivrait une logique rationnelle, contrairement à l'imagination. Le lecteur des fables, en effet, fait sans cesse l'expérience que la fable, certes mensongère, est en même temps l'occasion pour le fabuliste de livrer sa pensée sur tel ou tel aspect du monde : à travers le mensonge de la fiction s'élabore, paradoxalement, une vérité.

La pensée et l'imagination peuvent donc renvoyer, dans cette perspective, aux deux pôles de la fable définis précédemment : comme le dit La Fontaine, la fable se compose d'un « corps », le récit mensonger, auquel nous pouvons associer la faculté de l'imagination ; elle est aussi formée d'une « âme », la morale, que nous pourrions associer à la pensée ; le premier se charge de séduire, de plaire, tandis que la seconde, s'adressant à la raison du lecteur, a pour rôle d'instruire.

Plus concrètement, comment se manifeste l'imagination du fabuliste dans les fables ?

- Par la présence du **merveilleux** en général, et aussi du merveilleux du conte plus particulièrement : ainsi, les animaux parlent, ils sont humanisés ; les souhaits / les vœux des hommes peuvent être réalisés comme dans les contes de fées (cf. « Les Souhaits ») ; les animaux s'adressent aux hommes, les hommes s'adressent aux animaux, d'une manière tout à fait naturelle (cf. « Les deux Perroquets, le Roi et son Fils »).
- Par la présence de **l'imaginaire oriental**, caractéristique du second recueil des *Fables* ; cet imaginaire vient nourrir l'imagination du conteur (cf. « Le Dépositaire infidèle ») ; parfois, une simple touche suffit, un simple nom de pays plonge le lecteur dans un univers exotique qu'il connaît peu, faisant appel à son imagination (cf. « Le Rat qui s'est retiré du monde »).
- Par la présence de l'onirique, du **monde du rêve et du songe** (cf. « Le Songe d'un habitant du Mogol »).
- Par **l'association surprenante**, incongrue, parfois humoristique, d'univers que la réalité ordinaire tient habituellement éloignés : La Fontaine se livre à un véritable jeu en n'hésitant pas à associer le monde « familier », occidental, et le monde oriental (le proche et le lointain) (comme dans la fable « Le Rat qui s'est retiré du monde »), ou encore le monde des hommes, et celui des animaux.
- Par le recours aux **images poétiques** (métaphores et comparaisons), qui facilitent la mise en relation de mondes que la réalité dissocie absolument.

De cette manière, l'imagination dans les *Fables* est toujours au service de la pensée ; si le fabuliste a recours à la fiction, au « mensonge », à l'association d'images, à la poésie, c'est pour dire, le plus souvent, une vérité philosophique, politique, morale, sociale, etc.

Autrement dit, la pensée et l'imagination sont indissociables : la pensée du fabuliste s'élabore par le recours à l'imagination.

Le XVIIe siècle est très fécond en œuvres dont la dimension morale prédomine, à l'instar des *Fables* ; on peut ainsi rapprocher de notre recueil *Les Caractères* de **La Bruyère**, qui, en mettant en scène des personnages typés hauts en couleur, font la satire de tel ou tel défaut humain.

III. Montesquieu, *Les Lettres persanes*

Le programme propose d'étudier *Les Lettres persanes* de Montesquieu.

Le **parcours associé** à l'étude de cette œuvre est **« le regard éloigné ».** C'est le titre d'un célèbre ouvrage de Lévi-Strauss, publié en 1983.

Avant cela une petite révision s'impose !

Les chiffres romains

- Dans presque toutes les éditions, les *Lettres persanes* sont toujours numérotées en chiffres romains : lettre III (lettre 3) ; lettre XXVI (lettre 26) ; lettre XXXIX (lettre 39) ; lettre XCIX (lettre 99) ; lettre CLXI (lettre 161). Révisons les chiffres romains pour mieux se repérer dans l'œuvre.
- Alors que les chiffres arabes sont au nombre de 10 (0, 1, 2, 3, 4, 5, 6, 7, 8, 9), les chiffres romains, qui sont bien plus anciens, s'écrivent à l'aide de **sept lettres** de l'alphabet latin écrites en majuscule (I, V, X, L, C, M). Ces lettres ont chacune une valeur bien précise : I = 1, V = 5, X = 10, L = 50, C = 100, D = 500, M = 1 000.
- Juxtaposées, ces lettres s'additionnent VI = 6 (5+1) ; CL = 150 (100+50) ; XV = 15 (10+5) ; mais lorsqu'elles sont précédées par une lettre ayant une valeur inférieure à la leur, on opère une soustraction : IV = 4 (5-1) ; IX = 9 (10-1).

Attention Avant le V et le X, on ne peut mettre qu'un I, et **avant le L et le C, on ne peut mettre qu'un X, et jamais un I**. Ainsi, pour écrire 99, on ne peut écrire IC ; il faut écrire XCIX (= 90 +9).

A. Présentation des *Lettres Persanes*

Dresser un portrait de Montesquieu et le replacer dans son temps est nécessaire pour bien comprendre les différents enjeux de l'œuvre de Montesquieu.

1. Qui est Montesquieu ?

Montesquieu est un grand philosophe du XVIIIe siècle, le **siècle des Lumières**. Auteur de nombreux ouvrages philosophiques, il a pourtant connu son premier succès grâce à un roman : les *Lettres persanes* (1721).

Charles-Louis de Secondat (1689-1755), baron de La Brède et de Montesquieu, appartient à la vieille **noblesse bordelaise** : il peut se vanter d'avoir « trois cent cinquante ans de noblesse prouvée ». Bien que ses études de droit l'intéressent moins que ses travaux scientifiques et littéraires, il devient à l'âge de 27 ans « **président à mortier** », métier qui n'existe plus guère, mais dont vous pouvez retenir qu'il conférait à celui qui l'exerçait de bons revenus et l'estime de tous. Il hérite cette charge de son oncle, qui lui lègue aussi à sa mort une large fortune. Sous l'Ancien régime, les « présidents à mortier » étaient les magistrats des plus hautes instances de justice de l'époque : les « parlements », qui rendaient en divers lieux du territoire la justice au nom du roi.

En **1715**, Montesquieu se marie avec une richissime héritière. Qu'elle soit protestante ne lui déplaît guère, malgré tous les interdits qui pèsent sur cette église sous le règne de Louis XIV. Cette même année, le roi meurt, et son arrière-petit-fils, futur Louis XV et héritier du trône, est trop jeune pour régner. C'est le début de la **Régence**. Louis XV ne commencera à régner qu'en 1723. Dans son œuvre, Montesquieu fait de nombreuses allusions à la situation politique et économique de son temps, qu'il observe et commente, proposant même parfois des solutions concrètes.

En **1721**, Montesquieu publie anonymement **les *Lettres persanes***, qui le rendent célèbre. Il est alors nommé membre de l'Académie française.

Quelques années plus tard, Montesquieu vend sa charge de « président à mortier » pour effectuer **un tour d'Europe**, de 1728 à 1731. Il voyage en Allemagne, à Vienne et en Hongrie, à Venise et à Gênes, à Florence et à Naples, en Angleterre. Tous ces **voyages** reflètent sa grande curiosité, à l'image de ses deux personnages persans qui au début des *Lettres persanes* expliquent à leurs amis restés à Ispahan que c'est « l'envie de savoir » qui les a fait sortir de leur pays « pour aller chercher laborieusement la sagesse. » Ses pérégrinations ne le conduiront toutefois pas jusqu'en Perse.

De retour à Bordeaux et à Paris, Montesquieu écrit. Très curieux, il explore de **nombreux champs du savoir**, dont l'anatomie ou les sciences physiques, le droit, la politique et l'économie. Son œuvre est foisonnante et multiforme.

Le nom même de « **philosophe** » avait à l'époque un sens bien plus large qu'aujourd'hui. Il désignait l'esprit curieux qui s'adonnait à des disciplines variées. Montesquieu écrit ainsi les *Considérations sur les causes de la grandeur des Romains et de leur décadence* (1734), et *De l'Esprit des lois* (1748), qui sont des ouvrages mêlant les réflexions historique, juridique, politique et philosophique.

Trois dates à retenir

- **1715** : **Mort de Louis XIV** et début de la Régence. On appelle « régence » le moment où un roi est trop jeune pour régner et où c'est un adulte qui gouverne à sa place en attendant sa majorité. En 1715, Louis XV a 5 ans quand meurt son arrière-grand-père Louis XIV, auquel il doit succéder. La « Régence », avec une majuscule, désigne la période qui s'étend de 1715 à 1723, lors de laquelle Philippe d'Orléans prend en charge le gouvernement de la France, en attendant la majorité de Louis XV.
- **1717** : Publication de la traduction d'Antoine Galland des contes des ***Mille et une nuits***. Ce fut un très grand succès de librairie. Début de la rédaction des *Lettres persanes.*
- **1721** : **Première publication des *Lettres persanes.*** Elles connurent aussi un très grand succès.

2. Qui a écrit les *Lettres persanes* ?

Des Persans ?

Montesquieu fait mine, au début des *Lettres persanes*, de rassembler dans un recueil des lettres qu'on lui a données et qu'il s'est contenté de traduire. « Je ne fais l'office que de traducteur », écrit-il dans **sa préface**. Ces lettres, selon lui, ont été écrites par des Persans, qui, venus en France, auraient logé chez lui. « Ils me communiquaient la plupart de leurs lettres ; je les copiai. J'en surpris même quelques-unes dont ils se seraient bien gardés de me faire confidence. » Mais ce mensonge n'est qu'un habile stratagème dont le lecteur n'est pas dupe.

Une publication anonyme

En 1721 paraît simultanément à Amsterdam et à Cologne une œuvre **sans nom d'auteur**, intitulée les *Lettres persanes.* Montesquieu choisit de ne pas inscrire son nom sur la couverture de son ouvrage. Pourquoi cette publication anonyme ? C'est d'abord une manière pour Montesquieu d'éviter la censure, car son ouvrage porte un regard très critique sur la société française et son gouvernement. C'est aussi une façon de prolonger la duperie de sa préface :

oui, ce sont bien des Persans qui ont écrit ces lettres et le nom de leur traducteur importe peu. Par ce stratagème, le lecteur pense que les Persans sont les véritables auteurs de ces lettres, ce qui suscite plus fortement sa curiosité.

Un succès immédiat

Lors de leur parution en 1721, le succès des *Lettres persanes* est immédiat. Mais bien vite Montesquieu est démasqué comme étant l'auteur de ces lettres. Ce succès est tel qu'il lui ouvre en 1727 les portes de l'Académie française. Et durant tout le XVIIIe siècle, l'ouvrage est réédité de nombreuses fois.

Une invention romanesque

Montesquieu est bien l'auteur de cette correspondance épistolaire et les épistoliers ne sont autres que des personnages de roman, sortis tout droit de son imagination. Usbek et Rica, Roxane et Zachi sont des **personnages fictifs**. L'histoire de ce sérail, le voyage de ces Persans n'ont pas réellement eu lieu. Pour rendre son invention crédible, Montesquieu, qui n'a jamais été en Perse, se documente. Il lit le récit de voyageurs occidentaux s'étant rendus dans ces pays. Les deux principaux voyageurs dont les ouvrages l'ont inspiré sont Tavernier et Chardin.

Pour comprendre le choix que Montesquieu fait de la Perse, il est indispensable d'acquérir quelques connaissances du contexte historique du début du XVIIIe siècle.

3. Pourquoi la Perse ?

Au XVIIIe siècle, l'Orient, contrée lointaine, fascine les Occidentaux. Sur ce sujet, nous vous invitons à consulter cette exposition virtuelle sur le site de la BNF : http://expositions.bnf.fr/montesquieu/albums/orient/

Les contes persans des Mille et une nuits

Quatre ans avant la publication des *Lettres persanes*, en 1717, paraissent **les Contes des *Mille et une nuits***. Le succès de ce livre est incroyable. Tout le monde l'achète, tout le monde le lit.

Les *Mille et une nuits* plongent le lecteur dans le monde fantasmé du harem d'un sultan. **Shéhérazade**, la fille du vizir, a épousé un sultan cruel qui, déçu de sa première épouse, a décidé d'en épouser une nouvelle chaque soir et de la tuer au petit matin. Shéhérazade sait ce qui l'attend, mais elle connaît aussi une manière d'échapper à la mort. Chaque matin, elle demande à sa sœur de la réveiller et commence à raconter une histoire. Le sultan, parce qu'il doit se rendre à ses occupations habituelles, interrompt l'histoire, mais il veut en connaître la suite et épargne Shéhérazade pour cette fois. Elle le tient ainsi en haleine mille et une nuits, lui racontant des histoires devenues célèbres, comme celles de Sindbad le marin, d'Aladin et de la lampe magique, d'Ali Baba et des quarante voleurs.

Ecrits en arabe, ces contes sont d'origine persane. C'est un Français, **Antoine Galland**, qui en commence la traduction en 1704 et les publie en 1717.

Montesquieu n'a pas pu ignorer ce succès de librairie, au moment où il songe à écrire ses *Lettres persanes*. Les contes racontés par les personnages persans sont nombreux dans les *Lettres persanes*. Ce sont des contes persans écrits à la manière de ceux des *Mille et une nuits*. Notons notamment **l'histoire d'Aphéridon et d'Astarté (lettre LXVII**) et le conte persan que Rica traduit pour une grande dame de la cour et qui raconte **l'histoire d'Ibrahim et Anaïs lettre CXLI**. Montesquieu dans cette dernière lettre reprend la forme propre aux *Mille et une Nuits* du récit enchâssé dans un autre récit : c'est une femme perse nommée Zulema qui raconte à une autre l'histoire d'Ibrahim.

La Perse

- Elle correspond au pays que nous appelons actuellement **l'Iran**, dont la capitale est Téhéran. La langue parlée en Perse n'est pas l'arabe, mais **le persan**, aussi appelé aujourd'hui le farsi.
- Sa civilisation est très ancienne. Les grands rois perses : **Cyrus, Darius, Xerxès** ont vécu et régné aux VIe et Ve siècle avant Jésus-Christ. Leur empire, très puissant, s'étendait alors de l'Inde à la Grèce en passant par l'Egypte.
- La Perse, au XVIIIe siècle, a pour capitale **Ispahan**. À cette époque, elle n'est plus un aussi grand empire qu'au Ve siècle av. J.-C., même si son rayonnement est grand, et elle est musulmane depuis le VIIe siècle.

Voyages, ambassades et commerce

L'Orient est une contrée lointaine qui attire et fascine les Européens, par la diversité et l'étrangeté de ses civilisations.

Les récits qui obtiennent aussi un grand succès sont les récits de voyage. Nous savons que Montesquieu, qui n'est pas allé en Perse, a lu et s'est inspiré du **récit de voyage de Chardin**. Ce dernier publie en 1711 le *Journal de voyage du chevalier Chardin en Perse et aux Indes orientales*. Une trentaine de lettres des *Lettres persanes* s'inspirent du récit de Chardin. Ainsi, dans la lettre XXVI, lorsqu'Usbek raconte l'entrée dans le sérail de Roxane, Montesquieu se montre très fidèle au récit de Chardin qui écrivait : « Un homme ne voit sa femme que quand il a consommé le mariage et souvent il ne le consomme que plusieurs jours après que son épouse est chez lui, la belle fuyant et se cachant parmi les femmes ou ne voulant pas se laisser approcher de son mari. Ces façons arrivent souvent entre les personnes de qualité, parce qu'à leur avis cela sent la débauchée de donner sitôt la dernière faveur. Les filles de sang royal en usent particulièrement de la façon ; il faut des mois pour les réduire et leur mettre en tête que leur mari est digne de les toucher. »

Il est assez facile d'imaginer à quel point l'étrangeté et la nouveauté de ces mœurs devaient susciter la curiosité des Occidentaux. Montesquieu dans la lettre XXVI prend parti et dénonce ces mœurs, faisant de la première union entre Roxane et Usbek une scène de viol. Alors qu'Usbek interprète la réaction de Roxane comme une réaction qui lui serait imposée par les mœurs et par son haut rang, le lecteur occidental perçoit que Roxane s'est donnée à lui contre son gré, et il perçoit à quel point la scène est d'une rare violence, lorsqu'Usbek écrit à Roxane : « Vous souvient-il de ce jour où je vous perdis parmi vos esclaves ? [...] Deux mois se passèrent dans ce combat de l'amour et de la vertu. Vous poussâtes trop loin vos chastes scrupules : vous ne vous rendîtes pas même après avoir été vaincue ; vous défendîtes jusques à la dernière extrémité une virginité mourante ; vous me regardâtes comme un ennemi qui vous avait fait un outrage, non pas comme un époux qui vous avait aimée. » Donnant la parole à l'époux, Montesquieu scénarise et dramatise ce qui n'était chez Chardin qu'une simple observation objective des mœurs orientales. Les « chastes scrupules » de Roxane n'existent que dans l'univers d'Usbek. Ce n'est pas la peur d'apparaître lascive ou dévergondée qui retient Roxane loin d'Usbek, c'est plutôt l'absence d'amour et de désir. Le champ lexical de la guerre, très présent ici (« combat », « se rendre », « être vaincue », « se défendre », « ennemi »), met en évidence la brutalité inconsciente du maître du sérail.

Montesquieu s'inspire de bien d'autres ouvrages que celui de Chardin. Il a lui-même donné ses sources, parmi lesquelles nous trouvons aussi les *Six Voyages de Jean-Baptiste Tavernier, qu'il a faits en Turquie, en Perse et aux Indes* (1676).

Les Orientaux aussi voyagent en Occident. C'est le cas, très célèbre, des **ambassadeurs du Siam** venus à la cour de Louis XIV à Versailles en 1686 et qui avaient fait parler tout Paris. Leurs costumes et leurs chapeaux, leurs manières de se comporter devant le roi et les présents qu'ils ont offerts, tout cela était abondamment détaillé et commenté dans les journaux.

Le goût de l'Orient se manifeste aussi par **le commerce** : les riches collectionneurs et les simples bourgeois font venir meubles et étoffes, porcelaines et peintures, épices et tapis que les commerçants leur vendent à prix d'or. L'Orient, au XVIIIe siècle, est à la mode. Et il est bon d'en avoir dans son salon.

Le mot « Orient »

- Le mot « Orient » désigne des pays aussi divers que la Turquie, la Perse, l'Inde, la Chine ou le Japon. Ils ont pour point commun de tous se trouver à l'**Est** de l'Europe.
- En effet, le mot « orient » vient du verbe latin ***orior*** qui signifie naître, se lever. L'Orient (l'Est) est la région où le soleil se lève, chaque matin. Le mot « occident », quant à lui, vient du verbe latin ***occido*** qui signifie tomber, périr. L'Occident (l'Ouest) est la région où le soleil se couche, chaque soir.

Dans la littérature

À la fin du XVIIe siècle, à Versailles, des fêtes et ballets sont organisés ayant pour thème l'Orient.

Molière et Lully donnent dans la « turquerie ». À la fin du ***Bourgeois gentilhomme*** de Molière, en 1670, l'un des personnages, par jeu, est intronisé « grand Mamamouchi » : son valet lui joue un tour en lui faisant croire que sa fille épouse le fils du grand Turc. C'est l'occasion pour Molière d'étaler sur scène de nombreux costumes orientaux, de faire danser les acteurs sur une musique orientale, et de pasticher la langue et les manières orientales. Le but est de faire rire aux dépens du bourgeois, mais aussi des Turcs dont le passage à Versailles avait été peu apprécié de Louis XIV.

En 1672, **Racine**, à son tour, écrit ***Bajazet.*** Le personnage principal de cette tragédie est une femme, Roxane, la favorite du sultan. Le cadre est celui d'un harem. Et c'est l'Orient contemporain qui est décrit. Ce n'est pas un hasard si Montesquieu donne le même nom que Racine à son héroïne. La pièce de Racine, comme le roman de Montesquieu, se termine par la mort de **Roxane**, après que cette dernière a trompé son époux.

Toutefois, dans ces deux pièces, c'est la Turquie ottomane et non la Perse qui inspire les auteurs.

L'Orient est à la mode aux XVIIe et XVIIIe siècles. Cet engouement a même été appelé l'« orientalisme ». Montesquieu, lorsqu'il écrit les *Lettres persanes*, s'inscrit dans ce courant, répondant à une certaine attente du public.

B. Le parcours associé : « Le regard éloigné »

Levi Strauss (1908-2009) publie *Le Regard éloigné* en 1983. Levi-Strauss est un **ethnologue** réputé du XXe. Ce mot « ethnologue » vient du grec *ethnos* qui signifie le groupe humain et qui a donné ethnie et *logos* qui signifie le discours, l'étude (comme dans archéologue, géologue, etc.). L'ethnologue est celui qui étudie les divers groupes humains. Dans son livre, Levi-Strauss adopte une **démarche ethnographique**, c'est-à-dire qu'il observe et décrit les coutumes de différentes ethnies, fort éloignées de la nôtre.

La pensée qu'il déploie dans ce texte est que l'ethnologue doit « **regarder très loin vers des cultures très différentes** » de la sienne, et apprendre en même temps à « **regarder sa propre culture de loin**, comme s'il appartenait lui-même à une culture différente ». L'objectif est de rapprocher le lointain et d'éloigner le proche, de regarder sa propre culture du point de vue d'une culture différente.

C'est la démarche adoptée dans les *Lettres persanes* par Montesquieu.

1. Le regard des Persans, un regard étonné

Le regard éloigné, c'est d'abord celui que Rica et Usbek portent sur la France. À la fin de la première lettre qu'Usbek écrit de Paris, il emploie cet adjectif : « Je continuerai à t'écrire et je t'apprendrai **des choses bien éloignées du caractère et du génie persan**. » (Lettre XXIV)

La Perse et la France sont deux pays éloignés l'un de l'autre, tant géographiquement que culturellement. Voyageant en France, les deux Persans portent sur ce pays **un regard neuf**. Ils découvrent beaucoup de choses et s'étonnent de tout.

L'étonnement naïf

Très souvent, au début de leurs lettres, Rica et Usbek ne cessent de s'étonner de ce qu'ils voient et entendent.

Au début de la lettre dans laquelle il fait le portrait de divers personnages croisés dans une maison de campagne, Usbek écrit : « Tout m'intéresse, **tout m'étonne** : je suis comme un enfant, dont les organes encore tendres sont vivement frappés par les moindres objets. » (Lettre XLVIII) La comparaison avec l'enfant insiste sur **l'innocence** des observations faites par Rica et Usbek : ils ne pensent pas à mal, ils ne font que regarder. Et rien n'échappe à leurs regards pleins de curiosité : « tout » est passé au crible.

La lettre que Rica écrit après avoir été pour la première fois au théâtre commence ainsi : « Je vis hier **une chose assez singulière**, quoiqu'elle se passe tous les jours à Paris » (Lettre XXVIII). L'adjectif « singulière » désigne ici une chose qui est inouïe, qui n'a encore jamais été vue et qui étonne et surprend.

Rica n'était en effet encore jamais allé au théâtre. C'est cet adjectif que nous trouvons aussi dans la lettre qu'écrit Usbek lorsqu'il débarque pour la première fois en Europe, à Livourne en Italie : « Il y a dans les moindres bagatelles **quelque chose de singulier** que je sens, et que je ne sais pas dire. » Nous remarquons que la singularité de ce qu'il observe va de pair avec la difficulté à parler.

Cette difficulté à parler est celle de **l'enfant** (du latin *infans* qui ne parle pas) qui découvre tout, mais aussi celle de **l'étranger** qui ne parle pas la langue du pays qu'il visite et se trompe, tant dans les mots que dans ses analyses de ce qu'il voit et entend.

L'erreur

Le regard éloigné que les Persans portent sur les pays d'Europe implique bien souvent des erreurs d'analyse de leur part.

Ainsi lorsque Rica se rend au **théâtre**, il ne comprend pas ce qui s'y passe. N'ayant jamais vu de théâtre à l'italienne, il prend les loges pour autant de scènes où est joué le spectacle. Il pense que « tout le peuple » joue, que les spectateurs sont des acteurs. Et ce sont surtout les spectatrices qu'il prend pour des actrices : « Ici, c'est une amante affligée qui exprime sa langueur ; une autre plus animée dévore des yeux son amant, qui la regarde de même : toutes les passions sont peintes sur les visages et exprimées avec une éloquence qui, pour être muette, n'en est que plus vive. » La scène est « muette », car pendant le spectacle, les spectateurs ne parlent pas. Rica prend les spectatrices pour des actrices, mais il prend aussi les actrices pour des princesses. Cette inversion est comique, et permet à Montesquieu de se moquer des unes comme des autres.

L'apprentissage linguistique

Ce roman peut être vu comme un **roman d'apprentissage**. Dans la première lettre, Usbek affirme être parti « chercher laborieusement la sagesse ». L'apprentissage de la langue fait partie de cette recherche.

Des traces de l'apprentissage linguistique des deux Persans peuvent être perçues dans la lettre XXVIII sur le théâtre. Montesquieu utilise des tournures de phrase qui permettent de comprendre qu'Usbek découvre certains mots : « Tout le peuple s'assemble et va jouer une espèce de scène que j'ai entendu appeler *comédie.* » Le mot est en italique, il est comme mis à distance par Usbek, qui ne le connaissait pas auparavant. Et un peu plus loin : « Aux deux côtés, on voit, dans de petits réduits qu'on nomme *loges*, des hommes et des femmes qui jouent des scènes muettes. » Les deux **mots en italique** sont tous les deux **attributs du COD**, ils permettent de relier des définitions un peu vagues (« une espèce de scène » et « de petits réduits » qui sont COD) à des réalités très précises (« comédie » et « loges » qui sont attributs du COD), pour montrer à quel point le langage d'Usbek est peu assuré et comme balbutiant.

Cette découverte linguistique est bien sûr une fausse découverte puisque c'est toujours Montesquieu qui écrit. Et, quoiqu'il en dise, il a écrit son ouvrage en français et ne l'a nullement traduit du persan, comme l'italique pourrait le donner à penser.

La curiosité n'est pas seulement le fait des Persans, les Occidentaux aussi s'étonnent des mœurs orientales, qui leur sont étrangères.

2. Le regard des lecteurs, un regard intrigué

Comment peut-on être Persan ?

Montesquieu met en scène la **curiosité** de ses lecteurs. Dans la **lettre XXX**, Rica explique qu'à Paris, on le suit et on le poursuit partout. Son costume persan attire les regards et intrigue : « Lorsque j'arrivai, je fus regardé comme si j'avais été envoyé du ciel : vieillards, hommes, femmes, enfants, tous voulaient me voir. » Par le biais d'une énumération, Montesquieu, dans cette lettre, raille la curiosité naïve et indiscrète des Parisiens pour tout ce qui sort de l'ordinaire.

Cependant, il suffit à Rica d'ôter son costume persan pour ne plus être l'objet de la curiosité de tous. Le regard des Français devient alors méprisant : « Comment peut-on être Persan ? » s'exclament-ils.

Un Orient dévoilé

Les lecteurs de Montesquieu sont intrigués par les coutumes de la Perse. Le **sérail** est un lieu qui peut plus particulièrement intriguer, car c'est un **lieu inaccessible**, interdit à la moindre visite. Seul le maître du sérail peut voir ses femmes et savoir ce qui se passe dans son sérail. Le voile a pour but de cacher le visage des femmes. Rien de plus palpitant que de dévoiler ce qui est habituellement voilé.

Montesquieu, dans les *Lettres persanes*, nous fait entrer à l'intérieur d'un sérail. Le lecteur découvre certaines traditions, notamment les rites d'entrée d'une femme dans un sérail (lettre III : entrée de Zachi au sérail, et lettre XXVI : entrée de Roxane). Les **allusions érotiques** sont nombreuses. L'érotisme concerne les femmes, mais aussi les eunuques qui, bien que castrés, n'en brûlent pas moins de désir (lettres 42 et 43).

Montesquieu, quoique bien documenté, donne à voir à son lecteur un **Orient fantasmé**. Tous les traits les plus extraordinaires lus dans les récits de voyage sont accentués et mis en valeur dans les lettres du sérail.

3. Le regard de Montesquieu, un regard critique

Les *Lettres persanes* mettent en scène la **confrontation de deux mondes** : l'Orient et l'Occident qui s'observent l'un l'autre avec étonnement et curiosité. Le regard éloigné est à la fois celui des Persans et celui des Français.

Chacun est amené à faire un retour sur lui, à **se regarder comme de loin**, avec le regard de l'étranger. Cette mise à distance permet de porter sur sa propre civilisation un regard critique.

L'effet miroir

Montesquieu tend à son lecteur un miroir. Il l'invite à se regarder dans la description que font de lui deux étrangers venus en France. Ce miroir est censé être **le moins déformant possible**. Les étrangers sont naïfs. Ils portent un regard neuf sur toute chose.

Cependant, sous des airs naïfs, l'observation des Persans s'avère très critique de la société française. Montesquieu, par l'intermédiaire du regard persan, porte un regard sévère sur ses contemporains. C'est bien souvent un **miroir grossissant** qu'utilise Montesquieu. Il accentue et caricature certains traits de la réalité. C'est le cas dans la lettre XCIX, sur **les caprices de la mode**. Montesquieu se moque ici de la mode féminine qui au XVIIIe siècle encourageait les femmes à relever leurs cheveux très haut au-dessus de leur tête. L'exagération est facilement décelable dans cette description soi-disant naïve : « Quelquefois, les coiffures montent insensiblement et une révolution les fait descendre tout à coup. Il a été un temps que leur hauteur immense mettait le visage d'une femme au milieu d'elle-même. [...] Les architectes ont été souvent obligés de hausser, de baisser et d'élargir leurs portes selon que les parures des femmes exigeaient d'eux ce changement. » Les termes de « révolution » et de « changement » montrent que le propre de la mode est d'être capricieuse : elle implique de se mettre sans cesse au goût du jour. Tout un système d'antithèses se met alors en place : « monter », « descendre », « hausser », « baisser ». L'exagération est essentiellement présente dans l'image très évocatrice du visage qui se retrouve être le milieu de la femme : sa coiffure atteint sa propre hauteur, ce qui est bien évidemment impossible.

Les Occidentaux ne sont pas les seuls à faire l'objet de la critique de Montesquieu.

Un Orient critiqué

Montesquieu s'en prend à la **religion musulmane** autant qu'à la religion chrétienne. Ainsi, il raille ouvertement les interdits alimentaires. Dans la lettre XLVI, un homme se voit interdire de manger du lapin parce qu'il n'est pas hallal. Dans la lettre XVIII, le mollah Mehemet-Hali répond à la question d'Usbek qui lui demande pourquoi il ne peut manger de la viande de porc, en lui racontant une version extravagante de **l'histoire de l'arche de Noé**. Dans l'arche, les animaux faisaient tous leurs besoins du même côté de l'arche, ce qui mettait en péril l'équilibre du bateau. Noé demanda alors de tourner le postérieur de l'éléphant de l'autre côté et : « ce grand animal fit tant d'ordures qu'il en naquit un cochon. » L'histoire prête à rire tellement l'épisode est invraisemblable, et le lecteur sent qu'il est assez peu probable que cette histoire se trouve dans le coran ou tout autre texte sacré de l'islam.

Certaines accusations sont plus virulentes, notamment lorsqu'il s'agit du sort réservé aux **femmes**. Lors de son entrée au sérail, Roxane se fait tout bonnement violer par Usbek (lettre XXVI). Des hommes sont assassinés, sans avoir rien vu, mais parce qu'ils ont été soupçonnés d'être trop curieux (lettre XLVII). Le sort réservé aux **eunuques** est lui aussi blâmé : ce sont de véritables esclaves qui sont dans une situation d'obéissance servile. Et certains serviteurs d'Usbek sont menacés d'être castrés sans leur consentement (lettre XLIII).

La dénonciation est donc celle de la **tyrannie d'Usbek**. Cet homme, qui apparaît comme un philosophe éclairé lorsqu'il observe les mœurs européennes, devient un maître aveuglé par sa jalousie et son pouvoir dans le cadre des lettres du sérail.

Se présentant comme une simple observation des mœurs, les *Lettres persanes* en font aussi une analyse critique. Elles invitent à une remise en question de chacun sur sa propre civilisation.

C. Vers la dissertation

1. Œuvres associées aux Lettres Persanes et à son parcours

Montesquieu n'est pas le seul à utiliser **la stratégie du regard éloigné**. Ce procédé qui consiste à regarder sa propre civilisation à travers le regard naïf d'un étranger est original. Toutefois ce n'est pas lui qui l'invente, et il a été repris par d'autres auteurs.

Nous proposons d'étudier, en parallèle des *Lettres persanes,* des extraits des œuvres suivantes.

Dufresny

Un certain **Dufresny** dans ***Les Amusements sérieux et comiques d'un Siamois*** décrivait déjà en 1699 la venue à Paris d'un Siamois (habitant du Siam, pays actuellement appelé Thaïlande). Ce dernier analyse naïvement tout ce qu'il voit et entend, et le raconte ensuite à ses compatriotes. Cet ouvrage porte un regard plus satirique que naïf sur la société française. Chez Montesquieu, le procédé est amplifié, grâce au genre du roman épistolaire : ce sont deux Persans, Rica et Usbek, qui écrivent à leurs amis persans, et s'écrivent entre eux.

Diderot

Le ***Supplément au Voyage de Bougainville*** **(1772)** de **Diderot** est un **dialogue** entre deux personnages anonymes : A et B. Le personnage désigné par la lettre « A » interroge le personnage désigné par la lettre « B » sur la lecture qu'il est en train de faire du récit de voyage de l'aventurier Louis-Antoine de Bougainville, lequel avait publié en 1769 son *Voyage autour du monde.* Le narrateur donne une place importante au discours rapporté au sein de ce dialogue : les « sauvages » prennent longuement la parole et décrivent l'arrivée des Européens de leur point de vue. La stratégie de Diderot est différente de celle de Montesquieu, mais elle passe aussi par le détour d'un « regard éloigné ». Un regard très critique est porté sur la civilisation européenne.

Voltaire

L'Ingénu de Voltaire, sous-titré « Histoire véritable », n'en est pas une. Ce **conte philosophique** raconte l'arrivée en France d'un Huron (c'est ainsi que s'appelaient les Indiens du Canada). Ce « bon sauvage », comme Rica et Usbek dans les *Lettres persanes*, observe tout ce qu'il voit en France avec un **regard naïf**, innocent, ce qui lui vaut d'être surnommé l'« ingénu ». Ce regard naïf et cet étonnement du Huron devant tout ce qu'il voit permettent à Voltaire d'effectuer une critique assez sévère de la société de son temps.

Quatre sujets pour vous entraîner

- **Sujet 1**

En quoi regarder très loin vers d'autres cultures permet-il de « regarder sa propre culture comme de loin », pour reprendre une expression de Lévi-Strauss ? Vous répondrez à cette question en vous appuyant sur votre lecture des *Lettres persanes* et des textes étudiés dans le cadre du parcours associé.

- **Sujet 2**

En quoi le détour par le regard étranger permet-il de porter un regard neuf sur sa propre culture ? Vous répondrez à cette question en vous aidant de votre lecture des *Lettres persanes* et des autres œuvres du parcours associé.

- **Sujet 3**

« Une réflexion devient possible, dans laquelle notre civilisation se voit de loin, comme si elle était brusquement devenue étrangère à elle-même. » (Starobinsky, *Montesquieu par lui-même*, Le Seuil, 1957) En vous appuyant sur votre étude des *Lettres persanes* et des œuvres du parcours associé, vous vous demanderez en quoi la stratégie du regard éloigné pousse à la réflexion.

• **Sujet 4**

En quoi le regard éloigné « accentue-t-il la vérité pour en saisir l'essentiel » ? (Céline Spector *Montesquieu. Les Lettres persanes*, PUF, coll. Philosophies, 1997) Vous répondrez à cette question en vous aidant de votre lecture des *Lettres persanes* et des autres œuvres du parcours associé.

Fiche méthode

Méthode

Trouver des idées

Après l'analyse du sujet pour lui-même, vient une deuxième étape du travail au brouillon, par laquelle vous allez mettre le sujet de dissertation en relation avec le corpus dont vous disposez pour le traiter, c'est-à-dire l'œuvre au programme et les textes du parcours. À ce stade, il s'agit de chercher très largement les idées et les exemples qui vont être la matière de votre travail, sans encore chercher à construire le plan.

A. Partir de l'analyse du sujet pour en trouver les résonances dans l'œuvre et le parcours

Appuyez-vous précisément sur l'étape de l'analyse du sujet :

- Le sujet fait-il écho à la **démarche de l'auteur**, au **contexte de rédaction** de l'œuvre étudiée ?
- Les enjeux globaux du sujet ont-ils été abordés dans le **cours** : qu'en savez-vous ?
- Certains **extraits de l'œuvre** au programme éclairent-ils particulièrement bien tel ou tel terme du sujet ? Lesquels ?
- Certains textes semblent-ils, au contraire, invalider la thèse exprimée dans le sujet ? Lesquels ?
- Si le sujet proposé est une citation, le point de vue de son auteur peut-il être **affiné, complété, nuancé** par certains textes du parcours ? Par quels extraits ?
- Tel ou tel terme du sujet est-il employé dans l'œuvre et les textes du parcours : disposez-vous d'**une ou plusieurs citations** qui permettent d'y réfléchir ?

N'hésitez pas à utiliser toutes les « échelles » disponibles : l'ensemble de l'œuvre au programme, un extrait en particulier dans l'œuvre ou un texte du parcours, une phrase (qui pourra être précisément analysée dans le cours du devoir).

B. Partir de l'œuvre et des différents textes du parcours et les mettre en lien avec le sujet

Si vous peinez à appliquer le sujet aux textes, partez de ce que vous savez pour revenir ensuite au sujet : c'est une deuxième manière de procéder qui vient compléter la première et qui s'avère très rassurante, c'est aussi un moyen de ne rien oublier d'important. Pensez à passer en revue ce que vous savez de l'œuvre au programme, relisez-la en pensée, remémorez-vous le détail des analyses menées pendant l'année, en vous appuyant par exemple sur les textes préparés pour l'oral.

Ces deux indications de méthode ne sont donc pas forcément à appliquer dans un ordre précis : il faut penser à faire le va-et-vient entre les deux démarches.

À vos crayons !

- Pensez à utiliser crayon et papier de brouillon pour trouver vos idées : il est indispensable d'écrire **surtout si vous n'êtes pas sûrs** de ce que telle ou telle idée deviendra dans votre devoir.
- **Faites des flèches, des ratures, des renvois** : il vaut mieux avoir à gommer ou barrer une idée qui paraît finalement inutile que de rester bloqué devant une feuille de brouillon trop blanche et d'oublier, au fur et à mesure que le temps de préparation s'écoule et que la pression monte, ses premières idées.

Méthode appliquée

Sujet

↳ « L'imagination permet-elle la constitution d'un savoir ? »

Vous traiterez ce sujet en vous appuyant sur les livres VII à XI des *Fables* de La Fontaine et sur les textes du parcours « Imagination et pensée au XVIIe siècle ».

A. Analyse du sujet

Les termes importants de ce sujet sont :

- « **imagination** » : la faculté de produire des images, de visualiser intérieurement, de s'évader en pensée loin de la réalité, particulièrement suscitée par les histoires, la fiction.
- « **savoir** » : ce mot peut-être synonyme de ce que l'on tient pour vrai par opposition aux illusions, aux mensonges. Dans le domaine moral, c'est aussi un synonyme de la sagesse, le contraire de l'ignorance. Le déterminant indéfini rappelle aussi que l'on a « un savoir » à propos de différents objets : soi, le monde, les autres, la société, etc.
- « **constitution** » : ce terme indique un processus progressif. Celui qui imagine acquiert-il progressivement quelque chose ? Est-ce le cas pour le lecteur des *Fables* ?

Le sujet porte à étudier l'apparente opposition entre l'imagination, volatile, libre, face à laquelle l'on est assez passif et le savoir, sur lequel l'on peut s'appuyer, qui est sûr, que l'expérience ou les livres permettent d'habitude d'acquérir. En réalité, cette opposition n'est pas stricte car chez La Fontaine, en raison des caractéristiques génériques de la fable (récit fictionnel porteur d'un enseignement moral), le savoir naît de l'imagination.

B. Trouver les idées

1. Pourquoi peut-on dire que l'imagination permet la constitution d'un savoir, dans les *Fables* ?
   - parce que ce **thème** apparaît tout d'abord **dans l'histoire de certains personnages** qui apprennent à leurs dépens ses dangers : « La Laitière et le pot au lait » (VII, 10), « Le Curé et le mort » (VII, 11). L'imagination est donc ambivalente : mauvaise conseillère dans ces fables, elle permet cependant au personnage d'acquérir un savoir sur la vie.

– parce que le fabuliste met aussi souvent en garde contre les avatars de l'imagination que sont la **vanité** (le fait de s'imaginer plus grand qu'on est), dans « Le Rat et l'Éléphant » (VIII, 15), **l'illusion**, dans « Le statuaire et la statue de Jupiter (IX, 6), ou encore le **mensonge,** d'ailleurs souvent associé à la fable comme dans « Le Pouvoir des fables » (VIII, 4). Par la représentation de l'imagination dans la fable, le lecteur apprend quelque chose.
– parce que le genre de la fable **en appelle nécessairement à l'imagination** du lecteur pour délivrer son enseignement moral : le fabuliste nous fait parfois imaginer un contexte particulier, comme le Monomotapa merveilleux des « Deux Amis » (VIII, 11), ou alors il a recours au procédé de la périphrase pour nous aider à visualiser ses personnages. On peut penser aussi plus largement aux fables qui peuvent sembler incontournables sur ce thème, comme « Les Obsèques de la Lionne » (VIII, 14), qui permet une réflexion sur le genre de la fable le rôle de l'imagination
– parce que La Fontaine réfléchit **aux rapports entre savoir et imagination** comme dans le « Discours à Madame de La Sablière » au début du livre IX, ou dans « Un Animal dans la lune » (VII, 18)
– parce que **le fabuliste lui-même se montre en train de faire le lien entre la fiction**, qui sollicite l'imagination, et la morale : « Je conclus qu'il faut qu'on s'entraide » (« L'Âne et le Chien, VIII, 16) ; « J'infère de ce conte » (« Le Mari, la Femme et le Voleur », IX, 15), ou alors laisse au lecteur le soin de conclure à partir du récit dans toutes les fables sans morale explicite, sur la base de l'ironie qui donne à penser, etc.

2. Une fois que l'on a ainsi récolté des idées en partant des données du sujet, on peut faire le chemin inverse : quelles fables connaissez-vous ? en avez-vous étudié pour l'oral ? Peuvent-elles être ici utilisées ?

   Pensez aussi aux **textes du parcours** : on peut par exemple convoquer d'autres textes contemporains de La Fontaine, comme le fragment 104 des *Pensées* de Pascal, dans lequel le moraliste définit l'imagination comme « cette partie dominante dans l'homme, cette maîtresse d'erreur et de fausseté, et d'autant plus fourbe qu'elle ne l'est pas toujours », une référence importante pour penser l'ambivalence de l'imagination.

   Vous pouvez **élargir** la réflexion à des textes d'autres époques, comme les contes philosophiques ou les dystopies, dans lesquels l'imagination est le moyen, pour les personnages ou le lecteur, d'acquérir un savoir sur l'homme et sur le monde : *Candide* de Voltaire, dans lequel le philosophe met en scène l'apprentissage du personnage principal en écrivant le récit de son voyage par des lieux réels et imaginaires (comme le pays d'Eldorado), est un bon exemple.

Sujet corrigé

Dissertation

Sujet

↳ Dans quelle mesure écrire sur l'autre permet-il d'écrire sur soi ?

Consigne Vous traiterez ce sujet en vous appuyant sur votre lecture des essais « Des Cannibales » (I, 31) et « Des coches » (III, 6) de Montaigne et des textes du parcours « Notre monde vient d'en trouver un autre ».

Au XVIe siècle, la découverte du Nouveau Monde bouleverse la compréhension que les Européens ont de l'homme et de l'espace. Cet événement trouve un écho particulier dans l'œuvre de Montaigne, notamment par ces mots extraits de l'essai « Des Coches » : « Notre monde vient d'en trouver un autre ». Dans cette œuvre autobiographique, vaste collection de réflexions parues entre 1580 et 1588, Montaigne évoque en particulier, dans « Des cannibales » et « Des coches », les hommes du Nouveau Monde. Sous sa plume, l'autre est donc très souvent présent : l'autre, c'est alors le « cannibale », le « sauvage », celui qui a d'autres usages, qui est différent de ce que connaissent les contemporains de l'auteur. Toutefois, on remarque que cette réflexion sur l'autre ne se fait pas au détriment d'une réflexion sur « soi », que l'on prenne ce mot au sens le plus précis (dans les *Essais*, celui qui « écrit sur soi », c'est d'abord Montaigne), ou au sens plus large (Montaigne humaniste écrivant au nom de ses contemporains, au nom de l'humanité). On étudiera donc les liens entre ces deux composantes de l'œuvre en se demandant dans quelle mesure écrire sur l'autre permet d'écrire sur soi. Dans un premier temps, nous verrons qu'écrire sur l'autre, le barbare, le cannibale, c'est une manière pour Montaigne de tendre à ses contemporains un miroir permettant de se voir à travers l'autre. On verra ensuite que, dans les *Essais*, œuvre humaniste par excellence, l'autre est un moyen d'évoquer la nature humaine, un *alter ego* dans lequel trouver un modèle de conduite, l'altérité s'effaçant au profit d'une réflexion sur l'« humaine condition » partagée. Enfin, on se demandera si la question ne peut pas, en définitive, être reposée au niveau du projet littéraire novateur de l'auteur : n'est pas en écrivant l'autre que Montaigne arrive à s'écrire, à se décrire lui-même, conformément au projet des *Essais* ?

*

* *

Dans les *Essais,* et en particulier « Des Cannibales » (I, 31) et « Des coches » (III, 6), écrire sur l'autre, le cannibale, le barbare, permet en réalité à Montaigne de tendre à ses contemporains un miroir pour se voir avec justesse : écrire sur l'autre lui permet donc une réflexion sur la culture européenne.

À travers la description de l'autre, Montaigne interroge le regard que *nous* portons sur lui : il cherche à relativiser la distance, voire l'horreur, que peuvent nous inspirer certaines pratiques *a priori* étrangères. Une grande partie du chapitre « Des Cannibales » (I, 31) est ainsi consacrée à décrire les mœurs des Indiens du Nouveau Monde, et en particulier leurs combats. Montaigne évoque leurs habitudes guerrières en soulignant la cruauté des affrontements après lesquels « chacun rapporte pour son trophée la tête de l'ennemi qu'il a tué, et l'attache à l'entrée de son logis » ou encore la coutume de l'anthropophagie. Toutefois, il prend soin de nuancer l'horreur de ces pratiques en écrivant par exemple que les Cannibales ne pratiquent pas l'anthropophagie « pour s'en nourrir », mais « pour représenter une extrême vengeance ». Ce faisant, il ne se contente pas de justifier, il évoque aussi la barbarie plus grande encore des Européens. Décrire l'autre s'avère ainsi le moyen de parler de soi, de remettre en question les idées reçues sur l'autre, en portant les Européens à examiner leurs propres usages.

C'est pourquoi, pour Montaigne, parler de l'autre, du « barbare », est le moyen d'affirmer une posture philosophique relativiste, c'est-à-dire de refuser d'affirmer que les usages européens seraient *a priori* préférables. En évoquant les Indiens du Nouveau Monde, il porte un regard critique sur l'Ancien Monde : n'écrit-il pas d'emblée, avant même d'avoir évoqué les mœurs des Cannibales, que « chacun appelle barbarie ce qui n'est pas son usage ? » Parallèlement, Montaigne nuance la prétendue sauvagerie des Indiens du Nouveau Monde en jouant sur le sens de ce mot : s'ils sont « sauvages », c'est parce qu'ils sont proches de la nature, soumis « aux lois naturelles », et non pervertis par les artifices de la culture européenne. Ainsi, écrit Montaigne, « nous les pouvons donc bien appeler barbares, eu égard aux règles de la raison, mais non pas eu égard à nous, qui les surpassons en toute sorte de barbarie. » Montaigne montre que la barbarie n'est pas une caractéristique de l'autre : écrire sur le barbare, ce n'est ainsi pas seulement écrire sur l'autre mais aussi bien parler de soi.

On voit combien les *Essais* permettent de comparer Nouveau et Ancien mondes : ils sont fondés sur ce va-et-vient constant entre ce qui est étranger et ce qui est familier. On en vient à penser qu'écrire sur l'autre et écrire sur soi ne sont qu'une seule et même démarche.

*

* *

En effet, dans les *Essais*, Montaigne n'étudie finalement, à travers soi et l'autre, qu'un seul sujet, l'humanité, puisque « chaque homme porte en soi l'humaine condition » (III, 2). Écrire sur l'autre, c'est donc reconnaître en l'autre un *alter ego*, un autre soi-même, à travers lequel peut, paradoxalement, s'exprimer ce qu'est l'homme.

Montaigne semble en effet constamment renverser la perspective pour nous montrer, dans l'autre, les valeurs qui le rendent proche de nous, et nous inviter à mieux les suivre. Par exemple, il s'attache dans « Des coches » à reconstituer le regard des peuples colonisés à l'arrivée des conquistadors : il imagine leur étonnement face aux combattants européens, usant de périphrases éloquentes. Il évoque ainsi leur cuirasse en la décrivant comme « une peau luisante et dure », parle des « grands monstres inconnus » que sont leurs embarcations. En reconstituant ainsi le regard de l'autre, il cherche à faire en sorte que le lecteur puisse se mettre à la place de l'homme du Nouveau Monde, pour reconnaître ses sentiments mais aussi sa valeur, sa vaillance, dignes d'admiration. Ce faisant, il affirme la proximité entre les deux mondes. Un tel renversement est un procédé argumentatif fréquemment utilisé pour dénoncer les intrusions européennes sur les nouvelles terres. Il sera repris par exemple dans le discours que Diderot prête au vieillard tahitien dans le *Supplément au voyage de Bougainville.* À travers ce renversement s'expriment non seulement le partage d'une même humanité, mais aussi l'idéal humaniste.

Paradoxalement, l'autre devient en effet sous la plume de Montaigne un modèle pour l'homme, tel qu'en cherchent les humanistes. C'est le sens que l'on peut donner aux références, dans « Des coches », aux rois Atahualpa (dernier roi inca) et Moctezuma (dernier empereur de Mexico) : ils sont décrits de manière particulièrement laudative, et paraissent exemplaires par leur manière de souffrir la torture que leur infligent les conquistadors. Décrits ainsi, ils en viennent à ressembler aux sages stoïciens de l'Antiquité : l'homme du Nouveau Monde, victime de la cupidité européenne, fait ici figure de modèle moral, remplaçant presque les exemples canoniques tirés des auteurs grecs et latins. Par leur attachement à l'art et la culture, il semble même que ces deux rois soient l'incarnation d'une vitalité culturelle proche de celle de l'Antiquité, que Montaigne regrette, d'autant plus qu'elle a été, dans ce cas précis, détruite par les Européens. Le renversement de perspective est complet : écrire sur l'autre permet ici à Montaigne de proposer à ses contemporains un modèle de constance et d'accomplissement vers lequel doit tendre l'humanité.

L'autre apparaît ainsi, non plus seulement proche, mais bien un autre soi-même pour Montaigne : écrire sur l'autre est un moyen très efficace pour écrire sur la nature humaine, les aspirations de l'homme, et donc sur soi. Mais plus profondément encore, on peut sans doute penser que le projet littéraire des *Essais* (Montaigne s'écrivant lui-même) se constitue par le détour de la description de l'autre.

*

* *

C'est pourquoi, en dernier lieu, on étudiera dans quelle mesure, sur le plan littéraire, c'est en écrivant sur l'autre que l'auteur parvient à se dire, à s'écrire lui-même en écrivant les *Essais*.

Tout le projet des *Essais* prend naissance dans le souhait de Montaigne de s'écrire, de se décrire, d' « être lui-même la matière de [son] livre » ainsi qu'il l'explique dans l' « Avis au lecteur » : et pourtant, à la lecture des *Essais*, le lecteur a l'impression de trouver d'abord une collection d'exemples convoquant une multiplicité de situations, parfois très éloignées de l'auteur dans le temps et dans l'espace. Ainsi, dans « Des Cannibales », la réflexion de Montaigne prend comme point de départ le passage du roi Pyrrhus en Italie, et le chapitre se construit sur une succession de références parmi lesquelles le récit de la rencontre avec « l'homme qui avait demeuré dix ou douze ans » dans le Nouveau Monde n'est en apparence qu'une étape. On comprend donc que pour se dire, Montaigne recourt systématiquement au moyen de l'exemple, sa réflexion prenant forme au fur et à mesure que le détour par l'expérience d'autrui apporte de nouvelles idées, les différentes références se nuançant les unes les autres. La pensée personnelle de l'auteur dépend de ces détours par ce qui n'est pas de soi, ce qui n'est pas de son époque, des exemples livresques nécessaires pour mettre en perspective son point de vue personnel. Écrire sa pensée n'est pas différent du fait d'écrire celle des autres.

On peut dès lors pousser le raisonnement plus loin et penser que ce qui demeure premier, sous la plume de Montaigne, c'est le point de vue personnel que tout sujet lui permet finalement de faire émerger : écrire sur autre chose que sur soi est le révélateur nécessaire de son regard sur la réalité. À ce titre, tous les sujets sont bons, et la matière des *Essais* permet toujours de mettre en relief sa subjectivité face au réel divers et ondoyant, que cette matière soit tirée de l'expérience immédiate de son auteur – dans le début « Des coches », par exemple, où Montaigne évoque très concrètement le malaise qu'éprouve l'auteur dans les cahots des voyages – ou de sa culture, ou encore des récits qui lui ont été faits du Nouveau Monde. N'est-ce pas d'ailleurs, une caractéristique commune à l'écriture des *Essais* et plus largement à tous les écrits qui évoquent l'ailleurs, que de communiquer, en sus de réalités inconnues, l'émerveillement, le regard subjectif d'un observateur étonné ? Les *Essais* rejoignent ici les récits de voyages qui écrivent autant la réaction du voyageur que le contenu de ses découvertes : que l'on songe à l'étonnement de Chateaubriand foulant pour la première fois les sols de l'Asie dans *Itinéraire de Paris à Jérusalem* par exemple, ou au récit, plus proche de nous, de Nicolas Bouvier dans *L'Usage du monde*. Ne peut-on penser que s'y exprime d'autant mieux le regard de l'auteur, rendu plus acéré par la confrontation avec l'altérité ?

Ainsi, écrire sur l'autre, que cet autre soit la pensée d'autrui, ou alors celui qui n'appartient pas au même monde ni ne partage la même culture, permet en définitive de faire émerger, par contraste, la pensée de celui qui tient la plume. L'entreprise des *Essais*, mais sans doute plus largement de tout écrit autobiographique, prend naissance dans cette confrontation constante avec ce qui n'est pas soi pour se dire.

*

* *

On a vu combien, dans l'œuvre de Montaigne, la confrontation avec ce qui est étranger permet l'émergence d'un discours personnel, sur soi, sur ses contemporains. À ce titre, écrire sur l'autre permet d'écrire sur soi. C'est sans doute cet aspect de l'œuvre qui en fait une œuvre véritablement humaniste : en ce qu'elle parvient à embrasser l' « humaine condition » dans sa diversité et en particulier à rendre proche les hommes du Nouveau Monde pour les contemporains de l'auteur alors même qu'au XVIe siècle, ce Nouveau Monde interroge, inquiète, remet en question ce que l'on avait toujours cru savoir de l'homme et de sa place dans l'univers. On peut remarquer que cet idéal humaniste de la confrontation à l'autre devient peu à peu une stratégie argumentative très efficace, qu'utiliseront en particulier les romanciers des Lumières, comme Montesquieu dans *Les Lettres persanes,* formulant par le point de vue des voyageurs persans une vaste réflexion philosophique et politique sur son temps.

Objet d'étude 3

Le roman et le récit du Moyen Âge au XXIe siècle

Introduction

L'élève ne travaille pendant l'année qu'une seule parmi les trois œuvres au programme. Il choisit, à l'écrit, l'un des trois sujets de dissertation proposés portant sur l'un des romans suivants :

- *La Princesse de Clèves*, de Mme de La Fayette
- *Le Rouge et le Noir*, de Stendhal
- *Les Mémoires d'Hadrien*, de Marguerite Yourcenar

S'entraîner au commentaire

Synthèse de cours

Introduction

Le jour du baccalauréat, si vous devez commenter un extrait de roman ou de récit (et vous avez une chance sur quatre pour que ce soit le cas !), il vous faut avoir acquis certaines **connaissances propres à cet objet d'étude**. Pour procéder avec méthode, à la fois dans vos révisions et le jour J, nous vous proposons d'acquérir les connaissances suivantes. Vous devez être capable :

- de replacer le texte dans son contexte historique
- d'analyser le texte, à l'aide d'outils spécifiques à l'étude du récit

I. Replacer le texte dans l'histoire du roman

Des indications précieuses vous sont données qu'il faut savoir utiliser : le nom de l'auteur et la date de publication. Ils permettent de replacer le texte dans son contexte historique. Quelques connaissances historiques sont nécessaires pour commenter un extrait de roman.

L'intitulé de l'objet d'étude étant « Le roman du Moyen Âge au XXIe siècle », vous pouvez avoir à commenter, à l'écrit, n'importe quel objet d'étude appartenant à cette très large période.

A. Aux origines du roman : du Moyen Âge au XVIIe siècle

1. Les origines du roman (Moyen Âge et XVIe siècle)

Le mot « roman » désignait au Moyen Âge **une langue**. Le « roman » ou « gallo-roman » est un état de la langue entre le latin et l'ancien français. Presque toute sa grammaire et tout son vocabulaire sont hérités du latin, mais le roman est un latin ayant subi de nombreuses modifications grammaticales et lexicales, si bien que les personnes qui le parlent ne comprennent bien souvent plus le latin. À cette époque, le latin était la langue des savants et des hommes d'église. Toutefois, pour se faire comprendre, certains auteurs se servaient des langues dites « vernaculaires », c'est-à-dire parlées par la foule, et commençaient à écrire en « roman », ancêtre de l'ancien français.

Le terme « roman » désignait d'abord **toute œuvre écrite en langue romane**, que ce soit en prose ou en vers, un récit narratif ou non. Puis son sens se précise et désigne **un genre littéraire.** Le roman est alors une œuvre narrative, souvent en vers, qui raconte les aventures d'un ou de plusieurs personnages hors du commun. En cela, le roman se rapproche des épopées antiques d'Homère et Virgile racontant en vers grecs et latins les prouesses d'Ulysse, d'Achille et d'Enée. Parmi ces récits se trouvent les **romans courtois (ou romans de chevalerie)** : ceux de Chrétien de Troie, *Erec et Enide, Le Chevalier de Charrette, Yvain ou Le Chevalier au lion* ou encore *Tristan et Iseut* et *Le Roman de la Rose*. Les valeurs qui y sont magnifiées sont le courage physique et l'amour courtois, la loyauté au suzerain et la fidélité à la dame.

À cette époque, la **notion d'auteur** n'est pas encore bien définie. Le livre écrit étant peu accessible (l'imprimerie n'a pas encore été inventée), certains romans se propagent à l'oral grâce aux jongleurs ou troubadours qui apprennent le texte et le récitent, parfois le mettent en musique. Ainsi, certains romans peuvent difficilement être attribués à un auteur. Les romans gardent souvent une trace de cette **transmission orale et musicale**, notamment la présence de nombreuses répétitions qui aident le jongleur à mémoriser et l'auditeur à suivre le fil de l'histoire.

2. Le roman à l'âge classique (XVIIe siècle)

Exemple La ***Princesse de Clèves*** de Mme de La Fayette, publié en 1678, est un roman de l'âge classique.

Le roman, à l'âge classique, est un genre plébiscité par les lecteurs mais méprisé par les doctes. Les savants considèrent le roman comme **un genre inférieur** lu par les femmes et les jeunes gens ; et ils considèrent les romanciers comme des gens qui ne se soucient pas de doctrine mais seulement de plaire à ce public.

Contrairement à la tragédie et à l'épopée, à l'ode et à l'épigramme, le roman est **un genre récent** qui ne figure pas dans la *Poétique* d'Aristote. Il n'est donc pas soumis à des règles, comme celles très précises qui, reprises de l'Antiquité, régissent le théâtre classique. Deux exigences du classicisme ne sont notamment pas respectées dans les romans :

- ils péchent contre la **vraisemblance** (roman merveilleux, roman pastoral, roman héroïque) : trop d'aventures romanesques sont invraisemblables voire même merveilleuses ;
- ils péchent contre la **finalité morale** (Boileau : « Dans un roman frivole aisément tout s'excuse ») : adultères et mensonges, corruptions et infidélités sont bien souvent la trame de l'intrigue.

Les romanciers, pour accéder à la reconnaissance et être aussi bien considérés que l'étaient les auteurs tragiques, vont **élaborer des règles** et montrer que les romans suivent ces règles. C'est ainsi que le roman de l'âge classique cherche souvent à **afficher une moralité pédagogique**, parfois complètement factice, comme nous le verrons avec la *Princesse de Clèves*. Huet en 1669 définit le roman ainsi : « Les romans sont des histoires feintes d'aventures amoureuses, écrites en prose avec art, pour le plaisir et l'instruction des lecteurs ». Le terme d'« instruction » montre la volonté du savant Huet de donner une dimension morale au roman de l'âge classique.

Par ailleurs, le roman est **un genre hétéroclite**, **aux contours flous**. Cette catégorie regroupe des réalités très variées : roman picaresque, roman moral, roman pastoral, etc. Et chaque roman accueille souvent lui-même plusieurs genres très divers. Ainsi, l'œuvre de Rabelais mettant en scène les géants Gargantua et Pantagruel est à la frontière entre le roman de chevalerie, le roman parodique, le roman réaliste, le roman satirique et le roman philosophique.

Souvent, on définit aussi le roman **en opposition aux récits brefs** que sont les contes, les fables et fabliaux, et autres apologues à dimension narrative. Les romans de l'époque peuvent d'ailleurs parfois atteindre une taille considérable. Pensons au grand succès d'Honoré d'Urfé, qu'aucune lectrice du XVIIe siècle ne pouvait ignorer et que plus personne ne lit aujourd'hui : il est constitué de 60 livres, soit plus de 5 000 pages.

B. Le roman au XVIIIe siècle : libertinage et philosophie

Exemple ***Les Lettres persanes*** de Montesquieu sont un roman du XVIIIe siècle.

1. Les romans libertins

Au XVIIIe siècle, de nombreux romanciers font voler en éclat le carcan moral qui pesait sur le roman de l'âge classique. Soucieux de plaire et divertir, les romanciers se libèrent de ces codes avec d'autant plus de facilité qu'il avait été difficile d'y faire entrer le roman.

Lieu de toutes les folies, le roman est le genre favori des **libertins**, personnes qui s'affranchissent totalement des conventions morales, notamment dans leurs relations sentimentales et sexuelles. C'est le cas de **Choderlos de Laclos** (*Les Liaisons dangereuses*), de **Diderot** (*Les Bijoux secrets*), de **Sade** qui sera enfermé à la Bastille, ou encore de **Crébillon fils**.

Peu soucieux de respecter les bonnes mœurs, les romans du XVIIIe siècle sont bien souvent **censurés**, mais ils le sont aussi parfois pour des raisons politiques ou philosophiques.

2. Les romans des Lumières

Le roman du XVIIIe se met aussi au service des idées des Lumières.

Roman et philosophie ne font parfois plus qu'un. Ainsi, **Rousseau**, sous forme de roman, réfléchit à la meilleure éducation dans *L'Emile ou de l'Éducation.* C'est ce que fait aussi **Bernardin de Saint-Pierre** dans *Paul et Virginie.* Le roman de **Diderot**, *Jacques le Fataliste,* a des allures de dialogue philosophique et ses personnages déploient une longue réflexion sur le hasard et la fatalité.

C. Essor du roman au XIXe siècle

Exemple ***Le Rouge et le Noir*** de Stendhal est un roman du XIXe siècle

Publié bien souvent **en feuilleton** (ou épisodes), dans les journaux, le roman subit au XIXe siècle une profonde transformation. Il ne cherche plus comme auparavant à entrer dans un carcan moral pour être hissé au rang des genres officiels, mais il devient, par le biais de la presse, **un genre à la mode**, qui se fait sa propre publicité et permet à certains auteurs d'accéder facilement à la notoriété, voire à l'aisance financière.

Trois grands courants esthétiques ont particulièrement marqué les romans du XIXe siècle :

1. Le romantisme

Mouvement littéraire du **début du XIXe siècle**, le romantisme concerne les trois grands genres littéraires : théâtre, poésie et roman. La plupart des auteurs romantiques ne se cantonnent pas bien souvent à un seul genre. Ainsi, **Victor Hugo**, romantique par excellence, publie-t-il des drames romantiques (*Hernani, Ruy-Blas*), mais aussi des poèmes et des romans ayant des traits esthétiques romantiques, comme *Notre-Dame de Paris* et *Les Misérables*. Considéré comme le précurseur du romantisme, **Chateaubriand**, qu'admirait Hugo, écrit les romans *René,* et *Atala.* **Musset**, auteur de pièces de théâtre et de poèmes, écrit aussi *Confession d'un enfant du siècle.*

Même si Paul Valéry disait : « Il faudrait avoir perdu tout esprit de rigueur pour définir le romantisme », nous pouvons tenter de cerner les points communs des romans susnommés :

Le rejet du classicisme

Avant tout, le romantisme est un mouvement d'**opposition à la société d'Ancien régime** et à la littérature qu'elle a produite. Les auteurs romantiques ne cherchent pas à respecter les règles du classicisme, et ils s'en affranchissent d'autant plus aisément que nous avons vu plus haut à quel point elles étaient peu adaptées au genre romanesque. Le romancier de cette époque ne cherche pas à entrer dans un carcan moral ; il cherche plutôt à faire œuvre nouvelle.

L'exaltation du cœur et de la passion

Flaubert parodie ainsi les romans du début du XIXe siècle dont Mme Bovary est très friande : « Ce n'étaient qu'**amours, amants, amantes**, dames persécutées s'évanouissant dans des pavillons solitaires, postillons qu'on tue à tous les relais, chevaux qu'on crève à toutes les pages, forêts sombres, troubles du cœur, serments, sanglots, larmes et baisers, nacelles au clair de lune, rossignols dans les bosquets, messieurs braves comme des lions, doux comme des agneaux, vertueux comme on ne l'est pas, toujours bien mis, et qui pleurent comme des urnes. »

Le romancier du XIXe siècle se désintéresse de l'avancée des Lumières au sens où il ne donne plus une aussi grande place à la logique et à la raison, qu'au cœur et à la passion. L'auteur romantique cherche à exprimer les **sentiments de l'individu** et se complaît dans **la peinture de la vie intérieure.** Le roman est un genre qui s'y prête d'autant mieux qu'il raconte le plus souvent des aventures amoureuses plus ou moins malheureuses.

Par ailleurs, parmi les sentiments exprimés, il en est un qui est le plus souvent exalté : **le héros romantique est nostalgique.** Il a le regret d'une époque glorieuse mais passée, ou, comme le dit Musset, il est « né trop jeune dans un monde trop vieux ». Cette profonde déception a été qualifiée de « **mal du siècle** ». Tout comme Julien Sorel dans *Le Rouge et le Noir*, les héros romantiques sont jeunes en 1830, et cette génération a conscience d'arriver trop tard : les grandes épopées napoléoniennes sont terminées, la société d'Ancien régime rétablie et aucun avenir glorieux ne peut se profiler. Une phrase de la *Confession d'un enfant du siècle* résume bien cet état d'esprit :

« Alors s'assit sur un monde en ruines une jeunesse soucieuse. »

2. Le réalisme et le naturalisme

En réaction à la vague romantique nostalgique du passé, certains auteurs vont s'intéresser à leur époque et la dépeindre avec le plus grand réalisme. Les auteurs les plus représentatifs de ce courant littéraire sont Balzac, Stendhal, Flaubert et Maupassant.

Ils cherchent à produire **un effet de réel** : les personnages, bien souvent fictifs, doivent donner l'impression au lecteur d'avoir réellement existé et l'histoire, elle aussi imaginée, celle de s'être véritablement déroulée. La réalité est montrée telle qu'elle est, belle ou laide, crue, sans jugement. Pour accentuer l'effet de réel, les auteurs n'hésitent pas à mentir, comme Balzac au début du *Père Goriot* qui affirme « *all is true* », c'est-à-dire « tout est vrai » : « Ah ! sachez-le : ce drame n'est ni une fiction, ni un roman. *All is true*, il est si véritable, que chacun peut en reconnaître les éléments chez soi, dans son cœur peut-être. » Mais est-ce vraiment là **un mensonge** de la part de Balzac ? Le lecteur sait bien que les personnages et l'histoire sont le fruit de l'imagination de leur auteur. Et le roman, nous dit Balzac, permet d'atteindre une vérité qui peut être bien plus précise et efficace que le récit d'un historien. Certes les personnages ne sont pas réels, mais, par leur réalisme, ils nous permettent d'accéder à une réalité vivante.

Par ailleurs, les auteurs réalistes s'intéressent à **la société contemporaine** :

- Ils évoquent **les transformations de leur temps** (les grands travaux d'Haussmann et la révolution industrielle, le pouvoir de l'argent et les ambitions sociales et politiques de la société postnapoléonienne).
- Ils représentent **l'ensemble des classes sociales**, même les moins élevées, notamment les ouvriers et les paysans.

À la fin du XIXe siècle, Zola prolonge le réalisme dans un nouveau courant : le **naturalisme**. Il agrège autour de lui quelques écrivains. Leur approche se veut encore plus scientifique que celle des auteurs réalistes. Par ces romans, Zola veut prouver et expérimenter ses idées à la manière d'un homme de science. Et il en applique les méthodes.

Réalisme et naturalisme sont proches l'un de l'autre, mais ils ne concernent pas exactement les mêmes auteurs, et l'on peut dire que le naturalisme est un prolongement voire une radicalisation du réalisme.

D. Avenir du roman aux XXe et XXIe siècles

Exemple ***Les Mémoires d'Hadrien*** de Marguerite Yourcenar sont un roman du XXe siècle.

Le XXe siècle est marqué par les romans exprimant une **perte des valeurs traditionnelles**. Marqué par deux **guerres meurtrières**, et la montée en puissance des **totalitarismes**, le début du XXe siècle voit fleurir de nombreux romans évoquant la désillusion de cette période, comme *Voyage au bout de la nuit* de Céline ou *La Peste* de Camus.

Au milieu du XXe siècle, le « **Nouveau roman** » marque un tournant. En 1953, Alain Robbe-Grillet publie *Les Gommes*. Comme l'évoque Nathalie Sarraute dans son essai *L'Ère du soupçon*, les éléments les plus évidents du roman sont remis en question. Ainsi, le personnage disparaît ou est dépersonnalisé, et une place plus grande est donnée aux objets.

Aux XXe et XXIe siècles, la littérature romanesque est **foisonnante et très diversifiée**. Ainsi, Patrick Modiano se tourne vers l'autofiction avec *La Place de l'étoile* (1968) ; Pascal Quignard écrit *Tous les matins du monde* (1991), un roman historique se déroulant au XVIIe siècle ; Laurent Gaudé s'attaque au sujet de l'immigration dans *Eldorado* (2006) ; Annie Ernaux est à l'origine des auto-socio-biographies, avec par exemple *Les Années* (2008) ; Amélie Nothomb écrit une œuvre foisonnante difficile à classer.

II. Être capable d'analyser un extrait de récit

Pour faire le commentaire composé d'un extrait de roman ou de récit, certains outils d'analyse sont indispensables. Afin de procéder à une analyse méthodique de ce type de texte, nous vous proposons de vous poser les **quatre questions** suivantes :

A. Qui raconte l'histoire ?

Le narrateur est celui qui raconte l'histoire. Qui est le narrateur ? Est-ce un personnage du roman ou est-il complètement extérieur au roman ?

1. Quelqu'un qui ne parle pas de lui

Le plus souvent, le narrateur n'est **pas un personnage du roman**. Il raconte une histoire dont il peut avoir été témoin, mais auquel il n'a pas eu de part. En ce cas, le sujet de la plupart des verbes est « il » ou « elle ». Le récit est raconté à **la troisième personne**. Le narrateur raconte une histoire souvent passée et qu'on lui a racontée.

Généralement, dans ce cas, nous ne savons presque rien du narrateur. Dans la *Princesse de Clèves*, le roman est raconté à la troisième personne du singulier par une personne qui semble totalement étrangère à l'histoire. Le narrateur ne nous dit pas son nom, même s'il semble vivre à l'époque de la publication du roman (1678) et raconter une histoire du siècle passé. Le narrateur est d'ailleurs d'autant plus nébuleux que le roman a été publié de façon anonyme.

Parfois, le narrateur intervient pour s'adresser directement à son lecteur, comme dans les romans de Diderot ou de Stendhal. Mais ces interventions sont la plupart du temps rares et brèves.

2. Quelqu'un qui parle de lui

Parfois le narrateur est **un personnage du roman**. Le récit est alors raconté à **la première personne** du singulier. Le « je » du narrateur peut avoir une place importante si le narrateur est le personnage principal de l'histoire.

Attention Ce n'est pas parce que le récit est raconté à la première personne du singulier que l'auteur parle forcément en son propre nom. Par exemple, dans les *Mémoires d'Hadrien*, Yourcenar écrit son roman à la première personne du singulier, mais c'est l'empereur Hadrien qui raconte sa vie. Le **narrateur** n'est pas l'**auteur**, le narrateur est le personnage principal, Hadrien. Auteur et narrateur ne doivent pas être confondus.

B. Comment les personnages prennent-ils la parole ?

1. Le discours rapporté

Au sein d'un récit, le narrateur peut **faire entendre la voix de ses personnages**. Il y a différentes manières de rapporter la parole des personnages :

- Le **discours rapporté au style direct**. La parole du personnage est rapportée telle quelle. Mise entre guillemets ou précédée d'un tiret, elle est introduite par un verbe de parole. Les temps utilisés ne sont plus les temps du récit (passé simple et imparfait) mais ceux de l'énonciation (présent et passé composé), sauf si le personnage se met lui-même à faire un récit.
- Le **discours rapporté au style indirect**. La parole du personnage est intégrée au récit : le « je » devient « il », les temps de l'énonciation sont remplacés par ceux du récit. Aucun guillemet ni tiret ne signale qu'un personnage prend la parole. Cependant, la présence d'un verbe de parole ne permet pas d'en douter : le narrateur délègue de manière indirecte la parole à un personnage.

- Le **discours indirect libre**. La parole du narrateur et celle du personnage sont presque impossibles à distinguer. Le narrateur fait entrer dans son récit le langage du paysan ou de l'ouvrier, sans le signaler à son lecteur, si bien que l'on ne sait plus bien qui parle, du paysan ou du narrateur.

Pour avoir des exemples, voir plus bas le commentaire corrigé d'un extrait de *L'Assommoir* de Zola. Vous pouvez aussi lire un roman de Jean Giono (*Regain*, par exemple).

2. Le discours narrativisé

Une autre manière pour le narrateur de rapporter la parole de ses personnages est de **résumer** leurs dialogues ou leurs discours. Le lecteur est dans ce cas dans l'incapacité de savoir quelles sont exactement les paroles que les personnages ont prononcées. Il ne peut que les deviner à partir du « résumé » que lui en fait l'auteur.

Le discours narrativisé est utilisé lorsque le narrateur ne souhaite pas trop s'attarder sur un dialogue ou un discours.

Par exemple, dans *La Princesse de Clèves*, lorsque Mlle de Chartres dit à sa mère qu'elle ne veut pas aller au bal, la narratrice écrit : « Mme de Chartres combattit quelque temps l'opinion de sa fille comme la trouvant particulière ». La narratrice ne nous restitue pas les paroles de Mme de Chartres avec exactitude. Elle ne nous donne pas les arguments de cette dernière, pour persuader sa fille de se rendre au bal, mais nous résume sa prise de parole. Ce type de phrase est appelé « discours narrativisé ».

C. À travers les yeux de qui voyons-nous l'action ?

1. Les différents points de vue

Le plus souvent, le narrateur sait tout : il peut raconter au lecteur le passé des personnages, il peut rapporter leurs pensées, il peut même parler de leur avenir. Tout lui est possible. C'est la posture naturelle de l'écrivain qui choisit le destin de ses personnages, puisque ces êtres de papier sont le produit de son imagination. Tout lui est possible. Il peut tout et sait tout, un peu comme Dieu lui-même, selon Flaubert. On appelle ce type de point de vue :

- La **focalisation zéro.** Le narrateur est **omniscient**. Il est capable de restituer les actions et les paroles mais aussi les pensées les plus secrètes des personnages.

Toutefois, le narrateur peut parfois donner l'impression que ce n'est pas lui qui voit l'action. Il adopte le point de vue d'un de ses personnages, ou alors un point de vue neutre et objectif.

- Le **point de vue** (ou la focalisation) **interne.** Le narrateur adopte le point de vue d'un de ses personnages. Il ne dit que ce que sait le personnage qui vit ou voit l'action. Ainsi dans le roman *Regain* de Giono, le narrateur nous raconte la rencontre de Panturle avec sa future femme du point de vue de Panturle qui fait tout pour ne pas être vu ni entendu. « Il monte doucement les escaliers, équilibré de ses bras étendus. La lucarne est à ras du plancher. Il se couche. Il s'avance d'elle en rampant. Il les voit. Il la voit. Il est dans l'ombre. Eux au soleil. C'est la chasse. Elle est jeune ! » Toute la scène n'est vécue que de son côté. On apprendra plus tard que Panturle n'a pas été assez discret, que la jeune femme l'a entendu et que cela a provoqué sa fuite. Mais ici le regard ne va que dans un sens : seul Panturle voit.
- Le **point de vue** (ou la focalisation) **externe**. Le narrateur n'adopte pas le point de vue d'un personnage en particulier. Il n'est pas non plus omniscient. Son point de vue est neutre et objectif, un peu comme s'il avait posé une caméra qui filmait la scène d'en haut sans adopter un point de vue en particulier. Nous trouvons ce point de vue dans la description très réaliste que Flaubert fait de son personnage Emma Bovary, au moment de son agonie : « Sa poitrine aussitôt se mit à haleter rapidement. La langue tout entière sortit hors de la bouche ; ses yeux, en roulant, pâlissaient comme deux globes de lampe qui s'éteignent, à la croire déjà morte. » Le lecteur ne connaît pas les pensées des personnages. Il n'observe pas le corps d'Emma à travers les yeux d'un personnage en particulier. L'auteur adopte un point de vue externe très adapté à cette description froide et réaliste, presque médicale.

2. Le changement de point de vue

Pour comprendre comment fonctionne un récit littéraire, nous pouvons le comparer au **cinéma**. Au cinéma, la caméra peut se déplacer très rapidement. De même, dans un récit, le narrateur peut changer à la fois rapidement et très souvent de point de vue. Le terme de focalisation, synonyme ici de point de vue, est d'ailleurs un terme emprunté à la photographie et désignant le moment de la mise au point, pour obtenir une image plus nette.

Dans un même récit, les **différents points de vue** sont souvent mêlés et parfois difficiles à distinguer. Une action peut être vue à travers les yeux d'un personnage, et juste après à travers les yeux d'un autre. De même, le narrateur qui s'était effacé derrière l'un de ses personnages peut après cela adopter un point de vue omniscient. Les différents points de vue peuvent se succéder sans fin.

Ainsi, la scène de l'agonie d'Emma Bovary, que nous avons prise comme exemple de point de vue externe, n'est qu'en partie racontée avec ce point de vue externe. En effet, juste avant de mourir, Emma entend la chanson d'un mendiant aveugle qui passe sous sa fenêtre ouverte. Flaubert écrit alors : « Et Emma se mit à rire, d'un rire atroce, frénétique, désespéré, croyant voir la face hideuse du misérable, qui se dressait dans les ténèbres éternelles comme un épouvantement. » L'expression « croyant voir » nous montre bien que le narrateur sait ce qui se passe dans l'esprit d'Emma Bovary à ce moment de son agonie. Il est alors « omniscient ». Il donne à voir au lecteur la vision fantasmagorique d'Emma, invisible à tous les personnages qui assistent à la scène.

D. À quel rythme et dans quel ordre l'histoire avance-t-elle ?

1. Le rythme du récit

Le narrateur peut raconter l'histoire de façon plus ou moins rapide, en s'attardant ou non sur certains épisodes. Voici quelques termes à maîtriser pour analyser le rythme d'un récit.

- **Le sommaire**. On parle de « sommaire » lorsque l'action avance de façon accélérée. Le narrateur choisit de ne pas détailler l'action, de ne pas alourdir le récit d'une description ou d'un dialogue. Il raconte en quelques paragraphes (ou quelques pages) une action qui se déroule en plusieurs jours, semaines, voire mois ou années. Il ne faut pas confondre le sommaire avec l'ellipse.
- **L'ellipse.** On parle d'« ellipse » lorsqu'une action est tenue sous silence. Le narrateur choisit de ne pas raconter un moment de l'intrigue, soit parce qu'il est sans importance, soir pour le raconter plus tard.
- La **pause.** Au contraire du sommaire, l'action s'arrête. Le narrateur fait une pause pour décrire un lieu ou un personnage, pour raconter un événement passé (c'est ce qu'on appelle une **analepse**) ou pour raconter une autre histoire (c'est ce que l'on appelle alors une **digression**) permettant de comprendre l'action présente.

2. L'ordre du récit

Le narrateur peut choisir de ne pas raconter les événements dans l'ordre chronologique. Deux termes sont absolument à connaître pour qualifier ce que vous arrivez le plus souvent à repérer sans difficulté.

- L'**analepse**, autrement appelé « *flashback* » : il s'agit pour le narrateur de faire une pause dans le récit pour raconter un fait passé par rapport à l'histoire qu'il est en train de raconter.
- La **prolepse**. Le narrateur raconte un fait qui n'a pas encore eu lieu au moment de l'intrigue. Il fait un saut dans le temps et semble prédire l'avenir. Cela permet de donner des indices au lecteur concernant la suite et parfois la fin du récit.

La linéarité du récit peut aussi être bouleversée par des « **histoires intercalées** » ou « épisodes ». Le narrateur raconte une histoire dans l'histoire ; les histoires sont enchâssées l'une dans l'autre. Ce peut être un personnage qui la prend en charge, comme dans les *Mille et une nuits* ou le narrateur lui-même. Ce type de digression est omniprésent dans le roman de Diderot, *Jacques le Fataliste.*

Fiche méthode

Méthode

Trouver la problématique et le plan

A. Trouver une problématique

Dans problématique, on entend « problème ». Il s'agit de faire émerger une question sur le texte, qui peut être **un problème**, parfois un paradoxe, qui vous amènera à formuler une réponse en trois parties. Dans l'idéal, la problématique est **propre au texte** qui vous est donné et ne peut être valable pour un autre texte. Pour trouver la problématique posez-vous plusieurs questions :

- Pourquoi ce texte m'a-t-il été donné à commenter ?
- Quelle est son originalité, sa voix propre ?

Pour mesurer la singularité d'un texte, quelques trucs :

1. **Repartez du genre littéraire**, de ses attentes pour regarder si le texte répond ou non à cela. C'est justement dans les décalages entre **attentes du genre** et réalisation que l'on peut trouver une problématique. Par exemple, quand Molière fait une comédie avec comme personnage principal un sérieux misanthrope, cela pose question : peut-on être sérieux sans être ridicule dans une comédie ? et surtout quelle conséquence cela a-t-il de mettre au cœur du théâtre un personnage qui le refuse, puisqu'il refuse le théâtre du monde ?
2. **Repartez de la place de l'extrait** pour problématiser. La place d'un texte détermine souvent sa **fonction**. C'est particulièrement clair avec les *incipits* et les *explicits* : les premiers ont traditionnellement le rôle de présenter l'action et les personnages et les derniers de conclure l'histoire. Un auteur peut soit pervertir cette fonction (voyez l'incipit de *Jacques le Fataliste*) soit y déployer son talent en acceptant la contrainte (voir l'incipit du *Tartuffe*). S'il en est fait un usage spécifique, cela peut donner une bonne problématique. Il faut se demander pourquoi tel passage à commenter vient à ce moment du texte plutôt qu'avant ou après, à quoi sert telle ou telle scène, etc.

Vous pouvez problématiser par la place du lecteur /spectateur, les émotions recherchées.

On peut se demander quel est l'effet recherché par un texte (on écrit toujours en pensant à un lecteur potentiel). Il faut interroger :

- **le type de public visé** (un roman écrit pour des femmes lettrées au XVIIe est différent d'un roman de Zola qui a l'ambition de diffuser au plus grand nombre ce qu'il a observé, avec technique du feuilleton, art du suspens)
- **l'émotion provoquée par le texte** : l'extrait demande-t-il la participation du lecteur à l'élaboration du sens (œuvre ouverte) ou au contraire le sens est-il verrouillé par le texte (type roman à thèse) ? Dans le cas du théâtre : on peut interroger le rapport au savoir : le lecteur/spectateur en sait-il plus que les personnages ?

D'autres possibilités s'offrent encore à vous : problématiser à partir des registres, du type de narrateur, du mouvement littéraire, du thème abordé etc.

B. Composer un plan

Le travail des fiches méthode des objets d'étude 1 et 2 doit vous permettre de faire émerger des grands axes.

- **La mise en forme**

Quelques conseils dans la mise en forme du plan :

- Les plans peuvent comporter **deux ou trois parties**. Dans la mesure du possible, privilégiez les plans en trois parties qui permettent de donner plus d'ampleur à la réflexion. Pour certains textes le plan en deux parties pourra s'avérer efficace.
- Il s'agit de proposer trois lectures = trois interprétations = trois grandes idées. Non pas trois idées du texte (= paraphrase) mais **trois idées SUR le texte**. Chaque partie doit être l'énoncé et la justification d'une thèse, d'un jugement critique porté sur le texte.
- Chaque partie doit permettre de **balayer l'ensemble du texte**.
- Les grandes parties doivent s'enchaîner logiquement au moyen de **transitions** soignées.

- **Le fond et la forme**

Les grandes parties ne doivent jamais séparer le fond et la forme

Exemple ~~I/ la forme du poème ; II/ le sens du poème~~.

L'analyse doit toujours relier l'analyse des procédés formels à l'interprétation du sens du texte.

- **L'ordre des parties**

Pour ordonner les parties, on va de préférence :

- Du plus simple au plus complexe.
- Du plus évident au plus subtil.
- Du plus traditionnel au plus original.
- Du plus descriptif au plus interprétatif.

La première partie doit donner un aperçu du mouvement du texte, de la façon dont il est construit.

La dernière doit aboutir à mettre en valeur l'art de l'auteur ou la signification profonde du passage, la portée du passage. Séparer les parties les unes des autres en sautant des lignes ou avec des astérisques (*).

- **Les sous-parties**

Chaque partie est ordonnée en trois sous-parties. Dans certains cas, on vous donne déjà le plan général, et il vous revient seulement de remplir les sous-parties.

Comment composer chaque partie ? Chaque partie se compose impérativement de plusieurs paragraphes (ou sous-parties), dont chacun commence par un alinéa. Chaque paragraphe constitue **une étape de la démonstration**, apporte un nouvel argument à l'appui de la thèse exprimée initialement. Ces § ou sous-parties doivent être logiquement ordonnés. Un **mot de liaison** (« par ailleurs », « d'autre part », « en outre ») marque le passage à une nouvelle idée. Les deux premières parties se terminent par une **transition** : il s'agit de résumer très brièvement et sans redite l'acquis de la partie achevée et d'amorcer la suivante, de donner envie de lire la suite.

NB : Au brouillon, utilisez 3 feuilles différentes (sur le recto seulement) dont chacune porte le nom d'une partie (I...II...et III...) puis remplissez avec vos trois sous-parties (I A...B...C...). En revanche rédigez entièrement l'introduction et la conclusion au brouillon une fois le plan et la problématique trouvés.

Méthode appliquée

Sujet

↳ **Faire le commentaire composé du texte suivant.**

Document

Puis-je, monsieur vous proposer mes services, sans risquer d'être importun ? Je crains que vous ne sachiez vous faire entendre de l'estimable gorille qui préside aux destinées de cet établissement. Il ne parle, en effet, que le hollandais. À moins que vous ne m'autorisiez à plaider votre cause, il ne devinera pas que vous désirez du genièvre[1]. Voilà, j'ose espérer qu'il m'a compris ; ce hochement de tête doit signifier qu'il se rend à mes arguments. Il y va, en effet, il se hâte, avec une sage lenteur. Vous avez de la chance, il n'a pas grogné. Quand il refuse de servir, un grognement lui suffit ; personne n'insiste. Être roi de ses humeurs, c'est le privilège des grands animaux. Mais je me retire, Monsieur, heureux de vous avoir obligé. Je vous remercie et j'accepterais si j'étais sûr de ne pas jouer les fâcheux. Vous êtes trop bon. J'installerai donc mon verre auprès du vôtre.

Vous avez raison, son mutisme est assourdissant. C'est le silence des forêts primitives, chargé jusqu'à la gueule. Je m'étonne parfois de l'obstination que met notre taciturne ami à bouder les langues civilisées.

Albert Camus, *La Chute*, 1956 (incipit)

Corrigé

A. Trouver une problématique

Plusieurs problématiques sur ce texte sont possibles, une très attendue (la n°2), une plus difficile à formuler (la n°1), une dernière plus originale (la n°3)

1. À partir du genre

On est ici sur un texte frontière. Il commence comme un discours adressé (d'un « je » à un « vous »), on repère les temps du présent, les allusions à un espace partagé entre les interlocuteurs (le bar), la description de mouvement

1. Eau-de-vie aromatisée de baies de genévrier typique du Nord de l'Europe.

physique, ce qui peut faire penser au genre du théâtre. Pourtant, il n'y a jamais d'interruption par une autre parole. On est en fait dans un récit. **Problématique n°1 : Comment ce discours finit-il par créer du récit ?**

2. À partir de la place d'un extrait

Il s'agit ici d'un incipit très perturbant pour le lecteur : qui est ce « je » et à qui parle-t-il ? Pourtant il dessine bien un espace, un temps particulier et un type d'adresse. **Problématique n°2 : Comment cet incipit, tout en perturbant fortement le lecteur, remplit-il tout de même ses attentes ?**

3. À partir de la place du lecteur

Ce « vous » mystérieux auquel s'adresse le récit-confession du personnage. Le texte signale la présence de ce personnage tout en lui refusant absolument la parole (on n'entend jamais ce « vous » répondre dans le texte même si le personnage qui parle commente les réactions de son interlocuteur). **Problématique n°3 : Dans quelle mesure ce texte fait-il une place à l'autre (lecteur ou interlocuteur) tout en censurant sa parole ?**

B. Trouver un plan

1. Plan correspondant à la problématique n°1
   - **I.** Un discours adressé
   - **II.** Mais un discours qui crée du récit
   - **III.** et qui comprend une dimension argumentative et philosophique sur la nature humaine
2. Plan correspondant à la problématique n°2

Dans ce cas, un plan en 2 parties est possible. On donne également les sous-parties de ce plan :

I. Un incipit qui surprend le lecteur

A. Énigme de l'énonciation : entrée *in medias res*, effacement des réactions de l'interlocuteur : il nous manque une partie des interactions entre les personnages (« vous avez raison », le verbe renvoie par exemple à une parole manquante) : phénomène d' « ellipse ». Mystère de ce pronom « vous » jamais élucidé mais dont on devine les réactions grâce à la parole de son interlocuteur.

B. Énigme des personnages : on sait peu de choses du personnage principal (peut-être parce qu'il a quelque chose à cacher, comme le montrera la suite du roman) mais le personnage secondaire (le barman) est longuement décrit : métaphore du gorille et thème de l'animalité

C. Énigme du genre : ce texte peut être une confession, un récit, une tirade sans réponse, une plaidoirie pour se défendre (on apprend ensuite que le personnage principal Jean Baptiste Clamence est « juge pénitent »).

II. Mais qui remplit malgré tout les attentes du lecteur

A. Un espace-temps défini : le temps du présent, peu de précision d'époque historique. Pour l'espace : le démonstratif « cet établissement », la mention du « hollandais » qui renvoie à une zone géographique plus précise. On découvre dans la suite du texte qu'il s'agit d'un bar d'Amsterdam. On trouve un espace symbolique dessiné par la métaphore des « forêts primitives », espace de sauvagerie et de silence, espace qui n'a pas encore été visité par la civilisation (« les langues civilisées » que ne parle pas le barman qui préfère grogner).

B. Une voix entre civilité et autorité : commenter le registre soutenu, le champ lexical de la politesse, les maximes du texte, le « je » qui se présente comme un traducteur, les temps verbaux de la politesse (subjonctif et conditionnel), les types de phrases variés (manière de donner des ordres, d'interroger faussement)

C. Une vision inquiétante de l'homme : métaphore de l'homme animal qu'est le barman silencieux qui s'oppose en tout point au narrateur affable et courtois. Menace que représente cette animalité comme le montre l'oxymore : « mutisme » « assourdissant » et la métaphore « chargé jusqu'à la gueule » qui semble faire du silence une arme chargée. On découvrira ensuite que l'homme le plus inquiétant n'est pas ce barman mais le personnage bavard qui dit « je », qu'il a quelque chose à se reprocher : en l'occurrence la mort d'une femme qui a chuté d'un pont sans qu'il cherche à la sauver. L'incipit annonce donc en creux la suite du livre et certaines de ses thématiques.

Sujet corrigé

Commentaire composé

Sujet

↳ **Vous ferez le commentaire de ce texte. Vous avez quatre heures.**

Document

Coupeau et Gervaise, après y avoir bu un verre, s'apprêtent à sortir de l'Assommoir, nom donné par Zola au débit de boissons du père Colombe.

Et elle se leva. Coupeau, qui approuvait vivement ses souhaits, était déjà debout, s'inquiétant de l'heure. Mais ils ne sortirent pas tout de suite ; elle eut la curiosité d'aller regarder, au fond, derrière la barrière de chêne, le grand alambic de cuivre rouge, qui fonctionnait sous le vitrage clair de la petite cour ; et le zingueur, qui l'avait suivie, lui expliqua comment ça marchait, indiquant du doigt les différentes pièces de l'appareil, montrant l'énorme cornue d'où tombait un filet limpide d'alcool. L'alambic[1], avec ses récipients de forme étrange, ses enroulements sans fin de tuyaux, gardait une mine sombre ; pas une fumée ne s'échappait ; à peine entendait-on un souffle intérieur, un ronflement souterrain ; c'était comme une besogne de nuit faite en plein jour, par un travailleur morne, puissant et muet. Cependant, Mes-Bottes, accompagné de ses deux camarades, était venu s'accouder sur la barrière, en attendant qu'un coin du comptoir fût libre. Il avait un rire de poulie mal graissée, hochant la tête, les yeux attendris, fixés sur la machine à soûler. Tonnerre de Dieu ! elle était bien gentille ! Il y avait, dans ce gros bedon de cuivre, de quoi se tenir le gosier au frais pendant huit jours. Lui, aurait voulu qu'on lui soudât le bout du serpentin entre les dents, pour sentir le vitriol encore chaud l'emplir, lui descendre jusqu'aux talons, toujours, toujours, comme un petit ruisseau. Dame ! il ne se serait plus dérangé, ça aurait joliment remplacé les dés à coudre de ce roussin de père Colombe ! Et les camarades ricanaient, disaient que cet animal de Mes-Bottes avait un fichu grelot, tout de même. L'alambic,

1. Appareil qui permet d'obtenir de l'alcool par distillation, en chauffant un premier récipient dont les vapeurs sont recueillies dans une cornue puis refroidies dans un tuyau duquel s'écoule l'alcool.

sourdement, sans une flamme, sans une gaieté dans les reflets éteints de ses cuivres, continuait, laissait couler sa sueur d'alcool, pareil à une source lente et entêtée, qui à la longue devait envahir la salle, se répandre sur les boulevards extérieurs, inonder le trou immense de Paris. Alors, Gervaise, prise d'un frisson, recula ; et elle tâchait de sourire, en murmurant : « C'est bête, ça me fait froid, cette machine... la boisson me fait froid... »

Zola, *L'Assommoir*, 1877, chapitre 2

Zola, auteur naturaliste de la fin du XIXe siècle, publie en 1877 un roman intitulé l'*Assommoir.* Ce roman est le septième volume de la grande fresque des Rougon-Macquart. Avant d'être le nom d'un roman, l'Assommoir est le nom du bar dans lequel se retrouvent les deux personnages Coupeau et Gervaise. Situé au début du roman (chapitre 2) cet extrait donne à voir l'alambic, grande machine servant à distiller un alcool si fort qu'il peut « assommer » celui qui en boit. Au début du texte, Gervaise, attirée par l'alambic, se dirige vers lui pour l'observer. En quoi Zola décrit-il cet alambic de façon réaliste ? Nous verrons, dans un premier temps, que l'alambic est à la fois minutieusement décrit et personnifié. Dans un second temps, nous étudierons le pouvoir d'attraction que cette machine exerce sur ceux qui la regardent. Et enfin, nous verrons que Zola inscrit sa description dans le récit en faisant entendre la voix du peuple.

*

* *

Zola donne à voir l'alambic à son lecteur par une description très détaillée de l'appareil.

Les termes de « cornue » (récipient à col étroit, long et courbé, qui sert à distiller) et « serpentin » (tube en spirale ou à plusieurs coudes, utilisé dans les appareils de distillation) appartiennent à un **vocabulaire technique très précis**, choisi à dessein par Zola pour apporter le plus grand réalisme à sa description. Ces deux termes renvoient à deux parties bien définies de l'alambic. D'autres éléments de l'appareil sont mentionnés dans le texte, notamment ses « récipients » et « l'enroulement sans fin de ses tuyaux », qui permettent de se l'imaginer plus facilement. Zola, dès la première mention du nom « alambic », nous indique aussi le matériau dans lequel est formé l'alambic, sa couleur et sa taille ; il parle en effet au début du texte du « grand alambic de cuivre rouge ». Le matériau est de nouveau évoqué à la fin du texte dans l'expression : « les reflets éteints de ses cuivres ». Et l'aspect imposant de l'appareil est répété à plusieurs reprises, l'adjectif « grand » étant relayé dans la suite du texte par les adjectifs « énorme », « puissant » et « gros ».

Certes, l'alambic nous est décrit dans le détail mais son fonctionnement est des plus mystérieux. Normalement, pour distiller de l'alcool, un des récipients de l'alambic doit être chauffé. Or, ici, l'alambic fonctionne « sans une flamme », « pas une fumée ne s'échappait ». L'alambic devient un monstre infernal, d'autant plus effrayant que son fonctionnement est mystérieux. Il pétrifie ceux qui le regardent. Gervaise est « prise d'un frisson » et recule. Alors que Mes-Bottes associe l'alcool à la chaleur (il aurait voulu « sentir le vitriol encore chaud l'emplir [...] jusqu'aux talons »), Gervaise l'associe au froid : « c'est bête, ça me fait froid cette machine... la boisson me fait froid. » L'**antithèse** entre le chaud et le froid montre ici toute l'ambiguïté du fonctionnement et du rôle de l'appareil. Le chaud dont parle Mes-Bottes est associé au plaisir et à l'amour. Et le froid dont parle Gervaise peut être interprété comme le froid de la mort. [Gervaise a ici comme une prémonition, puisqu'elle meurt à la fin du roman, des suites d'un alcoolisme dont elle n'a pas su se défaire. Cette simple phrase qu'elle prononce à la fin du texte peut être considérée comme une **prolepse**, par laquelle le narrateur raconte un événement qui se déroulera bien après celui qui est en train de se dérouler. Nous avons, au début du roman, comme une annonce de la fin de ce dernier.]

L'aspect monstrueux de la machine est renforcé par la **personnification** qui en est faite. Des éléments du corps humain sont utilisés pour décrire la machine : « une mine sombre » et un « gros bedon. » Elle a un visage et un ventre. Mais surtout, lorsque Mes-Bottes s'écrie qu'elle est « bien gentille », il assimile la machine à une femme, qu'il aurait plaisir à embrasser ; il la regarde avec des « yeux attendris ». D'autres termes rendent cette machine presque humaine. Lorsqu'il est question de sa « sueur » d'alcool, elle est cette fois assimilée à l'ouvrier lui-même. À l'aide de l'outil de comparaison « comme », c'est en effet à « un travailleur morne, puissant et muet » que la machine est comparée au début du texte. Et comme l'ouvrier, elle travaille « sans une gaieté ». Chacun peut donc se reconnaître dans cette machine : Gervaise et Coupeau, Mes-Bottes et ses compagnons, la femme aussi bien que l'ouvrier. Dans cette description de l'alambic, les personnages du roman deviennent ce qu'ils regardent. La machine exerce un pouvoir étrange sur eux. Ce pouvoir est un pouvoir d'attraction et de transformation.

*

* *

L'alambic est décrit par Zola comme une machine qui attire à elle le peuple et le transforme.

Il aimante à lui d'abord Gervaise : « elle eut la curiosité d'aller regarder, au fond, derrière la barrière de chêne, le grand alambic de cuivre rouge », ensuite Coupeau « qui l'avait suivie », puis Mes-Bottes qui « accompagné de ses deux camarades, était venu s'accouder sur la barrière, en attendant qu'un coin de comptoir fût libre. » Chacun des **verbes de mouvement** : « aller », « suivre », « accompagner », « venir » a pour point d'aboutissement l'alambic. Les uns viennent le voir après avoir bu, les autres avant, mais tous le regardent. Nous trouvons le **vocabulaire du regard** avec le verbe « regarder le grand alambic » et l'expression « les yeux fixés sur la machine à soûler ». A force de regarder les personnages vont devenir ce qu'ils voient.

Ainsi, tandis que la machine devient une personne, l'ouvrier devient une machine. En effet, Mes-Bottes a « un rire de poulie mal graissée ». De plus, il aimerait ne faire qu'un avec la machine, se « souder le bout du serpentin entre les dents ». Les termes de « poulie » et « souder » sont propres au vocabulaire ouvrier et indiquent que Mes-Bottes devient la machine. Le processus de **réification** de l'ouvrier fait pendant au processus de personnification de la machine.

La machine attire à elle mais elle a aussi le pouvoir de se répandre tout autour d'elle. L'alambic est « comme un petit ruisseau » ou « pareil à une source lente et entêtée ». Ces deux **comparaisons** renvoient de façon littérale au « filet limpide d'alcool » qui s'écoule de l'alambic et que boivent les ouvriers. Ces comparaisons mettent en avant le fait que son débit, comme celui d'un ruisseau ou d'une source, est ininterrompu. La répétition de l'adverbe : « toujours, toujours » insiste sur cet écoulement continuel. Mais une **métaphore** se cache derrière cette comparaison : l'alambic était « pareil à une source lente et entêtée, qui à la longue devait envahir la salle, se répandre sur les boulevards extérieurs, inonder le trou immense de Paris. » Nous remarquons une gradation : « la salle », « les boulevards extérieurs », « le trou immense de Paris », puisque les lieux évoqués sont de plus en plus grands. Selon la métaphore habituelle de la foule qui peut être assimilée à un fleuve, c'est le peuple d'ouvriers qui, sortant de l'Assommoir, est lui aussi un flot qui se répand dans Paris. Comparés tous deux à une source qui s'écoule et se répand, l'alcool et l'ouvrier ne font plus qu'un. Et de petit ruisseau inoffensif, le problème de l'alcool devient un fléau qui s'écoule abondamment de ce débit de boissons.

*

* *

Zola décrit l'alambic comme une machine attrayante et effrayante. Mais le narrateur s'efface derrière les personnages que l'on entend décrire l'appareil à sa place.

La stratégie du narrateur consiste à donner l'impression que ce n'est pas lui qui décrit l'alambic, mais un de ses personnages. Cela produit un effet de réalisme : le lecteur a l'impression d'être immergé dans l'univers des ouvriers parisiens. En effet, nous pouvons lire : « le zingueur lui expliqua comment ça marchait ». Ce type de parole rapportée s'appelle un **discours narrativisé**.

L'explication rapportée sous forme de dialogue au style direct (avec tiret ou guillemet) ou indirect, nous ne l'avons pas. La description de Coupeau est comme condensée, résumée. Elle devient indissociable de la narration. Pourtant, dans la suite du texte, toute la description du narrateur est empreinte du langage ouvrier, que l'on peut appeler aussi argot, ou langage argotique.

Zola fait entendre la voix du peuple, dans un autre type de parole rapportée appelée discours indirect libre. Pour le comprendre, nous pouvons commencer par analyser la seule **parole rapportée au style direct**, celle de Gervaise à la fin du texte. Elle comporte une expression de **registre familier** : « c'est bête ». Le pronom démonstratif « ça » (pour cela), comme l'adjectif « bête », est familier, et la **structure syntaxique** est **déconstruite** : « ça me fait froid, cette machine » (le sujet du verbe « faire » : « cette machine » est post-posé au verbe, et provisoirement remplacé par le pronom démonstratif « ça »). Cette phrase de Gervaise est le seul passage où Zola utilise le discours rapporté au style direct. Et pourtant, le registre familier est présent dans tout le texte, à travers la répétition du démonstratif « ça » (« comment ça marchait » « ça aurait joliment remplacé les dés à coudre ») ; à travers des mots appartenant au vocabulaire argotique : « roussin » (pour mauvais cheval ou policier), « fichu grelot » (pour « grande gueule »), « gosier » (pour gorge), « bedon » (pour ventre) ; à travers le juron : « Tonnerre de Dieu ! » ou l'exclamation : « Dame ! » qui n'est en rien une apostrophe ; à travers des expressions : « machine à soûler » (pour alambic), « dés à coudre » (pour verres considérés comme trop petits par Mes-bottes) ou « vitriol » (pour alcool fort).

Seule une phrase est au **discours indirect** : « Et les camarades ricanaient, disaient que cet animal de Mes-Bottes avait un fichu grelot, tout de même. » Nous reconnaissons le discours indirect au verbe introducteur de parole « disaient », à la conjonction de subordination « que » et à la concordance des temps « avait » (verbe qui au discours direct serait au présent d'énonciation). Le discours indirect, de même que le discours narrativisé ou le discours direct, ont la particularité d'indiquer qui parle : Coupeau (discours narrativisé), puis les camarades de Mes-Bottes (discours indirect), puis Gervaise (discours direct). Pourtant, on entend aussi dans ce texte la voix de Mes-Bottes. Mais il n'indique pas cette prise de parole de façon évidente avec guillemets ou verbe de parole. Le narrateur la fait entendre par le **discours indirect libre** : « Tonnerre de Dieu ! elle était bien gentille ! [...] Lui, aurait voulu qu'on lui soudât le bout du serpentin entre les dents [...] ». On ne sait plus bien qui du narrateur ou du personnage est en train de parler. La narration est marquée par l'utilisation des temps du récit (imparfait) et de la troisième personne du singulier (« lui »). La voix du personnage se fait entendre à travers le juron, le registre familier et la structure de la phrase. Cette manière d'écrire a fait scandale au XIXe siècle. Le lecteur reprochait au narrateur de s'abaisser à parler la parole du peuple. Ce brouillage des voix certes déstabilise, mais il permet aussi au narrateur de rendre plus réaliste la description de l'alambic en s'effaçant derrière ses personnages et en introduisant le lecteur dans le monde ouvrier, par le langage lui-même.

*

* *

Pour conclure, la stratégie de Zola consiste à nous décrire « la machine à soûler » à travers le point de vue mais aussi le langage des personnages de son roman. Certes, il offre une description précise et réaliste de l'alambic, mais l'appareil est déformé par le regard de ceux qui se feront piéger par lui, puisqu'il est à la fois monstrueusement grossi et rendu inoffensif, attirant et tenu à distance. Dans cette description, Zola se montre fidèle à l'esthétique naturaliste qu'il a lui-même forgée.

S'exercer à la dissertation

Synthèse de cours

Introduction

Tout au long de l'année, vous serez amenés à étudier **l'un des trois romans** suivants :

- *La Princesse de Clèves*, de Mme de La Fayette
- *Le Rouge et le Noir*, de Stendhal
- *Les Mémoires d'Hadrien,* de Marguerite Yourcenar

Le jour du baccalauréat, un sujet de dissertation vous sera proposé pour chaque roman. Il faudra choisir **l'un des trois sujets** en fonction de l'œuvre que vous aurez étudiée pendant l'année.

Faire l'impasse sur l'étude de l'œuvre au programme, sous prétexte que vous choisirez le commentaire et non la dissertation, est une mauvaise stratégie. En effet, à l'oral du baccalauréat, vous êtes susceptibles d'avoir à commenter un extrait de cette œuvre.

I. Mme de Lafayette, *La Princesse de Clèves*

La Princesse de Clèves est **le premier des romans d'analyse**. Il connaît un succès fulgurant dès sa publication en **1678**.

Le **parcours associé** à cette œuvre est : individu, morale et société.

A. *La Princesse de Clèves*, un joyau féminin

1. Mme de Lafayette, une femme de lettres

Marie-Madeleine Pioche de La Vergne naît à Paris **en 1634**. Elle reçoit une **éducation soignée, littéraire et mondaine**. À 16 ans, elle devient demoiselle d'honneur d'Anne d'Autriche et apprend l'italien et le latin auprès du grammairien Ménage. Introduite dans les **salons alors très en vogue de Mme de Rambouillet** et de Mlle de Scudéry, elle devient proche de Mme de Sévigné, dont le talent épistolaire fera la notoriété et avec qui elle conservera une étroite amitié sa vie durant. En 1655 elle épouse François Motier, comte de Lafayette, avec qui elle aura deux garçons.

En 1659, Mme de Lafayette s'établit définitivement à Paris où elle tient salon. Elle publie une première nouvelle, *La Princesse de Montpensier*, en 1662. De 1655 à 1680, elle noue une **amitié littéraire très forte avec le duc de La Rochefoucauld**, célèbre auteur des *Maximes* (1665), relation qui aura de fortes influences sur sa production littéraire et notamment sur *La Princesse de Clèves*. En 1669 paraît le premier tome de *Zaïde*, un roman hispano-mauresque signé sous un autre nom, dont le second tome paraît en 1671. En **1678 paraît *La Princesse de Clèves***, qui connaît un succès immédiat et fulgurant. Après la mort du duc de La Rochefoucauld en 1680 et celle de son mari en 1683, Mme de Lafayette mène une vie retirée, jusqu'à sa **mort en 1693**. Ses trois derniers ouvrages sont publiés à titre posthume : *La Comtesse de Tende* (1723), *Histoire d'Henriette d'Angleterre* (1720) et *Mémoires de la Cour de France* (1731).

2. Contexte culturel

Le clair-obscur du monde

La Princesse de Clèves paraît pendant une **période de production littéraire particulièrement riche**, où de nombreux auteurs se penchent sur **l'analyse des passions humaines** : Racine, Molière, La Fontaine, La Bruyère, Perrault, La Rochefoucauld... Loin de l'atmosphère littéraire du début du siècle marquée par l'optimisme d'un Corneille, cette période voit le triomphe d'une forme de **clair-obscur en littérature** (Philippe Sellier) : la tonalité générale des œuvres littéraires s'obscurcit, les personnages sont mêlés, ambigus, on cultive le goût de la tragédie et on s'intéresse aux profondeurs de l'âme. Les moralistes (La Rochefoucauld, Pascal, La Bruyère,) imposent leur **vision désabusée de la condition humaine**.

La littérature au féminin

Le roman de Mme de Lafayette est publié à un moment où **l'empreinte des femmes sur le monde des lettres** s'affirme comme jamais auparavant. Dans la seconde moitié du siècle, les salons littéraires tenus par des femmes de la haute aristocratie sont le lieu où l'on édicte les critères du bon goût. La **préciosité** est une des manifestations les plus marquantes de cette influence féminine sur la production littéraire : on écrit et on apprécie les œuvres au style souple et indécis, élégant et poétique. *La Princesse de Clèves* s'impose comme le **chef-d'œuvre de la préciosité**. Le roman, harmonieux, où la phrase imite les détours de la vie de l'âme, obéit à un **principe d'économie** qui lui apporte légèreté et efficacité.

Influence d'œuvres contemporaines

L'époque à laquelle Mme de Lafayette écrit présente une véritable **multiplicité des formes romanesques**. Le **récit pastoral** s'illustre avec *L'Astrée*, d'Honoré d'Urfé, longue et belle variation sur le thème de l'amour, que Mme de Lafayette avait sûrement lue. L'époque a aussi le goût des **« Histoires tragiques »,** mises à la mode par ***L'Heptaméron* (1559) de Marguerite de Navarre** (cité dans le roman) qui fait entrer le fait divers en littérature. L'histoire d'Anne de Boulen, insérée, avec trois autres histoires, dans *La Princesse de Clèves*, est un exemple d'histoire tragique. **Le roman *Clélie* de Mlle de Scudéry** a aussi son influence sur l'œuvre de Mme de Lafayette. Il met en scène des personnages de rang élevé, l'action y tient en une année, on y trouve une même tendance à l'idéalisation et il développe aussi une méditation sur les amours humaines. Mais le cadre historique change : à l'Antiquité, Mme de Lafayette a préféré l'histoire récente. Toutefois, son roman n'offre pas une simple synthèse d'inspirations diverses, mais il opère une mutation dans le genre romanesque en lui faisant accéder à une **saisissante intériorité** : en ce sens, on peut dire qu'il invente un nouveau genre.

B. *La Princesse de Clèves*, le premier des romans d'analyse

Mme de Lafayette ne définit pas son œuvre comme un roman. Elle s'inspire de la nouvelle pour le **souci de vraisemblance et l'extrême concentration** de l'action, et du roman pour la **finesse de l'analyse psychologique**.

1. Un roman d'amour impossible

Le roman développe diverses intrigues amoureuses qui ont toutes un point commun : aucune n'est heureuse.

Amour et mariage

La Princesse de Clèves, comme les deux précédentes nouvelles de son auteur (*La Princesse de Montpensier* et *La Comtesse de Tende*), interroge **les liens conflictuels entre amour et mariage**, dans la lignée de l'histoire médiévale tragique de Tristan et Iseult. Le mariage est affaire d'État ou affaire de famille : des trois mariages princiers relatés dans le roman, l'amour est absent et s'il y a une forme d'inclination, elle est entachée d'ambition. Les relations hors mariage ne sont pas plus heureuses : la duchesse de Valentinois, la maîtresse du roi, en est l'exemple le plus significatif. Son amour est défini en termes uniquement négatifs : la narratrice précise qu'on ne peut dire qu'elle ait aimé le roi « par rapport à sa seule personne, sans intérêt de grandeur ni de fortune, et sans se servir de son pouvoir que pour des choses honnêtes et agréables au roi même. » Dans son cas, l'amour est un moyen aux mains de l'ambition.

À côté des **amours impures**, il existe des **amours pures** où l'ambition n'a pas sa place : M. de Clèves tombe amoureux de Mlle de Chartres avant de savoir qui elle est ; l'amour de Mme de Clèves pour M. de Nemours ne connaît pas l'ambition ; quant à celui-ci, il renonce à un mariage royal avec la reine d'Angleterre par amour pour Mme de Clèves. Néanmoins, **pur ou impur, l'amour est voué à l'échec.** Le prince de Clèves, « peut-être l'unique homme du monde capable de conserver de l'amour dans le mariage », meurt injustement de ne pas être aimé. « [...] peut-être aussi que sa passion n'avait subsisté que parce qu'il n'en trouvait pas en moi. », interroge amèrement la princesse de Clèves. **L'amour, même le plus pur, se nourrit de l'obstacle**. Dans ces deux citations, l'affirmation est fragilisée a priori par un « peut-être » : en amour l'incertitude règne, et c'est ce qui fait espérer beaucoup de ce sentiment. Un amour pur et vécu est chose impossible, mais les personnages ne peuvent s'empêcher d'espérer : et si... ? La princesse de Clèves tranche à la fin du roman : si la passion ne peut survivre dans le mariage, alors pour conserver son amour, il lui faut renoncer à épouser le duc de Nemours.

Un idéal inaccessible

En précieuse, Mme de Lafayette s'interroge sur **l'existence d'un amour vraiment sincère et fidèle**. Les protagonistes sont jeunes (voire très jeunes : lorsque l'histoire commence, Mlle de Chartres a quinze ans) et remarquablement beaux (la beauté de Mlle de Chartres est sans pareille, M. de Nemours est « l'homme du monde le mieux fait et le plus beau », le prince de Clèves est « parfaitement bien fait »). **Leurs qualités morales sont redoublées par des qualités physiques**. Mais si parfait soit-il, **l'amour est menacé par l'échec**, qui peut prendre deux voies : celle d'un amour non partagé ou bien celle, impérieuse, du devoir. Dans le roman, tous les personnages sont aimés, courtisés ou amoureux. Mais la conclusion est toujours la même : **l'amour mène à la souffrance**. Il est un asservissement aux lois de la passion, aux tortures de la jalousie. L'héroïne de Mme de Lafayette remarque amèrement : « C'est pourtant pour cet homme, que j'ai cru si différent du reste des hommes, que je me trouve comme toutes les femmes, étant si éloignée de leur ressembler. » L'amour est une **faiblesse**, une déchéance. On n'entre qu'à regret dans les risques et les réalités de l'amour. Au contraire, le calme du cœur est recherché comme un repos rare et précieux. **Pour combattre l'amour, il faut le connaître** toutefois : le fuir n'est pas l'ignorer. Mme de Chartres « faisait souvent à sa fille des peintures de l'amour ; elle lui montrait ce qu'il a d'agréable pour la persuader plus aisément sur ce qu'elle lui en apprenait de dangereux. » La connaissance apporte la méfiance.

Passion et tragique

Le **tragique**, dans le roman, naît du surgissement de l'amour sous la forme d'un coup de foudre impossible à raisonner. Rien ne peut expliquer que Mme de Clèves reste insensible aux sentiments d'un époux délicat et parfaitement aimable, pour tomber éperdument amoureuse du duc de Nemours, décrit comme un séducteur impertinent. Face à une passion qui se passe de l'intelligence, **la volonté ne peut rien**. La passion ne meurt que lorsque le corps est à bout : « Enfin, elle surmonta les restes de sa passion, qui était affaiblie par les sentiments que la maladie lui avait donnés. » Le tragique se définit aussi par **la mort**. La mort du prince de Clèves résonne comme une confirmation du caractère fatal de la passion : première victime de son amour, il meurt de ne pas être aimé. Mais sa mort, en levant pour la princesse de Clèves et le duc de Nemours l'obstacle du mariage, crée entre eux un nouvel obstacle encore plus infranchissable, car c'est de leur passion qu'il est mort. **La fin est sans issue possible**.

2. Un roman historique ?

« les dernières années du règne de Henri second »

La cour d'Henri II, dernier représentant des Valois, est choisie par Mme de Lafayette parce que son **raffinement**, illustré par son goût pour les lettres et les arts, plaît au lecteur du XVIIe siècle. Cette époque présente aussi un **moment de fracture**. Après la mort accidentelle de ce roi, la France est en effet plongée dans le chaos de trente années de **guerres de religion** qui opposent catholiques et protestants. La trame du roman est donc historique (Mme de Lafayette a lu de nombreux historiens pour documenter son récit) et cette **toile de fond grandiose ennoblit l'intrigue amoureuse** dont les personnages sont inventés.

L'année **1558-1559**, durant laquelle se déroule le récit, est riche en **événements politiques marquants** : ouverture des négociations de paix avec l'Angleterre et l'Espagne (octobre 1558), mort de Marie Tudor et avènement de la reine Élisabeth en Angleterre, signature du traité de paix de Cateau-Cambrésis (3 avril 1559), tournoi en l'honneur du mariage de Mme Élisabeth, fille du roi Henri II, avec le roi d'Espagne (30 juin), mort du roi Henri II (10 juillet), sacre de François II (21 septembre). **Le récit s'assombrit en même temps que s'obscurcit l'histoire de France,** car c'est au gré des fêtes et des événements politiques que se noue et se dénoue la relation entre la princesse de Clèves et le duc de Nemours : la dernière entrevue entre les deux personnages a lieu à la veille du départ du duc, choisi pour accompagner Mme Élisabeth devenue reine d'Espagne.

Mais Mme de Lafayette **ne fait pas œuvre d'historien**, elle crée une **atmosphère**. Le temps est marqué de manière floue (la seule date est celle de l'ouverture du tournoi qui sera fatal au roi, pour en signifier l'importance). **Les saisons mettent en relief les moments de l'intrigue amoureuse** : l'hiver encadre le roman au début et à la fin, de l'ignorance de l'amour à son renoncement, alors que les mois du printemps et de l'été, avec leur chaleur, correspondent au paroxysme de la passion amoureuse.

Les lieux du récit

Deux espaces à la fois concrets et symboliques s'opposent dans le roman : **la cour** (espace clos et mobile – Paris, Blois – où s'attisent les jalousies) et **la retraite** (elle aussi mobile : la campagne, la solitude, un cabinet...). Le roman se passe dans un va-et-vient de l'un à l'autre avant la définitive fuite du « monde ». La cour est un espace symbolique où se joue le conflit de l'être et du paraître, où les mobiles sont médiocres et les actions basses, futiles. Mme de Lafayette met en scène les fastes de la cour d'une manière qui révèle à la fois attraction et répulsion pour ce **monde au charme illusoire**. C'est le trajet de son héroïne que de renoncer une fois pour toutes à ce « monde » fascinant dont elle voit les dangers et les bassesses.

3. Un roman d'analyse

La Princesse de Clèves correspond en tous points à l'idéal du roman « moderne » en 1678 : peu de personnages, une action unique et simple.

Un roman sans aventures

La Princesse de Clèves est **un roman sans aventures**, sans « romanesque » : pas de rebondissements, pas de rocambolesque, de batailles ; toute l'action se passe en introspection. C'est un véritable « récit intérieur » (Jean Fabre). Sur ce fond d'analyse personnelle permanente, **quelques événements** seulement se détachent et prennent un sens particulier : un portrait dérobé, la couleur d'un vêtement au tournoi, une émotion sur un visage, une lettre, un aveu… C'est un roman d'amour où la passion, tacite, ne s'exprime que par signes. Toutefois, **la narration est toujours attachée à l'action**. L'introspection mène le déroulement de l'intrigue. Les dialogues et les monologues naissent de l'action et la relancent. Même les histoires intercalées offrent des variations sur le thème principal du roman, la passion, et participent de l'initiation et de la formation de Mme de Clèves aux mirages de l'amour.

Le point de vue

Le roman semble mené par un **narrateur omniscient**, qui sait tout et qui voit tout. La narratrice **connaît le passé** (l'origine des amours du roi et de sa maîtresse, Diane de Poitiers, duchesse de Valentinois) **et le futur** (elle annonce la mort d'Élisabeth de France). Elle **connaît aussi les pensées** de chacun des personnages principaux qu'elle dote d'une profonde intériorité. Parfois, toutefois, la narratrice semble réduite à produire des hypothèses, comme si la frontière de l'intériorité de certains personnages ne lui était pas franchissable. Le roman se partage donc entre personnages avec et sans intériorité (que sait-on de la reine dauphine, pourtant amie très proche de Mme de Clèves ?), pour se concentrer sur le **déploiement d'une conscience individuelle** : celle de la princesse.

Créer l'accès à une conscience

Pour nous donner accès aux pensées les plus intimes de la princesse de Clèves, la narratrice dispose de trois outils narratifs. Au sein de son récit à la troisième personne, elle a recours :

- au **récit psychologique**, qui nous met en présence des pensées du personnage ;
- au **discours intérieur** du personnage, au moyen du soliloque rapporté au discours indirect ;
- au **soliloque au style direct**, qui correspond aux moments de très forte émotion.

Du récit au discours direct, on gagne en **intensité**.

Ces moments de retour réflexif interviennent toujours après un événement qui a plongé Mme de Clèves dans le trouble. Elle cherche alors la **retraite**, la **solitude** pour opérer un retour sur elle-même qui la mène à des « réflexions » aboutissant en repentirs ou remords (le vocabulaire moral abonde : *vertu*, *scrupules*, *devoir*, *regrets*…), véritable transposition littéraire de la pratique chrétienne de **l'examen de conscience**. Ses résolutions sont de trois ordres : fuir le monde, se défier de soi-même, confier sa faiblesse à quelqu'un d'autre.

D'autres modèles

Le roman de Mme de La Fayette dévoile aussi une certaine **proximité avec le conte**, qui connaît un grand succès au cours du siècle. Comme dans le conte de fées, il y a une forme **d'idéalisation des personnages** (très peu décrits physiquement par exemple). L'héroïne est un personnage sans passé, princesse qui rencontre son prince au cours d'un bal.

Le second modèle dont le roman porte l'empreinte, c'est **la tragédie**. *La Princesse de Clèves* s'apparente au théâtre par l'enchaînement de scènes marquantes avec dialogues, didascalies, indications sur les mouvements des personnages... Au genre tragique, l'œuvre reprend sa **tonalité sombre et pessimiste**. Il respecte, en les adaptant, les unités (de lieu, de temps, d'action). Il a recours au vocabulaire de la tragédie : « Pourquoi la destinée nous sépare-t-elle par un obstacle si invincible ? ». L'histoire même peut être rapprochée de celle de *Bérénice* (1670) de Racine : on y retrouve la même concentration et le même sujet, un amour partagé mais impossible.

Un dernier « modèle » est celui du **poème en prose**. L'expression est anachronique, car le poème en prose n'apparaît sous ce nom qu'à la fin du XIXe siècle (*Le Spleen de Paris* de Baudelaire est publié en 1869). Toutefois l'écriture du roman, imprécise, légère et fluide, qui favorise la juxtaposition et se passe des liaisons logiques, illustre parfaitement l'idéal de **musicalité et d'exactitude dans l'expression des sentiments** qui caractérise le poème en prose à partir de Baudelaire. La sobriété du lexique et l'économie du langage apportent une harmonie propre au roman. Les reprises sonores propres à la poésie abondent : assonances, allitérations, coupes, effets d'écho... Cette **tendance à la poésie** est caractéristique de l'idéalisme précieux. Du roman se dégage une **vision précieuse du monde** qui sublime les êtres et les lieux : la figure la plus présente est l'hyperbole, qui magnifie en estompant les contours. L'expression de l'intense (champ lexical de la grandeur, superlatifs, adjectifs du haut degré – *admirable, incomparable, extraordinaire* –, adverbes d'intensité – *si, tant, tellement*) caractérise l'écriture du roman. Enfin **l'idée est préférée à l'image**, d'où l'emploi de termes abstraits plutôt que concrets : « la magnificence et la galanterie » au début du roman, le « devoir » et le « repos » à la fin, ou encore, pour dire la beauté de Mme Clèves, « l'air brillant qui était dans sa personne ». La narratrice ne donne pas matière à l'imagination, elle veut faire entrer dans une **méditation**.

4. Un roman moral ?

À l'époque classique, les arts et la littérature en particulier sont soumis à un **double impératif** hérité de l'Antiquité : **plaire et instruire**. Le récit doit charmer pour enseigner.

L'image de la cour

Mme de Lafayette donne une image double de la cour, dont elle fait ressortir la fascinante séduction et les trompeuses illusions. On l'a dit précédemment, la cour est un espace plus symbolique que concret : plus qu'un lieu, c'est **une manière de vivre**. Sous les apparences de la cour d'Henri II se profile l'image de celle de Louis XIV, bien connue de Mme de Lafayette. De l'observation des hommes et des femmes de son temps, en **moraliste**, elle tire ses réflexions qui s'ordonnent autour de deux traits essentiels : **la magnificence et la galanterie**. La magnificence, c'est **le luxe de la vie de cour**, représenté de manière exemplaire dans la recherche extrême autour du vêtement : c'est le duc d'Albe avec son « habit de drap d'or mêlé de couleur de feu, de jaune et de noir, tout couvert de pierreries » ou le duc de Guise « vêtu d'une robe de drap d'or frisé ». La fête et le bal, divertissement et artifice, participent du déploiement de cette magnificence. La galanterie c'est **la politesse, l'élégance, l'agrément de la vie en société**. Elle séduit mais a son revers : l'ambition, « l'âme de cette cour ». Le mot prend donc deux colorations, la première séduisante et la seconde inquiétante, ambivalence que met en lumière la narratrice : « On songeait à s'élever, à plaire, à servir ou à nuire. » Sous la politesse des manières se cachent jalousies et rivalités : la cour est divisée en clans. C'est le **triomphe des apparences**. La cour est le lieu du **divertissement** tel que le définit Pascal : le courtisan se divertit pour fuir l'ennui qui le met face à lui-même. Se divertissant, il en vient à oublier son être profond. Seule la mort peut le rappeler à sa vérité intime. Il faut lire la mort du roi au milieu des fêtes de cour comme un rappel de la condition humaine. La cour est **une représentation de la société humaine en général**.

Un roman d'apprentissage

L'histoire même du personnage éponyme peut être lue comme une leçon. À ce titre, *La Princesse de Clèves* appartient au genre du **roman d'apprentissage** : il présente une héroïne qui passe, à l'école de l'amour, de l'ignorance à la connaissance, du silence à la parole. Les étapes de l'apprentissage sont des épreuves. D'abord guidée par les enseignements pessimistes de sa mère, puis prête à se soumettre à son mari, finalement, ce sont ses réflexions sur la vie, guidées par son exigence de sincérité, qui lui permettent de **se forger sa propre représentation de l'homme et du monde**. En ce sens, le dénouement occupe une place essentielle : il arrive comme le terme nécessaire auquel est parvenue une conscience devenue lucide et maîtresse d'elle-même. C'est pourquoi le dialogue final entre Mme de Clèves et M. de Nemours renferme toute la moralité de l'œuvre. Qu'apprend à l'héroïne son expérience de l'amour ? Que celui-ci s'impose et qu'**il a ses lois** : malgré elle, elle se laisse envahir par un sentiment qui la domine et qu'elle ne peut parvenir totalement à cacher. Elle découvre également que **l'amour est injuste**, puisque ce sentiment qu'elle éprouve pour M. de Nemours sans pouvoir le dominer, c'est celui que son mari attendait d'elle. Enfin, elle subit les tortures de la **jalousie**, expérience dont elle ressort avec une nouvelle connaissance : l'infidélité est inéluctable. De ces conclusions découle le terme qu'elle impose à son amour.

Le dénouement

Comment comprendre la fin énigmatique et déceptive de ce roman ? La princesse de Clèves, en se refusant à l'amour de l'homme qu'elle aime et qui l'aime, alors que plus aucun obstacle ne les sépare, fait-elle preuve d'**égoïsme** ou d'**héroïsme** ? Nous présente-t-on une femme vertueuse par sa fidélité au souvenir de son mari (une Andromaque) ou bien une femme trop prudente qui se punit elle-même par orgueil ? D'où lui vient cette peur de l'amour ? La question reste en suspens. Que dit le roman ? Que la décision de Mme de Clèves de refuser de vivre son amour avec M. de Nemours est inspirée par le « **devoir** » et le « **repos** ». Son honneur (sa gloire personnelle – « Songez ce que vous vous devez à vous-même. », lui a appris sa mère) ne lui permet pas d'épouser celui qui a causé la mort de son mari. Cette mort a définitivement changé la nature de l'amour de Mme de Clèves et M. de Nemours. Voilà une première raison pour y renoncer. D'autre part, on l'a dit, l'amour vit de l'obstacle. **Renoncer à l'amour, c'est donc en garantir l'existence**. Le roman confirme l'inadéquation entre la réalité quotidienne de l'amour et les aspirations qu'il implique. La vie de Mme de Clèves à la fin, dévouée à « des occupations plus saintes que celles des couvents les plus austères », illustre cette **tension entre les réalités terrestres et une aspiration à l'absolu** qui marque la condition humaine et que le roman ne résout pas.

B. Parcours associé : « individu, morale et société »

1. Analyse du parcours

Ce parcours met en relation trois notions dont les rapports complexes s'illustrent particulièrement dans le roman et au théâtre. L'individu et la société sont **deux notions inséparables** et irréductibles l'une à l'autre. L'individu, notion moderne, c'est **l'être conscient sensible, autonome et indépendant**. La société, un **groupe d'individus organisé** avec ses codes culturels, politiques, juridiques, etc.

Le personnage de roman se trouve **confronté au groupe**. Il fait des choix qui le singularisent et le définissent par rapport à ce groupe – qu'ils soient d'opposition ou d'obéissance. Dans la littérature, le conflit intérieur du **dilemme** illustre ce va-et-vient des exigences du groupe à celles de la volonté individuelle. Le héros est pris entre deux types d'exigences contradictoires édictées par la société ou émanant de sa sensibilité (l'amour vs. le devoir). Il illustre ou non les valeurs du groupe.

La **morale** est l'ensemble des **règles de comportement** relatives au bien et au mal, au juste et à l'injuste, en usage dans une société donnée.

2. *La Princesse de Clèves* et son parcours

La cour, la société

Dans le roman, **la cour offre une représentation stylisée de la société**. L'amour y est présent plutôt dans ses déviations que sous sa forme pure et véritable : infidélité et ambition y dominent. **La cour est immorale en amour**. Elle permet à la princesse de Clèves et au duc de Nemours de se rencontrer et de se fréquenter, mais elle est aussi dès le début un **témoin dangereux** et complice de leur mutuelle inclination. Elle attise des sentiments qui pourraient être guéris par la solitude : c'est pourquoi la princesse de Clèves n'a souvent d'autre remède que de fuir la société des hommes. **Renoncer à l'amour c'est renoncer au monde**.

Amour et morale

Le roman n'existerait pas s'il n'y avait la **règle morale** : il présente un amour impossible car **interdit**. Pour Mme de Clèves, se laisser aller à l'amour passionné qu'elle ressent pour M. de Nemours serait être infidèle à l'homme qu'elle a épousé trop tôt, et briser **l'exigence morale de fidélité dans le mariage**. Doit-on donc penser que la société fait échec à l'amour, à cause des contraintes qu'elle impose au sentiment ? Ce serait oublier que cette infidélité ferait une victime innocente, le prince de Clèves. Et ce serait adopter, sans aucun doute, un point de vue « romantique » sur les rapports entre l'individu et la société, que Mme de Lafayette ne peut connaître (voir, à ce sujet, les romans des XIXe et XXe siècles, où le conflit avec la société s'extériorise en opposition et en révolte).

La princesse et la cour : l'individu et le groupe

L'héroïne du roman fait un **double apprentissage** : celui de la cour, celui de l'amour. Ce n'est qu'après être passée par sa propre expérience de l'amour que la princesse de Clèves élabore sa propre vérité, indépendante de l'acquiescement social. **Le dénouement lui appartient en propre**, car il résulte de la sagesse que l'expérience lui a acquise. La vision de l'être humain qui ressort du roman est donc celle-ci : l'individu n'est pas le jouet d'événements qu'il ne contrôle pas. Il est conscient, lucide. Il prétend se diriger en connaissance de cause au terme de l'analyse de soi et des autres. **Sa destinée, son parcours au moins dépendent de lui** : sa bonne ou mauvaise fin le juge, en définitive.

3. D'autres œuvres à rapprocher du parcours

Voici quelques pistes de lectures possibles qui entrent dans le cadre du parcours et illustrent brillamment la notion de « roman d'analyse » (qui date, elle, du XIXe siècle) : *Manon Lescaut* (1731) de l'abbé Prévost, *Adolphe* (1816) de Benjamin Constant, *Le Lys dans la vallée* (1836) de Balzac, *Dominique* (1862) de Fromentin, *Le Bal du comte d'Orgel* (1924) de Radiguet.

Trois sujets de dissertation pour vous entraîner

- **Sujet 1**

Albert Camus écrit, dans ses *Carnets* (1964) : « pour Mme de La Fayette, l'amour est un péril. » Vous discuterez cette affirmation à partir de votre lecture personnelle du roman et d'autres œuvres littéraires de votre connaissance.

- **Sujet 2**

En quoi peut-on dire que *La Princesse de Clèves* est un roman d'apprentissage ? Vous construirez votre réponse à cette question à partir de votre lecture personnelle du roman et d'autres œuvres littéraires de votre connaissance.

- **Sujet 3**

Qu'est-ce qui fait de *La Princesse de Clèves* un roman d'analyse ? Vous construirez votre réponse à cette question à partir de votre lecture personnelle du roman et d'autres œuvres littéraires de votre connaissance.

II. Stendhal, *Le Rouge et le Noir*

Le programme propose d'étudier *Le Rouge et le Noir* de Stendhal.

Le **parcours associé** à l'étude de cette œuvre est **« le personnage, esthétiques et valeurs ».**

A. Présentation du roman

1. Qui était Stendhal ?

La vie de Stendhal est particulièrement difficile à raconter en quelques paragraphes. Ni sa vie amoureuse, ni sa vie professionnelle ne connaissent de vraie linéarité ; il a beaucoup voyagé et très souvent changé de métier ; son œuvre, foisonnante, est extrêmement variée. Pour rendre compte de sa vie, faudrait-il écrire **un roman** ?

Le nom même de Stendhal s'y prête, puisqu'il s'agit d'**un pseudonyme**. L'auteur du *Rouge et le Noir* s'appelait en réalité **Henri Beyle**. Et lorsqu'il publie un livre autobiographique, il modifie de nouveau ce nom puisque le titre en est : *Vie de Henry Brulard*. Stendhal ne sait faire autrement que s'inventer **un personnage**.

Le voyageur

- **Le Grenoblois**

Né en 1783, Stendhal perd sa mère à l'âge de sept ans. Élevé par sa tante et son père, qu'il n'aime pas, il garde un souvenir exécrable de leur trop grande religiosité, et se rapproche de son grand-père maternel, aux idées plus libérales. Il voit arriver la Révolution comme une délivrance, et part assez vite de **Grenoble**, ville qui l'a vu naître et grandir.

- **L'armée et l'Italie**

Se rendant à **Paris** sous prétexte de préparer l'École Polytechnique, il rêve d'amour et de littérature. Un cousin, Pierre Daru l'introduit au **ministère de la guerre** où il devient **secrétaire**. On y prépare **la bataille de Marengo** (1800), restée dans les mémoires comme une victoire de Napoléon Bonaparte, pas encore empereur.

Assez vite, il part de Paris en **Italie** pour rejoindre les armées de Napoléon. Ce fut un éblouissement. Milan, les Italiennes, la Scala, les îles Borroméennes, tout lui plaît, tout l'enchante. À cette époque naît en lui un amour de l'Italie qui ne le quittera plus et l'amènera à y revenir souvent.

De retour à **Paris**, il lit et étudie, suit des cours d'italien, de grec, d'anglais. Il connaît des amours, parfois déçues. Et c'est pour suivre une jeune comédienne qu'il part vivre à **Marseille**. Il en reviendra seul et ruiné. Renouant à Paris avec la famille Daru, il part en **Allemagne** avec l'armée de Napoléon, devenu empereur ; il prend part à **la campagne de Wagram** (1809), et occupe différents postes administratifs, mais tout cela l'ennuie. Le pays lui déplaît, quoiqu'il y ait connu quelques amours encore.

- **De la nomination à la chute de l'Empire**

De retour à Paris, c'est un **haut poste dans l'administration française d'Empire** que lui prépare son cousin Daru. Sa nouvelle situation lui apporte enfin l'aisance financière. Et il se met en couple, rien d'officiel, avec une chanteuse d'opéra, Angelina Bereyter. Mais ayant déclaré sa flamme à la femme de son cousin, Alexandrine, un peu à la manière de Julien Sorel, il fuit Paris et part à Milan. Il y retrouve son amour d'antan, Angela Pietragura, à qui il ose cette fois se déclarer. Ils deviennent amants. Stendhal part alors visiter **l'Italie : Bologne, Florence, Rome, Naples**. Et retourne finalement à Paris, sans Angela, pour reprendre ses fonctions dans l'administration et auprès d'Angelina.

En 1812, Stendhal participe à la désastreuse **campagne de Russie**, où il connaît comme l'ensemble de l'armée napoléonienne le froid et la faim. Il assiste à **l'incendie de Moscou**. Puis, envoyé en Pologne et à Grenoble, il voit l'empire de Napoléon s'effriter.

- **Retour en Italie et chagrins d'amour**

Et une fois l'empire tombé, **il retourne vivre à Milan**. Angela ne veut plus de lui. Il voyage un peu partout en Italie et y rencontre **Lord Byron**. À Milan, il tombe amoureux d'une **Matilde** qui repousse ses avances. En 1821, déçu, il rentre à Paris. Il se fait journaliste et écrit des chroniques. Quelques autres conquêtes le consolent de son chagrin d'amour avec Matilde.

En 1830, il est enfin nommé à un **poste administratif en Italie**, à Civita-Vecchia, ce qu'il avait longtemps espéré sous Napoléon. C'est la même année qu'est publié *Le Rouge et le Noir* dont il ne suit que de loin la publication et la réception. Haut fonctionnaire, Stendhal continue à écrire et à aimer. En 1841, il rentre à Paris pour y mourir l'année suivante. Sur sa tombe au cimetière Montmartre est inscrite cette épitaphe qu'il a lui-même rédigée: **« Henri Beyle. Milanais. Il écrivit, il aima, il vécut. »**

Un écrivain

- **Une œuvre foisonnante**

Son projet est d'écrire **des comédies**, d'être le Molière du XIXe siècle. Mais Stendhal n'y parvient pas, et y renonce assez vite.

Il publie **toutes sortes de livres** :

- *Histoire de la peinture en Italie* (1817), à mi-chemin entre **le livre d'histoire et le traité esthétique**, le seul livre publié sous son véritable nom ;
- des **essais** : *De l'amour* (1822), *Racine et Shakespeare* (1823) ;
- des **guides ou récits de voyage** : *Rome, Naples et Florence en 1817* mais aussi *Promenades dans Rome* (1829) ;
- des **biographies** : *Vie de Rossini* (1824), *Vies de Haydn, de Mozart et de Métastase* (1854).

Certains livres sont autobiographiques. Plus que la *Vie d'Henry Brulard,* qu'il présente comme son autobiographie, ce sont **sa correspondance** (notamment avec sa sœur Pauline, à qui il raconte toute sa vie parisienne et ses voyages) et **son journal** qui nous donnent de véritables informations sur la vie de Stendhal.

- **Le romancier**

Stendhal écrit son premier roman en 1827. Il est intitulé *Armance,* et ne rencontre pas un grand succès. Ses trois autres grands romans sont *Le Rouge et le Noir, Lucien Leuwen* (roman resté inachevé) et *La Chartreuse de Parme.* En

1840, Balzac reconnaît son talent de romancier, dans un article élogieux sur *La Chartreuse de Parme*. Il n'en est pas de même de Victor Hugo, qui trouve qu'il écrit mal.

- **Un auteur romantique ?**

Stendhal est avant tout inclassable. Né en 1783, près de 20 ans avant Hugo, il n'appartient pas à la génération des romantiques. Toutefois, ses héros présentent des caractéristiques de héros romantiques. L'exaltation des sentiments, la place centrale réservée au cœur et à la passion, à la contemplation de la nature, font de Julien Sorel un héros romantique.

2. Comment comprendre le titre du roman ?

Une énigme

Avant tout, et Stendhal en joue, **ce titre est énigmatique** pour le lecteur, même lorsqu'il a refermé la dernière page du roman. Pas une fois l'auteur n'indique clairement la signification du **choix de ces deux couleurs**. L'énigme fonctionne pleinement : toute la tâche du lecteur est de se demander ce qu'il a bien pu vouloir dire par là.

Notons que, malicieusement, Stendhal a donné un titre similaire à un autre roman intitulé *Le Rose et le Vert*.

Tentatives d'élucidation

Toute tentative d'élucidation est vaine, bien sûr, mais il est naturel de s'y essayer. Sachez que nous ne recherchons pas l'exhaustivité, même si d'aucuns ont consacré des livres entiers à ce sujet.

Ainsi, le titre pourrait raconter **le parcours du héros**, Julien Sorel, qui au début du roman se détourne de **l'armée (rouge de l'uniforme)** pour choisir **l'église (noir de la soutane)**.

La vie du héros peut aussi se résumer en deux mots : **l'amour et la mort**, le sang et le deuil, auxquels pourraient être associées nos deux couleurs le rouge et le noir. En effet, il a aimé deux femmes (ou plus) et il a cherché la mort ou joué avec elle plusieurs fois jusqu'à finir sur l'échafaud.

Le rouge, c'est encore la couleur des **théâtres à l'italienne** au XIXe siècle, lieux très fréquentés par Stendhal, qui a aimé plusieurs actrices et chanteuses. Pensez à la salle de la Comédie française (ou aux salles de cinéma qui ont mimé les salles de théâtre) : ses fauteuils et tentures sont rouges. Cette couleur était censée mettre le teint des femmes en valeur, mais surtout elle remplaçait le bleu des anciens théâtres qui symbolisait la royauté. Quant au noir, au XIXe siècle, c'est la couleur du costume des **dandys à la mode**. À cette époque, les hommes s'habillaient presque tous et tout le temps en noir, même lorsqu'ils faisaient la fête. Cette couleur est triste et reflétait pour certains romantiques le « mal du siècle ».

Ces deux couleurs pourraient aussi être celles du **jeu de cartes** (rouge des cœurs et des carreaux, et noir des piques et des trèfles) ou du **jeu de la roulette** et renvoyer aux jeux de chance. Plusieurs fois, le héros n'hésite pas à jouer sa vie (comme lors du duel), sans avoir peur de perdre.

c. Un roman réaliste

Le Rouge et le Noir, publié la même année que le premier roman de *La Comédie humaine* de Balzac, fait partie des premiers romans réalistes (voir le cours de synthèse sur le roman).

Deux épigraphes

Le roman s'ouvre sur **une épigraphe** (phrase placée en tête d'un livre ou d'un chapitre) qui ne laisse aucun doute sur les intentions du romancier. Cette épigraphe, attribuée à tort par l'auteur -mais il le fait consciemment- à Danton, est : **« La vérité, l'âpre vérité »**. Ainsi, dans ce roman rien ne sera tu, même ce qui est laid. Toute la réalité sera montrée en pleine lumière.

C'est ce que Stendhal suggère dans une autre épigraphe, en tête de chapitre cette fois et qu'il attribue (de nouveau à tort et consciemment) à Saint-Réal : **« Un roman : c'est un miroir qu'on promène le long d'un chemin »** (chapitre XIII, livre I). Le miroir reflétera la boue du chemin, autant que les belles personnes qui y passent. Le roman montrera tout le réel, sans rien cacher.

Notons tout de même le paradoxe : d'entrée de jeu, Stendhal fait profession de vérité, tout en mentant de façon éhontée : il sait très bien que la citation n'est pas de Danton.

Le début du roman

Le roman commence comme **un guide de tourisme**. Rappelons que Stendhal a écrit deux livres qui s'apparentent à ce type d'ouvrages très à la mode au XIXe siècle (*Rome, Naples et Florence* et *Promenades dans Rome*). Dans tout le chapitre I, Stendhal imagine **un « voyageur parisien »** qui se rendrait en Franche-Comté pour visiter la région. Il lui indique les lieux à découvrir, donnant l'impression d'avoir lui-même déjà fait le voyage.

Ainsi, le **premier personnage du roman**, avant Julien Sorel (qui n'apparaît qu'au chapitre IV), avant M. de Rênal (premier personnage à être décrit) est ce mystérieux « voyageur parisien » qui ne sera pas plus précisément nommé ni décrit par la suite, et qui disparaîtra assez vite de la narration. Il a pour but de faire entrer le lecteur dans le roman, en faisant passer l'histoire racontée pour réelle, ou du moins pour la plus réaliste possible. Le lecteur s'identifie à lui et suit le narrateur dans sa découverte. Ce « voyageur parisien », image du narrateur, est aussi une image du lecteur.

La toute première phrase du roman ressemble quant à elle à une phrase extraite d'un guide touristique : « **La petite ville de Verrières** peut passer pour l'une des plus jolies de Franche-Comté. » Cette phrase, avec son présent de vérité général (« peut passer ») et la mention d'une région de France qui existe bel et bien (la « Franche-Comté ») fonctionne comme une invitation à faire, lors d'un voyage, un détour par un endroit méconnu mais charmant. Cependant, la ville de Verrières est fictive, ce que l'auteur, soucieux de produire un effet de réel, n'avoue qu'à la toute fin de son roman : « Pour éviter de toucher à la vie privée l'auteur a inventé une petite ville, *Verrières* ».

Des héros contemporains de leur auteur

Dans la plupart des romans réalistes, l'auteur choisit de raconter l'histoire de **personnages qui vivent à son époque**. Concernant notre roman, la date est donnée d'entrée de jeu, dès le sous-titre : « *Le Rouge et le Noir,* ***Chronique de 1830*** ». Or, 1830 est l'année de publication du roman. Stendhal ne pouvait choisir une époque plus contemporaine.

Les événements racontés se déroulent sur **cinq ans** de 1826 à 1831, de l'entrée en fonction de Julien Sorel comme précepteur chez les Rênal à son exécution un 25 juillet. En 1826, la France a connu la Révolution, une courte Première République et l'Empire de Napoléon Bonaparte, mais depuis 1815 elle vit ce qu'on appelle la Restauration. Sont restaurés le Trône et l'Autel : la royauté et l'Église retrouvent un peu de leur puissance, avant d'être déstabilisées en 1830 par la Révolution de Juillet et de faire place en 1848 à la Deuxième République.

Ces événements historiques, bien réels, sont mentionnés à maintes reprises dans le roman. Par exemple, Julien Sorel se montre particulièrement attaché à Napoléon Bonaparte, mort depuis peu, dont il lit les Mémoires et conserve dévotement un portrait sous son matelas. Mme de Rênal « se [jette] aux genoux du roi Charles X » pour demander la grâce de Julien.

« J'abhorre la description »

La description joue un rôle important dans un roman réaliste lorsque l'auteur veut **produire un effet de réel** ou **faire entrer le lecteur dans son histoire**. Cependant, Stendhal pense que la description fait courir le risque de la **lassitude** ou de l'**impatience** : « J'abhorre la description matérielle, l'ennui de la faire m'empêche de faire des romans ».

- **M. de Rênal**

Toutefois, au chapitre I, un **premier personnage** est décrit, à la manière d'un roman de Balzac : M. de Rênal. La description est faite en focalisation externe, à travers les yeux du « voyageur parisien » qui, selon Stendhal, a toutes les chances de le voir apparaître s'il visite la ville de Verrières. Le portrait commence par **une description physique** (ou **prosopographie**) : M. de Rênal a les cheveux grisonnants, un grand front, un nez aquilin, une figure régulière, des vêtements gris ; et se poursuit en une **description morale** (ou **éthopée**) : « Mais bientôt le voyageur parisien est choqué d'un certain air de contentement de soi et de suffisance mêlé à je ne sais quoi de borné et de peu inventif ». Cette description est peu élogieuse : M. de Rênal n'est ni jeune ni beau ; ses traits caractéristiques sont l'orgueil et l'avarice. Quoique maire du village et décrit en premier, M. de Rênal n'est pas le héros du roman. Il joue le rôle secondaire du mari trompé.

- **Julien Sorel**

La **description du héros, Julien Sorel**, se fait attendre (partie I, chapitre IV) et la première image qui est donnée de Julien est celle d'un lecteur. Cette mise en abîme renforce tout de suite l'identification du lecteur au personnage. Le portrait de Julien n'en est pas vraiment un. Stendhal le décrit assis sur une poutre en train de lire, puis chassé et frappé par son père, lequel est un homme rustre et peu intelligent, tout le contraire de son fils. Mais ce n'est **pas véritablement un portrait**. Les éléments de son aspect physique ou de son tempérament nous sont donnés tout au long du roman, et non en une seule fois lors de la première apparition du personnage.

Étant chacune le centre d'une des deux parties du roman, les deux **femmes aimées de Julien** font l'objet de descriptions paradoxalement assez succinctes. Le narrateur attend pour faire leur portrait que Julien les voit. Et bien souvent, il ne les voit pas d'abord en entier. Il ne repère qu'une partie significative de leur être et ne découvre le reste que petit à petit.

- **Mathilde de la Mole**

Au chapitre II de la deuxième partie, l'auteur fait **un portrait de Mathilde de la Mole** à travers les yeux de Julien. La description commence ainsi : « Il aperçut une jeune personne, extrêmement blonde et fort bien faite qui vint s'asseoir vis-à-vis de lui. Elle ne lui plut point ; cependant en la regardant attentivement, il pensa qu'il n'avait jamais vu des yeux aussi beaux. » Pendant toute la description, le personnage de Julien se focalise – et l'auteur aussi – sur **un détail : les yeux de Mathilde**, longuement décrits. Il les compare à ceux de Mme de Rênal. Il essaie de déterminer l'effet qu'ils produisent, l'impression qu'ils veulent donner. Et la description se termine de façon abrupte : « Du reste, elle ressemblait cruellement à sa mère, qui lui déplaisait de plus en plus, et il cessa de la regarder. » L'auteur utilise **le point de vue interne** dans cette description : quand Julien cesse de regarder Mathilde, le lecteur, même curieux, ne peut plus la voir.

- **Mme de Rênal**

Le portait de Mathilde de la Mole est un écho à celui de **Mme de Rênal**, sa rivale. Au chapitre II de la première partie, Mme de Rênal est décrite **par un narrateur omniscient** qui l'observe comme de loin. Elle est présentée d'abord comme une épouse, qui remonte « le cours de la Fidélité » (nom donné ironiquement par Stendhal à un cours d'eau) aux bras de son mari. Elle est présentée ensuite comme une mère : elle surveille ses trois petits garçons. Et elle est décrite pour finir en une phrase : « Mme de Rênal paraissait une femme de trente ans, mais encore assez jolie. » Une deuxième description, en point de vue interne, la décrit **à travers les yeux de Julien**. Mme de Rênal vient de l'interpeler et il la voit pour la première fois : « Julien se tourna vivement et, frappé du regard rempli de grâce de Mme de Rênal, il oublia une partie de sa timidité. Bientôt, étonné de sa beauté, il oublia tout, même ce qu'il venait faire. » Là encore, c'est le regard qui attire en premier lieu Julien.

Cette omniprésence du point de vue interne de Julien est à l'origine d'une expression : le **réalisme subjectif**.

C. Parcours associé : « Le personnage de roman, esthétiques et valeurs »

1. Analyse de l'intitulé

Le personnage de roman

L'intitulé du parcours associé invite à centrer l'étude du roman sur le personnage. Qu'est-ce qu'un personnage ? Un personnage de roman est souvent un être fictif, parfois complètement fantaisiste. Fruit de l'imagination de l'auteur, il n'a de vie que dans les pages blanches griffonnées de caractères publiées par leur auteur. Son existence est bornée au seul temps de la lecture. Une fois le livre refermé, le personnage n'existe plus, sinon dans la mémoire du lecteur. Toutefois, le personnage peut être fortement inspiré de la réalité, voire même être inspiré d'un être ayant réellement existé (on parle alors de personnage historique). Dans le *Rouge et le Noir*, roman réaliste, tout est fait pour que le lecteur oublie que les personnages sont le fruit de l'imagination du lecteur.

Esthétiques

L'**adjectif** « esthétique » n'est pas un terme spécifiquement littéraire. On parle en effet de soins esthétiques, de chirurgie esthétique, de sens esthétique, de jugement esthétique, de geste esthétique, etc. Est esthétique ce qui est beau, ce qui rend beau ou ce qui a plus largement un rapport avec ce qui est beau. Le terme « esthétique » peut aussi être un **nom commun** (c'est le cas dans l'intitulé du parcours). Une « esthétique » est alors l'ensemble des principes qui visent à rendre une œuvre d'art conforme à un idéal de beauté : l'esthétique classique, l'esthétique romantique, etc.

Appliqué à la littérature, le terme « esthétique » renvoie à une question fondamentale, à savoir : qu'est-ce qui fait qu'une œuvre est considérée comme **belle et bien écrite**, en un mot comme **littéraire** ? Les **critères esthétiques** ont profondément varié selon les périodes. Ainsi, au XIXe, le **réalisme** répond à des enjeux esthétiques différents du romantisme. Tandis que le **romantisme** exalte les sentiments, le cœur et la passion, le réalisme cherche à rendre compte du réel parfois dans sa plus grande laideur. L'un se complaît dans la description de la nature et dans la nostalgie face au temps qui passe, l'autre dans celle de la grande ville de Paris, du milieu ouvrier, du monde du travail. Le personnage reflète souvent assez bien le courant littéraire dans lequel il s'inscrit : quoi de commun entre le traitement de la princesse de Clèves (XVIIe siècle, **âge classique**) dont Mme de La Fayette décrit l'arrivée à la cour de France et Gervaise (XIXe siècle) jeune femme boiteuse abandonnée par le père de ses enfants au début du roman *L'Assommoir* de Zola et qui gagne sa vie en lavant le linge d'autrui ? La différence est grande entre le roman moral du XVIIe et le roman naturaliste du XIXe.

Dans *Le Rouge et le Noir* se mêlent les esthétiques réalistes et romantiques.

Valeurs

Les « valeurs » portées par les personnages ont elles aussi profondément varié selon les époques. Du héros guerrier de la chanson de geste au héros parvenu des romans réalistes, plusieurs grands changements ont eu lieu dans l'histoire de la littérature. Les valeurs peuvent être **des vertus ou au contraire des vices, des idées politiques et religieuses** ou **des idéologies, des concepts philosophiques et manières de vivre** qui en découlent.

Dans le *Rouge et le Noir*, le narrateur met en place un véritable conflit de **valeurs contradictoires** portées par des personnages qui s'opposent. Les oppositions sont nombreuses :

- **oppositions politiques** à une époque de grands bouleversements, ponctuée de nombreux changements de régimes politiques. Le rétablissement du trône et de l'autel, après une période de troubles révolutionnaires et les grandes conquêtes napoléoniennes, fait s'opposer royalistes, favorables à la Restauration, et libéraux.
- **oppositions religieuses** à une époque où l'Église retrouve ses privilèges d'Ancien Régime. Certains personnages sont de fervents défenseurs, d'autres de fervents détracteurs de l'Église, et au sein même de l'Église des divisions existent, comme au séminaire de Besançon entre Jansénistes et Jésuites.
- **oppositions sociales.** Des valeurs différentes opposent l'aristocratie parisienne et l'aristocratie provinciale, les paysans et les notables, les

curés de campagne et les évêques, etc. Dans chaque milieu social, une place différente est donnée à l'argent, à l'amour, à la politique, à la croyance, etc.

En plus de ces oppositions entre personnages, un personnage lui-même peut être traversé de **contradictions intérieures**. C'est le cas notamment du héros, Julien Sorel, personnage duel, sans cesse en devenir, tiraillé entre le milieu d'où il vient et celui auquel il voudrait appartenir.

b. Des personnages admirables et médiocres

La distinction entre personnages principaux et secondaires

Dans le roman de Stendhal, les personnages sont particulièrement nombreux, et ne font parfois qu'une brève apparition. Cependant, parmi cette foule innombrable de personnages, quelques figures émergent. Les **personnages principaux** sont au nombre de trois : Julien Sorel, dont le lecteur suit l'ascension sociale du début à la fin du roman et les deux femmes qui lui permettent de parvenir, l'une à Verrières (et c'est la partie I du roman) et l'autre à Paris (partie II). À ces deux femmes qu'il séduit, Mme de Rênal et Mathilde de La Mole, nous pouvons ajouter le mari de l'une et le père de l'autre.

Les **personnages secondaires** sont **presque tous médiocres**, tandis que les personnages principaux sont hauts en couleur. Parmi les personnages secondaires qui tirent leur épingle du jeu :

- l'abbé Chélan, curé de Verrières, vieillard de 80 ans qui éduque Julien, « un homme de cœur », un « vénérable vieillard » dont le narrateur met en avant son courage au tout début du roman (il ose obéir à sa conscience et non au dictat imposé par les notables du coin), mais ce personnage n'apparaît que subrepticement dans les premiers chapitre.
- Le vieux chirurgien major de l'armée d'Italie, assez similaire à l'abbé Chélan, car il éduque Julien, lui inculque cependant une pensée napoléonienne et révolutionnaire. Par ailleurs, ce personnage est déjà mort au début du roman.
- L'abbé Pirard, directeur du séminaire, qui le protège.
- Fouqué, le seul véritable ami de Julien, homme probe, mais complètement isolé, sans ami ni famille.

- **Julien Sorel, un héros ambivalent**

Le Rouge et le Noir est **un roman d'apprentissage** : Julien Sorel qui n'a que 17 ans au début du roman quitte son père et part à la conquête des cœurs et des âmes. Le lecteur le découvre en sa prime jeunesse (Mme de Rênal le prend pour un enfant la première fois qu'elle le voit) et le suit pendant sa longue initiation.

Ce personnage inspire à la fois de la **sympathie** au lecteur qui veut connaître la suite de son aventure, et en même temps une profonde **antipathie** : Julien est présenté par le narrateur comme un être orgueilleux, hypocrite et profondément égoïste. Le seul sentiment auquel il reste fidèle jusqu'au bout, ce n'est pas l'amour, c'est une ambition teintée d'un profond égoïsme. (« Ma foi, pas si bête ; chacun pour soi dans ce désert d'égoïsme qu'on appelle la vie. » II, 13). Personnage romantique, Julien Sorel est toujours dépeint avec beaucoup d'**ironie** par le narrateur. Par exemple, le narrateur dit de son héros : « On voit que Julien n'avait aucune expérience de la vie, il n'avait même pas lu de romans. » (II, 18)

De grandes passions l'animent, mais il est aussi envahi de pensées et de sentiments médiocres, voire repoussants (« Si je m'en croyais, je commettrais quelques crimes pour me distraire » II, 26). Même son aspect physique est paradoxal : d'une constitution fragile, il a pourtant un tempérament de feu.

Deux femmes que tout oppose

Deux femmes sortent du lot parmi les conquêtes de Julien : Mme de Rênal et Mathilde de La mole. Ce sont **deux femmes** que tout oppose : l'une est provinciale et l'autre parisienne, la première est mariée et la seconde ne l'est pas encore, la première appartient à la petite noblesse et la seconde à la haute noblesse, l'une est associée à l'amour de cœur, l'autre à l'amour de tête. La construction du livre, en **deux parties** bien distinctes, reflète cette opposition. Le passage de l'une à l'autre symbolise assez aisément l'ascension sociale de Julien et son ambition insatiable. Le provincial monte à Paris et épouse la fille d'un duc, après avoir séduit dans sa propre petite ville de province la femme du maire.

Toutefois, Mathilde de la Mole suscite le même intérêt mêlé de dégoût. Elle aussi est mue par son égoïsme et son orgueil plus que par un amour pur et vrai, dont elle est incapable. En cela, Mme de Rênal se distingue des deux autres héros.

D'autres femmes jouent un rôle important dans la trajectoire de Julien. Pour obtenir les faveurs de la femme du maire, avoir séduit auparavant sa femme de chambre Elisa, ne lui est pas inutile. De même, il se sert de Mme de Fervaques pour mieux conquérir Mathilde en la rendant jalouse. Simples accessoires, ces femmes sont cependant à l'image de Mme de Rênal et Mathilde, dont Julien se sert pour gravir les échelons de la société.

Les habitants de Verrières, tous médiocres ?

Leur point commun, selon le narrateur, est leur soif d'argent et de gloire, assortie d'une profonde médiocrité : « Voilà le grand mot qui décide de tout à Verrières : RAPPORTER DU REVENU ». M. de Rênal et M. Valenod résument à eux seuls l'ambiance de la ville. Une autre figure de la ville de Verrières est le « père Sorel », charpentier. Son métier permet de faire de Julien Sorel une figure christique, puisqu'il est appelé plusieurs fois le « fils du charpentier, » mais loin d'être un Saint Joseph, le père Sorel bat son fils et cherche à s'en débarrasser. Les seuls personnages à se distinguer dans toute cette médiocrité sont Mme de Rênal, Fouqué, et les deux instructeurs de Julien.

Le séminaire de Besançon et les gens d'Église

La description qui est faite du séminaire reflète la pensée de l'auteur sur la religion. Les séminaristes sont dépeints comme des paysans rustres, qui se donnent à Dieu pour échapper à leur condition et qui ne songent qu'aux repas qui leur seront servis. Seule exception : « Huit ou dix séminaristes vivaient en odeur de sainteté et avaient des visions comme Sainte Thérèse et Saint François » (I, XXVI) mais là encore le narrateur se moque. Il souligne l'hypocrisie de tous, sauf d'un tout petit nombre encore plus fous que les autres. Au milieu de tant d'hypocrisie, celle de Julien paraît la plus sage : il est entré au séminaire pour la perspective de carrière que l'Église est la seule à lui offrir. Il veut devenir évêque, comme ce jeune évêque d'Agde qu'il a surpris en train de s'entraîner, seul devant son miroir, à bénir la foule avec prestance. Seuls personnages à tirer leur épingle du jeu : l'abbé Chélan et l'abbé Pirard.

Les habitants de l'hôtel de la Mole et les Parisiens

C'est surtout l'hôtel de la Mole qui est dans le roman le centre de la vie parisienne. Les personnages qui gravitent autour de Julien sont le duc de la Mole, sa femme, son fils, sa fille, ses parents, ses amis, ses courtisans, ses domestiques. Entré dans cette maison sur recommandation, il cherche à séduire la fille de la maison pour échapper au rôle de simple secrétaire. Julien juge tous ceux qui l'entourent de façon bien méprisante et hautaine pour sa condition.

C. Vers la dissertation

1. Œuvres associées au roman de Stendhal et à son parcours

Bel-Ami de Maupassant

Georges Duroi, héros parvenu, gravit les échelons de la hiérarchie sociale à l'aide des femmes, à la manière d'un Julien Sorel. Toutefois, loin d'être guillotiné, le héros de Maupassant connaît à la fin du roman une véritable apothéose, par son mariage avec une riche héritière et son accession à un poste prestigieux. Il est possible d'étudier la fin de *Bel-Ami,* en la comparant à la fin du roman de Stendhal. Notons que le dernier mot du roman de Maupassant est le mot : « lit », qui résume tout le roman en évoquant le lieu de ses amours. Il termine ainsi son roman sur une petite touche d'ironie.

Madame Bovary de Flaubert

Chef-d'œuvre de la littérature réaliste, *Madame Bovary* met en scène une héroïne qui peut être rapprochée de Mme de Rênal, mais aussi de Mathilde. Sa vie provinciale aux côtés d'un médecin de campagne se résume en amours adultères et rêves romantiques, qui la conduisent à sa perte. Le style de l'auteur, tout en étant très différent de celui de Stendhal, est truffé d'ironie. Un autre roman de Flaubert peut être étudié en parallèle au *Rouge et le Noir* : *L'Éducation sentimentale*, notamment pour le contexte historique et parce qu'il s'agit aussi d'un roman d'apprentissage.

- **Un roman de Balzac**

Stendhal avait beaucoup d'admiration pour le grand homme qui, quoique plus jeune, a connu la notoriété avant lui, en tant que romancier. Certains héros de Balzac peuvent être rapprochés de Julien Sorel, notamment pour leur ambition et leur volonté de monter à Paris s'y faire un nom. On peut penser à la fin du *Père Goriot*, où le personnage de Rastignac s'adresse à la ville de Paris en un défi : « À nous deux maintenant ! » Il est aussi possible de lire *Illusions perdues,* au titre évocateur, qui raconte les rêves de gloire littéraire du provincial Lucien de Rubempré.

Trois sujets pour vous entraîner

- **Sujet 1**

Stendhal écrit dans *Le Rouge et le Noir* : « Le roman : c'est un miroir qu'on promène le long d'un chemin. » (chapitre XIII, livre I) Selon vous, la fonction d'un personnage est-elle seulement de refléter la réalité ? Vous répondrez à cette question en vous appuyant sur votre étude du *Rouge et le Noir* et des œuvres du parcours associé.

- **Sujet 2**

Stendhal disait d'un de ses personnages qu'il était « fort peu héros ». Selon vous, quelles qualités le lecteur attend-il d'un héros ? Vous répondrez à cette question en vous appuyant sur votre étude du *Rouge et le Noir* et des œuvres du parcours associé.

- **Sujet 3**

Le personnage principal d'un roman doit-il obligatoirement être exceptionnel ? Vous répondrez à cette question en vous appuyant sur votre étude du *Rouge et le Noir* et des œuvres du parcours associé.

III. Marguerite Yourcenar, *Les Mémoires d'Hadrien*

Le programme propose d'étudier *Les Mémoires d'Hadrien* de Marguerite Yourcenar.

Le **parcours associé** à l'étude de cette œuvre est **« soi-même comme un autre ».**

- Dans ce cours, les numéros de pages renvoient à l'édition Folio des *Mémoires d'Hadrien* (2015).

A. Qui sont Marguerite Yourcenar et l'empereur Hadrien ?

1. Marguerite Yourcenar, une femme écrivain

Marguerite Yourcenar (1903-1987) est la **première femme à avoir été élue membre de l'Académie française** en 1980 depuis sa création en 1634.

Connue sous le nom de **Yourcenar**, elle porte en réalité le nom de **Crayencour**. Yourcenar en est l'anagramme presque parfaite. Ce pseudonyme, élaboré par jeu avec son père, deviendra son nom légal en 1947. Marguerite Cleenewerck de Crayencour naît à Bruxelles, d'une mère belge et d'un père français. Sa mère meurt dix jours après sa naissance. Elle est élevée par sa grand-mère paternelle puis par son père, qu'elle suit dans ses voyages : Grande-Bretagne, Suisse, Italie. Toute sa vie elle continuera à voyager. Elle meurt à l'âge de 84 ans dans l'île de Monts-Déserts, aux États-Unis, où elle s'était installée en 1950.

Marguerite Yourcenar reçoit une formation classique ; elle étudie les langues et les civilisations anciennes. Elle maîtrise **le grec et le latin**. Ses voyages la conduisent souvent à Rome ou en Grèce. Et sa culture antique a inspiré un bon nombre de ses œuvres, notamment les Mémoires d'Hadrien.

Marguerite Yourcenar ne s'est pas mariée et n'a pas eu d'enfants. En 1929, elle publie son premier roman *Alexis ou le traité du vain combat.* Elle y fait le récit d'un jeune homme qui avoue à sa femme son **homosexualité**. Plusieurs de ses héros, dont Hadrien, ont ce penchant pour les personnes du même sexe qu'eux. L'homosexualité n'y est que suggérée, mais ses héros bien souvent y succombent, faisant fi de tous les préjugés. À cette époque, Marguerite Yourcenar tombe amoureuse de l'éditeur André Fraigneau qui avait apprécié sa production littéraire. Homosexuel, ce dernier repousse ses avances. Cet amour malheureux sera le sujet d'un recueil de poèmes en prose, intitulé *Feux* et publié en 1936.

En 1937, elle rencontre **Grace Frick**, une enseignante américaine, dont elle tombe amoureuse. Le titre de son roman *Le coup de Grâce*, publié en 1938, est comme un clin d'œil au prénom de son amie américaine. Deux ans plus tard, lorsque se déclare la deuxième guerre mondiale, elle s'embarque pour les États-Unis pour y rejoindre Grace Frick. Les deux femmes s'installent ensemble quelques années plus tard dans une petite maison en bois, surnommée « Petite Plaisance » sur **l'île des Monts-déserts**, sur la côte Est des États-Unis. C'est là qu'elle rédige une grande partie de son œuvre, notamment les *Mémoires d'Hadrien* (1951) et *L'œuvre au Noir* (1968), les deux romans qui l'ont rendue célèbre. Les deux femmes voyagent et vivent ensemble jusqu'à la mort de Grace Frick en 1979. L'année 1980 marque le début d'un long périple à travers le monde en compagnie d'un jeune musicien, Jerry Wilson. Il meurt un an avant elle.

Dans les années où elle est élue à l'Académie, la littérature française est marquée par l'apogée du **Nouveau roman** (cf. synthèse de cours). Mais Marguerite Yourcenar se désintéresse de ce mouvement. Sa façon d'écrire reste très académique. Pour les Académiciens, l'accueillir parmi eux est une manière de montrer que la grande littérature est encore vivante et mérite d'être honorée. Les *Mémoires d'Hadrien* sont un livre inactuel tant dans leur contenu que dans leur forme.

2. La rencontre avec Hadrien

C'est en 1924 avec son père, lors d'un de leurs voyages, qu'elle découvre **la villa d'Hadrien** (*villa Adriana*). Ce site antique se situe à Tivoli (ancienne *Tibur*) à une trentaine de kilomètres de Rome. Construite au IIe siècle, la villa Adriana est encore habitée au IIIème mais vite abandonnée. Elle est redécouverte à la Renaissance mais pour être en partie pillée. C'est en 1870, après l'unification italienne que des fouilles sont entreprises. Aujourd'hui encore, la plus grande partie du site reste à explorer. Marguerite Yourcenar a visité ce site de nombreuses fois, pour y rendre hommage à celui qui l'a fait construire, Hadrien.

Par ailleurs, elle connaît l'empereur Hadrien **par l'intermédiaire des livres**. Dans sa maison de l'île des Monts-Déserts, les murs en étaient tapissés. À sa mort, on en a dénombré pas moins de sept mille. Ses études classiques la poussent vers la lecture des **auteurs antiques**, auxquels elle ne cesse de faire allusion dans les *Mémoires d'Hadrien*. Ils sont sa principale source d'inspiration et d'information sur les faits et gestes de l'empereur. Elle connaît le grec et le latin.

Les *Mémoires d'Hadrien* paraissent en 1951 après **vingt-cinq ans de recherche et de travail**. Dans ses *Carnets de notes*, Yourcenar dit avoir écrit presque entièrement ce livre entre 1924 et 1929. Elle a ensuite détruit tous ses manuscrits qui « méritaient de l'être » selon elle. Elle se remet au travail en 1934, abandonnant et reprenant plusieurs fois son travail.

3. Hadrien, un empereur romain

Né à Italica, première ville romaine fondée en Hispanie par Scipion l'Africain sur les berges du fleuve Bétis (actuel Guadalquivir), Hadrien (76-138) est **empereur de 117 à 138**. Son règne s'inscrit dans une période où Rome est maîtresse du monde. « L'univers est devenu une cité unique », écrit Aelius Aristide. Hadrien est connu et admiré pour sa politique de paix, fondée sur le renoncement à certaines conquêtes orientales et sur la consolidation des positions de défenses (le « Mur d'Hadrien », au Royaume-Uni). Il a donné à Rome ses monuments les plus importants : le Panthéon, le château saint-Ange et la villa Hadriana.

Hadrien succède à l'empereur **Trajan** dont il avait été proche. À la mort de son père (Aelius Hadrianus Afer), il a dix ans, et Trajan, son cousin germain par sa mère, devient l'un de ses deux tuteurs. Il le suivait dans ses voyages. Trajan l'aurait choisi pour fils adoptif sur son lit de mort, une façon de lui léguer l'empire. Lui succèdent Antonin le Preux puis Marc-Aurèle qui n'est pas plus son fils que Trajan n'était son père.

À l'image de Marguerite Yourcenar, Hadrien étudie **le grec** avec passion. On le surnomme le « *graeculus* », le « petit grec ». Son goût pour les études et les travaux intellectuels est prononcé.

S'attarder sur la vie d'Hadrien n'a que peu de sens ici puisque *les Mémoires d'Hadrien* eux-mêmes la racontent. À vous de la découvrir.

B. « Roman », « lettre » ou « Mémoires » ? À quel genre appartient cette œuvre ?

Dans les **premiers brouillons**, Hadrien n'était pas le seul à prendre la parole, à dire « je ». Yourcenar faisait s'entrecroiser les points de vue de différents personnages : Plotine, Antinoos, Hadrien, etc. qui prenaient la parole chacun à leur tour. Le choix du point de vue du seul Hadrien n'a pas été facile mais s'est imposé à elle, pour donner naissance à une œuvre tout à fait originale.

Mêlant des genres très variés, les *Mémoires d'Hadrien* sont **inclassables.**

1. Une lettre adressée à Marc-Aurèle

Les *Mémoires d'Hadrien* se présentent, dès la première phrase sous la forme d'une seule et longue lettre. Ils commencent en effet par la formule « Mon cher Marc ». Et tout au long des *Mémoires*, de façon régulière, le narrateur s'adresse à ce destinataire, utilisant la deuxième personne du singulier.

Le lecteur peut deviner dès la première page, à partir du titre et de ses connaissances en histoire antique, qu'il s'agit de Marc-Aurèle, petit-fils adoptif d'Hadrien. Si le lecteur n'a pas deviné qu'il s'agit de Marc-Aurèle, il lui faudra attendre la fin du chapitre intitulé *Disciplina Augusta* (p. 289) pour voir apparaître le nom du successeur d'Hadrien.

Les adresses faites à Marc-Aurèle sont présentes tout au long du livre, mais elles sont peu nombreuses et très souvent lapidaires. On apprend à la page 29 que ce Marc a dix-sept ans, mais c'est à peu près tout ce qu'on apprend de lui. L'auteur ne cherche pas à s'attarder sur ce futur empereur. Elle ne fait aucune allusion, au cours du roman, aux moments que les deux hommes ont pu partager. C'est toujours au détour d'une anecdote ou d'une réflexion que la deuxième personne du singulier apparaît pour disparaître presque aussitôt. Par exemple, lorsqu'Hadrien fait le portrait de son aide de camp Céler, il s'adresse brièvement à Marc-Aurèle : « Je pris pour aide de camp un jeune tribun nommé Céler, à qui je m'attachai. Tu le connais [...] Je te recommande Céler. » (p. 257) Toutefois, à certains endroits, il parle de son successeur sur le trône impérial en donnant l'impression qu'il a oublié que son destinataire est précisément celui qui prendra sa suite. (p. 263 « L'écroulement de Rome, s'il se produisait, concernerait mes successeurs. »)

Le narrateur ne parle longuement de Marc-Aurèle que dans les deux dernières pages du chapitre *Disciplina augusta* (p. 289). Et ce chapitre se situe juste avant l'épilogue.

2. Des Mémoires

Trois mots différents ne doivent pas être confondus ici :

- la **mémoire** (mot féminin) : faculté qu'a l'homme de garder un souvenir, de conserver une information ;
- le **mémoire** (mot masculin) : registre dans lequel, autrefois, les entrepreneurs notaient les sommes qui leur étaient dues ; c'est l'ancêtre du tableau Excel ;
- les **Mémoires** (mot masculin, au pluriel, avec une majuscule) : récit qu'une personne fait des événements auxquels elle a participé ou dont elle a été témoin.

Les personnes qui écrivent leurs Mémoires sont généralement des personnes connues ou ayant côtoyé des personnes connues. Elles publient leurs Mémoires à la fin de leur vie et révèlent des événements jusque là tenus secrets mais qui concerne les grands de ce monde, le roi et ses courtisans, le chef de l'État et son gouvernement, etc. Ainsi, Joinville, au XIIIe siècle, s'appuie sur ses souvenirs pour raconter la vie de Saint Louis dont il révèle des anecdotes encore inconnues du grand public. Le XVIIe siècle connaît de grands mémorialistes. Saint-Simon, mémorialiste très célèbre, rapporte des détails croustillants concernant les courtisans du règne de Louis XIV.

Yourcenar, dans son livre, prétend que l'empereur romain Hadrien, à la fin de sa vie, prend la plume pour raconter sa vie. Ce livre présente toutes les **carac-**

téristiques formelles des Mémoires ; le narrateur adopte la posture du mémorialiste :

- il parle **à la première personne du singulier** ;
- il écrit **à la fin de sa vie** ;
- il a été impliqué **dans les plus hautes sphères politiques de son temps** ;
- il ne parle pas en temps qu'empereur, mais en tant qu'homme : on entre dans son intimité d'homme ; il nous fait part de ses **réflexions et méditations**.

Dans ses *Carnets de notes*, Yourcenar explique pourquoi elle n'a pas écrit son roman sous forme de « journal », mais sous forme de « Mémoires ». Le journal est écrit au jour le jour et doit être écrit régulièrement. L'homme d'action n'a pas le temps de tenir un journal. Il écrit ses Mémoires, au soir de sa vie, lorsque le temps est venu de l'inactivité.

3. Un roman historique

À plusieurs reprises dans ses Carnets de notes, Marguerite Yourcenar parle de son livre comme d'un « roman ». En effet, bien que son sujet soit historique, Yourcenar, pour donner à son livre la forme de Mémoires, a inventé plusieurs anecdotes et réflexions, que l'on ne peut attribuer à Hadrien lui-même.

Dans un roman historique, vérité et fiction sont étroitement entremêlées. Yourcenar a effectué de nombreuses recherches pour faire le portrait le plus fidèle possible d'Hadrien. Elle s'appuie sur des travaux d'historiens dont elle s'écarte fort peu.

La source historique principale de Yourcenar se trouve dans *Histoire Auguste.* Ce recueil, rédigé par plusieurs auteurs antiques, contient des biographies d'empereurs dont la première est celle d'Hadrien, aussi appelée *Vita Hadriani* (vie d'Hadrien). Il a été rédigé IVe siècle. Yourcenar a aussi lu les *Annales* de Tacite, les *Lettres à Lucilius* de Sénèque, l'*Histoire romaine* de Dion Cassius.

Nous pouvons distinguer les **événements biographiques** des **événements historiques**.

- Parmi les **événements biographiques**, nous trouvons par exemple les tentatives de suicide d'Hadrien, son amour pour Antinoos, ou encore la tentative d'assassinat d'Hadrien par un esclave (p. 128). Yourcenar reprend cet épisode relaté par *l'Histoire auguste,* mais avec quelques variantes. Le parc de *l'Histoire auguste* devient dans les *Mémoires d'Hadrien* une exploitation minière ; l'épée devient simple couteau ; l'esclave devient un simple mineur qui « point illogiquement [...] se vengeait sur l'empereur de ses quarante-trois ans de servitude. » Yourcenar parvient ainsi à expliquer le geste de l'esclave et à montrer l'humanité d'Hadrien qui, épargnant son malheureux agresseur, s'en fait un serviteur fidèle.

- Hadrien ayant été empereur, les événements qui le concernent sont bien souvent étroitement **liés à la grande histoire**. Ainsi, les traités de paix qu'il signe en Orient, la consolidation des frontières de l'empire, ou la dernière campagne militaire qu'il mène à Jérusalem contre le rebelle juif Bar Kochba (p. 252), tout cela se trouve dans les manuels d'histoire concernant cette période.

Même si Marguerite Yourcenar dit chercher une vérité autre que celle de l'historien ou de l'archéologue, ses évocations historiques sont documentées et fidèles, fruit de patientes recherches et de nombreuses visites des lieux où vécut Hadrien.

Pour conclure, les *Mémoires d'Hadrien* sont **un roman qui prend la forme d'une autobiographie fictive, et plus précisément de *Mémoires* fictifs.**

C. Comment le roman est-il construit ?

1. Autour de l'œuvre : l'épigraphe, les carnets de notes, la « note » finale

L'épigraphe

L'**épigraphe** est une courte citation que l'auteur met en tête d'un chapitre ou d'un livre. Dans le roman de Yourcenar, la citation est en latin :

Animula vagula blandula,
Hospes comesque corporis,
Quae nunc abibis in loca,
Pallidula, rigida, nudula,
Nec, ut soles, dabis iocos.

Selon l'*Histoire auguste* ce court poème serait l'**épitaphe** d'Hadrien, qu'il aurait écrite lui-même.

Attention : Ne pas confondre épigraphe et épitaphe. L'épitaphe est la courte phrase inscrite sur une tombe.

Nous retrouvons ce court poème, traduit par Yourcenar, dans l'épilogue des Mémoires d'Hadrien. Présent au début et à la fin du roman, ce poème crée un effet de boucle et semble circonscrire, de façon émouvante, le témoignage posthume de l'empereur..

Les Carnets de notes des Mémoires d'Hadrien

Sorte de préface placée après le livre, les « carnets de notes » des *Mémoires d'Hadrien* ont été rédigés par Yourcenar en même temps que le roman.

Ils contiennent des informations précieuses concernant **le contexte de rédaction de son œuvre**, et les commentaires de l'écrivain sur son propre travail. Ils doivent absolument être pris en compte dans l'étude des *Mémoires d'Hadrien*.

La note finale

Dans une longue note, placée après les Carnets de notes, Marguerite Yourcenar détaille avec une **précision d'historienne** quelles ont été ses sources. Elle explique aussi les choix qu'elle a faits et précise quels éléments elle a délibérément inventés.

2. La structure de l'œuvre

Les *Mémoires d'Hadrien* sont constitués de **six chapitres**, non numérotés, portant chacun un nom latin :

- ***Animula vagula blandula*** : Petite âme, tendre et flottante (premier vers de l'épigraphe)
- ***Varius multiplex multiformis*** : Varié, multiple et changeant
- ***Tellus stabilita*** : La terre retrouve son équilibre
- ***Saeculum aureum*** : Siècle d'or
- ***Disciplina augusta*** : Discipline auguste
- ***Patientia*** : Patience

Le premier et le dernier chapitre correspondent au **prologue** et à l'**épilogue**. Ils évoquent l'agonie d'Hadrien et sa méditation sur sa fin prochaine.

Dans les quatre autres chapitres, Hadrien raconte sa vie dans un **ordre chronologique**. Le chapitre *Varius multiplex multiformis* raconte la période des apprentissages variés, qui est aussi l'époque des opinions contradictoires et changeantes ; le chapitre *Tellus stabilita* évoque les décisions et actions qui concourent à la mise en place d'un ordre, la recherche d'équilibre entre un centre (Rome) et ses périphéries (les provinces romaines) ; le chapitre *Saeculum aureum* est centré sur la figure d'Antinoos, jeune homme dont Hadrien s'est épris ; et enfin le chapitre *Disciplina augusta* raconte la vieillesse de l'empereur après la mort d'Antinoos.

3. Quelques grandes thématiques transversales

Des thématiques se retrouvent tout au long de l'œuvre et en favorisent l'unité :

- L'empereur et la mort (les tentatives d'assassinat, les tentatives de suicide, les combats militaires, la maladie, la longue agonie, etc.)
- L'empereur et l'amour (Sabine, Plotine, Antinoos, etc.)
- L'empereur et la paix (conquêtes, frontières, soldats, traités, décrets, etc.)
- L'empereur et les dieux (astrologies, rites, cultes, divinités, etc.)
- L'empereur et les lettres (le grec, les hommes de lettres, etc.)

D. Le parcours associé : « soi-même comme un autre »

« Soi-même comme un autre » est le titre d'un ouvrage de Paul Ricœur paru en 1990.

1. Origine et élucidation de l'expression

Paul Ricœur (1903-2005), philosophe français du XXe siècle, a publié en 1990 une œuvre intitulée *Soi-même comme un autre*. Cette œuvre comporte dix études philosophiques qui réfléchissent à la notion d'identité, et s'interrogent sur la frontière entre le même et l'autre. Le soi ne peut-il être considéré comme un autre ?

Selon l'expression d'**Arthur Rimbaud** dans sa lettre à Paul Demeny le 15 mai 1871 : « Je est un autre ». Le pronom personnel « Je » est conjugué à la troisième personne du singulier, pour signifier que le moi contient une part d'altérité. Le poète « cherche son âme, il l'inspecte, il la tente, il l'attend ». Cette expression indique la dualité inhérente au poète qui « cherche en lui-même ».

Toutefois l'expression de Paul Ricœur est bien différente de celle de Rimbaud. Il ne parle pas du « moi », mais du « soi ». Le « soi » n'est pas « moi », n'est pas « je ». Il est le réfléchi de toutes les personnes grammaticales ; il se conjugue d'emblée à la troisième personne du singulier ; il implique une idée de globalité ; il renvoie d'un coup à tout être humain.

L'expression « soi-même comme un autre », au moyen de l'adverbe « comme », met sur un pied d'égalité « soi-même » et « un autre ». Or, ces deux mots *a priori* s'opposent : quand on est « soi-même », on n'est pas « un autre ». D'autres peuvent nous ressembler mais ils ne sont pas nous. Je ne suis pas l'autre ; je me distingue de l'autre ; je peux même me définir précisément comme n'étant pas l'autre. L'identité peut se définir par opposition à l'altérité.

Et pourtant, comme l'écrivait **Platon** dans son *Théétète*, la pensée est un dialogue de l'âme avec elle-même. L'âme, quand elle pense, ne fait que « s'adresser à elle-même les questions et les réponses, passant de l'affirmation à la négation. » L'altérité est ainsi inscrite au cœur même du « soi », dans sa dimension la plus intime qui est sa dimension réflexive. C'est d'ailleurs pour cette raison que les écrits de Platon prennent toujours la forme d'un dialogue entre deux personnes, reflétant le dialogue de l'âme avec elle-même.

D'un point de vue grammatical, la dimension réflexive est inhérente au pronom personnel « soi » : dans la grammaire française, ce pronom est appelé un « pronom réfléchi » (celui que l'on retrouve dans tous les verbes pronominaux : « se » laver, « se » lever, « se » vêtir, « se » nommer, « se » présenter, etc.). Il indique une action faite par soi sur soi. Et il implique de ce fait une distance de soi à soi, une frontière à l'intérieur de soi.

Paul Ricœur, dans la préface de son livre, explique longuement le titre qu'il a choisi. Commentant le choix de l'adverbe « comme » pour relier « soi-même » et « un autre », il écrit : « Au « comme », nous voudrions attacher la signification forte, non pas seulement d'une comparaison – soi-même semblable à un autre-, mais bien d'une implication : soi-même en tant que... autre. » L'altérité, loin de s'opposer à l'identité, lui serait donc inhérente. L'identité ne peut se définir sans prendre en compte une altérité ; l'identité implique l'altérité à un degré profondément intime.

En choisissant le titre de l'ouvrage d'un philosophe, celui de Paul Ricœur, comme intitulé du parcours associé aux *Mémoires d'Hadrien*, le programme indique une porte d'entrée dans l'œuvre de **Marguerite Yourcenar** : sa portée philosophique. Sa réflexion sur l'homme doit être prise en compte autant que sa logique romanesque ou sa dimension historique.

L'œuvre de Yourcenar dont nous avons interrogé le genre (est-ce une lettre, des Mémoires, un roman ?) peut être considérée comme une longue méditation philosophique à la première personne.

2. Hadrien comme une autre Marguerite

Si l'on appliquait l'expression de Paul Ricœur au roman de Yourcenar, à qui renverrait le « soi-même » ? Le soi pourrait être le personnage du récit, Hadrien, ou son auteur, Marguerite Yourcenar.

Hadrien : une distance de soi à soi

Il convient en premier lieu de bien distinguer deux notions : celle de personnage et celle de narrateur. Le narrateur est celui qui raconte l'histoire. Le personnage est celui dont on raconte l'histoire. Dans ce récit à la première personne, il semblerait que les deux se confondent, puisque le narrateur raconte sa propre histoire. Le personnage principal de son récit, c'est lui-même.

Cette identité du narrateur et du personnage, cette identification de l'un à l'autre, ne doit pas nous aveugler.

Le narrateur, un vieil homme malade sur le point de mourir, raconte la vie du jeune homme et de l'homme d'âge mûr qu'il a été. Une distance de soi à soi s'établit alors naturellement. C'est la distance temporelle entre le moment où il écrit et le moment dont il parle. Deux « soi » sont en tension perpétuelle : celui d'aujourd'hui et celui d'autrefois. Ils se confondent et se distinguent.

Il faut ici glaner, au fil de votre lecture, les passages où l'empereur Hadrien commente avec plus ou moins de bienveillance l'homme qu'il a été autrefois, les décisions qu'il a prises, les pensées qu'il a eues.

Marguerite Yourcenar, un autre Hadrien ?

À première vue, Marguerite Yourcenar, bien qu'écrivant à la première personne du singulier, ne parle pas d'elle. Le titre est sans ambiguïté : elle se met à la place d'Hadrien, elle s'efface derrière la figure de l'empereur.

Mais peut-elle faire parler Hadrien sans y mettre un peu d'elle-même ? Faisant le choix du récit à la première personne, elle ne prend pas la posture neutre de l'historien qui ne raconte que les faits les plus objectifs. Son choix montre sa volonté de faire revivre Hadrien en lui donnant une épaisseur plus humaine, en inventant une intériorité à Hadrien. Elle a cherché à : « Refaire du dedans ce que les archéologues du XIXe siècle ont fait du dehors ». (*Carnets de Notes*, p. 327)

Pour inventer l'intériorité d'Hadrien, Marguerite Yourcenar n'a pas pu se contenter des ouvrages d'historiens, de biographes et des quelques écrits laissés par Hadrien. Ce sont ses souvenirs et son expérience qui lui permettent de donner de l'épaisseur à son personnage. Elle le suggère elle-même lorsqu'elle écrit dans ses carnets de notes qu'à vingt ans, elle était trop jeune pour écrire ce livre. Mais dans un même temps, il lui fallait dépasser l'âge de quarante ans pour pouvoir mettre une juste distance entre son personnage et elle. Elle utilise certes ses propres souvenirs, mais, comme elle l'écrit si bien dans ses *Carnets de Notes* (p. 322), ils doivent lui être devenus aussi éloignés d'elle que le IIe siècle.

Nous vous invitons ici à repérer les passages où Yourcenar nous donne à lire les méditations d'Hadrien sur la maladie, la mort, l'amour, le suicide, le courage, la liberté, etc. Ces réflexions sont bien plus imprégnées de leur auteur que les passages où Hadrien, soldat et empereur, raconte ses faits et gestes.

La tentation est grande de prendre certains de ces passages pour des confessions de l'auteur. Elle écrit ainsi à la fin de l'avant-dernière partie du chapitre *Disciplina augusta* (p.273): « Je n'ai pas d'enfants et ne le regrette pas. [...] Je ne tiens pas à me léguer à quelqu'un. Ce n'est point par le sang que s'établit d'ailleurs la véritable continuité humaine. » N'est-ce pas Marguerite Yourcenar elle-même qui justifie ici le fait de n'avoir pas eu d'enfants comme étant un choix délibéré ? Les analyses qui sont faites sur l'amour qu'un homme porte à un autre homme peuvent être assez rapidement rapprochées de la vie que Marguerite Yourcenar a menée. C'est à Grace Frick, la femme qu'elle aime, qu'elle dédicace indirectement mais longuement son livre, en ne la désignant que par la première lettre de son prénom « G... », dans ses *Carnets de Notes* (p. 343).

Toutefois, il faut bien se garder de ces rapprochements hâtifs et ne pas trop rapidement identifier l'auteur et son personnage. Certes les deux sont toujours étroitement mêlés dans l'ambiguïté d'un seul et même « je », mais Marguerite Yourcenar ne prétend aucunement se raconter elle-même dans cette œuvre.

Elle écrit cette mise en garde, dans ses carnets de notes : « Grossièreté de ceux qui vous disent : Hadrien, c'est vous. » (*Carnets de notes,* p.341)

Les *Mémoires d'Hadrien*, rappelons-le, ne sont pas un livre autobiographique. Son autobiographie, en trois volets, est intitulée *Le Labyrinthe du monde.* Le premier tome paraît en 1974 et le dernier, inachevé, est publié après sa mort.

3. D'autres œuvres associées à l'œuvre et à son parcours

Cette œuvre est étudiée dans le cadre de l'objet d'étude « roman », le classant ainsi dans un genre bien défini. Pourtant, le genre des *Mémoires d'Hadrien*, nous l'avons vu, est très difficile à définir. Il est presque impossible de trouver une œuvre répondant aux mêmes critères. Il faudrait trouver un livre qui soit écrit à la première personne du singulier, qui raconte l'histoire d'un grand homme ayant existé, et qui mêle les faits historiques aux éléments fictifs et pleinement inventés, autrement dit, il nous faut trouver les Mémoires d'un grand homme, prenant la forme d'une longue lettre à la première personne du singulier, écrite par une autre personne que lui...

Les *Mémoires* existent au XXe siècle. Suite à la Seconde guerre mondiale, de nombreuses personnes dont le destin a été étroitement mêlé à celui de la nation prennent la plume pour raconter leurs hauts faits. Ce sont Charles de Gaulle, Raymond Aron ou André Malraux. Mais ces *Mémoires* sont très éloignés du roman historique de Yourcenar. Ils visent plus la vérité historique que la recherche littéraire.

Les œuvres qui nous semblent se rapprocher le plus de celle de Yourcenar sont celles d'André Gide et de Marcel Proust. Mais un petit détour par l'Antiquité est aussi possible.

Marc-Aurèle

Marc-Aurèle a écrit *Pensées pour moi-même.* Contrairement aux *Mémoires d'Hadrien* ce texte n'est pas fictif. Il a bien été écrit par un empereur romain. Par ailleurs, rédigé entre 170 et 180, il n'a pas été écrit par l'empereur à la fin de sa vie mais au jour le jour. Il prend donc la forme d'un journal plus que de *Mémoires* et l'auteur s'y adresse à lui-même, comme le titre l'indique, sans penser à un potentiel public ou auditoire. Certaines pensées traitent des mêmes thèmes que les *Mémoires d'Hadrien* mais avec une inflexion philosophique différente. Marc-Aurèle était stoïcien, tandis qu'Hadrien était épicurien.

André Gide

Marguerite Yourcenar a lu et connaît Gide, écrivain de grande renommée au début du XXe siècle. L'**influence gidienne** est probante dans l'œuvre de Yourcenar, notamment dans son premier roman publié, *Alexis ou le traité du vain combat.*

Auteur du célèbre roman *Les Faux-Monnayeurs* (1925), Gide a écrit de nombreux romans à la **première personne** du singulier. Dans le cadre du parcours associé « soi-même comme un autre », des extraits de *La Porte étroite, L'Immoraliste,* ou *Les Nourritures terrestres,* peuvent enrichir l'étude des *Mémoires d'Hadrien.*

Marcel Proust

Dans son roman *À la Recherche du temps perdu*, le narrateur de Proust a un statut bien particulier. Il dit « je » mais il ne peut être identifié à son auteur : Proust ne prétend pas écrire une autobiographie. L'auteur ne recherche pas à raconter fidèlement les événements de sa vie. Il les transpose.

L'étude d'un extrait de la *Recherche* peut être l'occasion de réfléchir au **statut du narrateur** dans les œuvres de Proust et Yourcenar. Une réflexion peut aussi être menée sur **la mémoire**.

Fiche méthode

Méthode

Construire le plan de la dissertation

A. Quel plan choisir ?

On choisit le plan en fonction de la formulation du sujet de dissertation.

Le plan répond à la **problématique** du devoir, tirée du sujet proposé.

Si le sujet est une question, on peut conserver cette question qui devient alors la problématique de la dissertation.

Si le sujet est une citation, on peut formuler la problématique ainsi : « on se demandera dans quelle mesure cette citation éclaire l'œuvre et le parcours étudiés ». On peut aussi reformuler les enjeux de la citation sous forme d'une ou plusieurs questions.

- Si le sujet est une **interrogation totale** (à laquelle on répond par oui ou par non), ou une **citation**, on va choisir un plan dit « dialectique », c'est-à-dire un plan en forme de **discussion** :

1. La première partie sera consacrée à justifier l'idée contenue dans la question du sujet ou la citation.
2. La deuxième partie montrera ensuite les limites de cette première idée, qu'on peut la nuancer, la compléter.
3. La troisième partie tentera de poursuivre la réflexion en relançant la réflexion à un niveau plus profond.

- Si le sujet est une **interrogation partielle**, à laquelle on ne peut pas répondre par oui ou par non, on adoptera un plan « explicatif », c'est-à-dire que la dissertation prendra la forme d'une **réponse de plus en plus approfondie** pour répondre à cette question.

B. Équilibrer et dynamiser le plan

À l'intérieur des grandes parties qui structurent la dissertation, il faut trouver des arguments qui constitueront autant de sous-parties : chaque argument vient justifier, de plus en plus précisément, l'idée de la partie et pousser la réflexion plus loin. Ainsi, à chacune de ses étapes, la dissertation est un exercice logique.

Chacun de ces arguments devra être illustré par un ou deux exemple(s) tiré(s) des textes.

Il est aussi important de réfléchir au contenu des parties et des sous-parties qu'aux liens qui les unissent : votre démarche doit être progressive (du plus évident au plus complexe par exemple) pour éviter que la dissertation ne devienne un catalogue d'idées sans dynamisme.

On conseille de prévoir entre deux et quatre sous-parties par grande partie de dissertation.

Le plan doit être préparé au brouillon, chaque idée doit être détaillée avec son exemple, afin de devenir un support efficace pour la rédaction.

Méthode appliquée

Sujet

↳ Le romancier doit-il faire de ses personnages des êtres extraordinaires ?

Consigne Vous traiterez ce sujet en vous appuyant sur votre lecteur du roman de Stendhal, *Le Rouge et le noir*, et sur les textes étudiés dans le cadre du parcours « Le personnage de roman, esthétiques et valeurs. »

Corrigé

Analyse du sujet

Les termes importants de ce sujet sont :

- « personnages » : le personnage est central dans le roman, genre littéraire assez peu défini, dont une des caractéristiques majeures est de s'organiser autour d'un ou plusieurs personnages dont le lecteur découvre l'histoire et l'intériorité par le biais d'un narrateur.

- « doit » : ce verbe contient le sens de l'obligation. Le sujet nous pousse à nous interroger sur l'existence de contraintes qui s'imposeraient au romancier pour plaire au lecteur, pour que l'œuvre soit réussie, intéressante.
- « extraordinaires » : qui sort de l'ordinaire, qui ne suit pas les règles communément admises, qui connaît une destinée unique, qui fait rêver, qui a une fonction exemplaire, qui se montre héroïque, etc.
  - le sujet porte sur la question de l'identification du lecteur au personnage : le personnage doit-il se révéler proche du lecteur, ou, au contraire, être un idéal distinct de la condition humaine ordinaire ?
  - le sujet porte aussi sur la question du réalisme, de la vraisemblance romanesque du personnage : peut-on croire en des personnages extraordinaires ?

A. Construire le plan

On ne peut entreprendre cette étape qu'après avoir trouvé les idées en déployant l'analyse du sujet.

1. Le choix du type de plan :

   Ici, le sujet est formulé sous la forme d'une interrogation totale, que l'on peut conserver pour la problématique du devoir, donc on va choisir un plan dialectique, en prenant comme point de départ le point de vue le plus évident.

   1. Justification de l'idée du sujet :

   Le héros de roman est nécessairement un être extraordinaire.

   2. Nuance :

   Toutefois, la réussite du roman peut tenir au fait que le romancier choisisse un personnage plus ordinaire, favorisant ainsi la reconnaissance par le lecteur d'un *alter ego*.

   3. Relance de la réflexion :

   Plus profondément, ne peut-on penser que, quelles que soient les caractéristiques du personnage, l'art du récit lui donne nécessairement un caractère extraordinaire ?

2. La construction des sous-parties : l'exemple de la partie 1

Le personnage de Julien Sorel montre que le personnage de roman est nécessairement extraordinaire.

A. Le personnage de roman : un être hors du commun.

- Le romancier fait nécessairement du personnage de roman un être qui intéresse le lecteur par sa dimension exceptionnelle.

- Julien Sorel : s'il est inspiré à l'auteur par un fait divers, et réaliste au point que *Le Rouge et le Noir* puisse se lire comme une « Chronique de 1830 », Stendhal singularise pourtant Julien Sorel en le dotant d'un caractère exceptionnel au milieu de son époque.
- Tout le roman le montre à commencer par sa première apparition dans le roman, qui signale d'emblée au lecteur l'exception qu'il représente par rapport à son milieu.

B. Un héros qui suscite fascination et admiration

- Héritier des demi-dieux des épopées antiques, le héros se distingue traditionnellement par son courage et par sa bravoure.
- Par son aspiration à la liberté et sa force d'âme, on retrouve chez Julien Sorel les traces de cette origine littéraire du héros de roman : la capacité du personnage à se saisir des occasions pour montrer sa valeur le confirme.
- Il est ainsi objet d'admiration pour les autres personnages et pour le lecteur alors même que certaines de ses actions sont parfois moralement opaques (la séduction de Mme de Rênal, dictée par l'amour et l'ambition à la fois).

C. Une destinée héroïque ?

- Le roman de Stendhal est un véritable roman d'apprentissage par lequel le lecteur suit l'évolution du personnage jusqu'à une mort assumée.
- En cela, Julien Sorel est l'image d'un héros exemplaire par son combat de la médiocrité et de l'hypocrisie bourgeoises de son époque : le monologue final du personnage en prison récapitule l'ensemble du roman en réaffirmant ses valeurs.
    - Cette partie montre que Julien Sorel est un « être extraordinaire » selon trois points de vue : par le fait qu'il est exceptionnel par rapport à son milieu, par son caractère, par sa destinée.
    - On part du plus évident (son identité) au plus complexe (sa destinée romanesque)
    - Le raisonnement s'appuie sur des arguments développés et reliés à des moments précis du roman.

Sujet corrigé

Dissertation

Sujet

↳ Quels liens le roman de Mme de La Fayette *La princesse de Clèves* (1678) entretient-il avec la société de son temps ?

Consigne Vous nourrirez votre réponse à cette question de votre lecture personnelle du roman ainsi que d'autres œuvres littéraires de votre connaissance.

Corrigé

Le roman est le grand genre où l'individu et la société entrent en dialogue, que ce dialogue soit confrontation ou coopération. Le personnage de roman appartient à la société que le roman décrit et en même temps il s'en distingue : c'est dans ce jeu de va-et-vient de l'un à l'autre que se situe la richesse de l'œuvre. En quoi les personnages de *La Princesse de Clèves* répondent-ils aux attentes de la société de l'époque tout en les dépassant ? Nous verrons dans un premier temps que c'est un roman parfaitement dans le goût de son époque. Puis, nous verrons qu'il présente les mœurs et la vision du monde de la société de son temps. Enfin, nous nous intéresserons à l'avènement, dans le roman, d'un destin individuel qui délivre une vérité humaine universelle.

*

* *

La Princesse de Clèves se présente comme **une œuvre parfaitement adaptée au goût de la société de son époque**.

Le roman de Mme de La Fayette s'inscrit dans la lignée de grandes œuvres romanesques du XVIIe siècle ayant pour thème **l'exploration du sentiment amoureux**. Il suit le sillage de *L'Astrée*, d'Honoré d'Urfé, qui présente, dans un cadre pastoral, une action où domine une analyse lucide des passions, et où s'affirme la primauté de la raison sur les passions : « Il est impossible d'aimer ce qu'on n'estime pas », affirme un des héros du roman, donnant ainsi un encadrement rationnel (l'estime) à la passion amoureuse. Le second grand roman avec lequel celui de Mme de La Fayette entre en résonance est celui de Mlle de Scudéry, intitulé *Clélie*. Lui aussi est consacré, comme notre roman, à une analyse poussée du sentiment amoureux.

Le roman de Mme de La Fayette plaît à la société de son temps parce qu'il appartient au **courant précieux** très en vogue à l'époque. Dans les œuvres précieuses prédominent l'élégance, l'harmonie, une certaine légèreté et une aisance dans l'expression qui correspondent à une recherche de raffinement dans l'intrigue. En ce sens, *La Princesse de Clèves* est sans doute le plus grand des romans précieux. En témoignent l'insertion d'intrigues secondaires qui viennent interrompre et nourrir l'intrigue principale (l'histoire tragique d'Anne de Boulen, par exemple) ou le développement de situations compliquées voire peu vraisemblables (lorsque le duc de Nemours assiste à l'aveu de la princesse de Clèves à son mari, ou qu'il dérobe son portrait dans la chambre de la reine dauphine). La préciosité se lit aussi dans l'écriture sobre du roman, qui dévoile certaines habitudes typiquement précieuses : le goût pour les superlatifs (le duc de Nemours est « l'homme du monde le mieux fait et le plus beau »), les adjectifs en -able (*admirable, estimable*...).

Le roman reflète le goût de l'époque d'une troisième manière, en ce qu'il s'appuie sur une **toile de fond historique**. Contrairement aux romans précieux qui choisissent un cadre antique, Mme de La Fayette choisit comme cadre la cour des derniers Valois – cadre historique réaliste jusque-là plutôt réservé à la nouvelle. L'imaginaire contemporain fait de cette cour un lieu particulièrement raffiné, notamment par sa protection des arts et des lettres. Il s'agit de donner ses lettres de noblesse au roman en en rehaussant l'intrigue amoureuse par les événements politiques qui en sont l'arrière-plan. L'histoire d'amour de la princesse de Clèves et du duc de Nemours est rythmée par les nombreux événements qui marquent l'année 1558-1559 au cours de laquelle se déroule le roman (mariages royaux, tournoi qui cause la mort du roi, départ de Mme Élisabeth qui provoque celui du duc de Nemours). L'auteur redonne vie à des traditions anciennes (le tournoi), ou à des personnages historiques (Henri II, Catherine de Médicis, Diane de Poitiers, Marie Stuart), qui rendent présente au lecteur cette époque révolue. Toutefois, ce choix de l'éloignement temporel (certes récent) trahit une description très actuelle de la cour de Louis XIV. Mme de La Fayette crée un effet d'éloignement pour mieux parler à son lecteur de la société de son époque.

*

* *

Le roman de Mme de La Fayette peut se définir comme **une peinture des mœurs de son temps dont il épouse la vision du monde**.

La première empreinte que garde le roman, c'est celle de ce **« clair-obscur du monde »** (Philippe Sellier) dont témoignent les grandes œuvres écrites et publiées à partir de la seconde moitié du siècle. Les moralistes : Pascal, La Bruyère, La Rochefoucauld développent une vision pessimiste de l'homme et du monde, en cherchant à mettre au jour la vanité de toute chose, la petitesse des mobiles humains, la faiblesse de la volonté et la toute-puissance de l'amour-propre. Pour La Rochefoucauld, ami intime de l'auteur, « Nos vertus ne sont, le plus souvent, que des vices déguisés. » (*Maximes*, 1665) Le roman de Mme de La Fayette décrit la société de son temps avec ce même regard alourdi de pessimisme moral, qui fait que l'amour est regardé avec suspicion, et nécessairement voué à l'échec. Aussi peut-on comprendre le dénouement du roman comme le refus du « monde » pratiqué par les Solitaires proches de l'abbaye de Port Royal, véritable foyer spirituel et intellectuel de l'augustinisme. On peut à cet égard rapprocher le roman de la tragédie *Bérénice* (1670) de Racine, lui aussi marqué par Port Royal, qui présente également une histoire d'amour impossible où les protagonistes choisissent la séparation au nom d'exigences plus grandes qu'eux.

Le roman se fait miroir lorsqu'il présente une **critique virulente de la société de cour**. La cour d'Henri II, à peine déguisée sous le maquillage du roman historique, laisse apercevoir une transposition de la cour de Louis XIV, lieu symbolique où s'exprime avec fureur et sous les dehors les plus élégants la tyrannie de l'amour-propre. Comme après elle La Bruyère dans ses *Caractères* et Saint-Simon dans ses *Mémoires*, Mme de La Fayette se fait moraliste lorsqu'il s'agit de montrer dans la cour un lieu où règnent le faux-semblant et l'ambition, décrite comme « l'âme de cette cour ». Le personnage de la duchesse de Valentinois, maîtresse du roi, incarne particulièrement cette rivalité pour le pouvoir qui pervertit l'amour, et la narratrice ne manque pas de relever qu'à l'époque où elle situe son roman, celle-ci était devenue « maîtresse absolue de toutes choses ». Dans une telle expression, le brouillage entre l'amour et le pouvoir fait l'objet d'une condamnation implicite, mise en valeur par la syllepse sur le mot « maîtresse ».

On peut également remarquer **l'influence du modèle tragique** sur le roman. On l'a dit, le roman de Mme de La Fayette peut être rapproché de *Bérénice* de Racine, mais plus encore, on peut affirmer qu'il est tout entier empreint d'une « tonalité tragique » particulièrement en résonance avec la vision du monde de l'époque. On peut lire dans le renoncement final de la princesse de Clèves à la fin du roman un acte d'héroïsme stoïcien qui la rapproche des héros de Corneille dont la volonté lucide mène l'action : c'est le vieil Horace capable de souhaiter la mort de son fils plutôt que son déshonneur : « – Que vouliez-vous qu'il fît contre trois ? – Qu'il mourût » (*Horace*, 1640, acte III, scène 6). Mais elle peut également être envisagée comme une héroïne racinienne, dans la mesure où elle subit sans les avoir voulus les ravages de la passion : en ce sens, on la rapprochera de Phèdre. Toutes deux connaissent ce « trouble » qui brouille leur vue, empêche leur action, leur font désirer ce qui n'est pas admis et avouer ce qu'elles voulaient cacher. Comme dans *Phèdre*, la richesse de notre roman réside dans un personnage incarnant à sa manière unique une passion connue de tous.

*

* *

Profondément ancré dans la société de son époque, le roman de Mme de La Fayette est aussi **le roman d'un individu singulier, apte à délivrer une vérité d'ordre universel**.

On a présenté ce roman a posteriori comme **le premier des romans d'analyse**. En effet, le roman de Mme de La Fayette transpose dans la fiction des sentiments vrais, partagés et vécus par tout un chacun. Les analyses du progrès de la passion dans l'âme des personnages – Mme de Clèves, M. de Nemours, M. de Clèves – loin de ne parler qu'au lecteur du XVIIe siècle, sont susceptibles d'apporter un éclairage au lecteur du XXIe siècle. Celui-ci peut comparer son expérience avec celle du personnage, et ses propres conclusions avec les siennes. Le souci d'analyse du personnage principal se lit dans un type de scène en particulier : celles qui, tels de véritables examens de conscience, adviennent après des moments de trouble. La princesse, seule, retirée, se ménage un moment de pause réflexive pour tirer les fils de l'événement qui vient de lui procurer une si forte émotion : une rencontre avec le duc de Nemours, un mot échangé, une phrase qui a fait naître en elle un soupçon de jalousie. L'aspect méthodique de ces réflexions entraîne le lecteur : on est plongé dans une conscience à laquelle on s'identifie. Parce qu'il met en scène des sentiments que nous éprouvons, le drame vécu par la princesse de Clèves nous touche directement – et d'autant plus si l'on sait que le personnage n'a que quinze ans au début du roman…

Dans la mesure où *La Princesse de Clèves* est aussi **un roman d'apprentissage**, l'expérience acquise par le personnage principal peut servir, pour tout lecteur, de point de départ à une réflexion sur l'amour. Rappelons les deux impératifs classiques *placere* et *docere* : plaire et instruire. Mme de La Fayette, qui veut faire une place au roman parmi les genres les plus nobles, s'efforce d'y faire passer une sagesse humaine. Mais le roman n'est pas un livre de morale : il n'apporte pas de réponse, il ne dit pas comment faire, il ouvre à des questionnements qui résonnent à toutes les époques. C'est pourquoi les interprétations s'affrontent sur le sens à donner au dénouement du roman : certains y voient une fuite du monde par peur de l'amour ; d'autres un refus idéaliste de ses réalités trop décevantes ; d'autres une attitude faussement vertueuse, car trop orgueilleusement stoïque ; d'autres encore l'affirmation de la primauté de la vie spirituelle… Mme de La Fayette le prévoyait-elle ? Son œuvre se prête à une actualisation toujours renouvelée par le débat.

Pour finir, nous dirons que le roman présente **un destin singulier**, et qu'il offre ainsi une illustration des possibilités de la liberté humaine éclairée par une conscience lucide. Là, le roman de Mme de La Fayette se distingue de la tragédie racinienne. Il nous met en présence d'un personnage capable de poser à la fin un acte de volonté libre, au terme d'un long cheminement réflexif, où l'expérience acquise par les événements s'est transmuée en une sagesse de vie. D'abord influencée par l'éducation maternelle, et longtemps sensible à l'opinion du microcosme social (la cour) auquel elle appartient, la princesse de Clèves s'affranchit finalement des discours extérieurs (le choix final d'une vie hors du monde en est une métaphore) pour se conformer aux exigences de son propre discours. Le roman présente l'avènement d'une jeune femme à sa propre pensée, par la mise en œuvre d'un langage propre – ce qui la rapproche de l'Agnès de *L'École des femmes* (1662) de Molière – et donc, à sa propre liberté.

*

* *

Le roman de Mme de La Fayette a été conçu pour plaire à la société de son temps. Il s'adapte parfaitement au goût de ses lecteurs, en s'inscrivant dans une tradition romanesque qu'il personnalise tout en la renouvelant. En ce sens, il se veut aussi miroir de la société de son temps, qu'il observe d'un œil à la fois admiratif et critique. Mais, ce qui en fait un chef-d'œuvre, c'est la force avec laquelle il se hausse au-dessus des contingences propres à son époque pour proposer un discours sur l'être humain à tout être humain qui voudra bien le lire.

Objet d'étude 4

Le théâtre du XVIIe au XXIe siècle

Introduction

L'étude du genre théâtral repose sur un choix de trois œuvres au programme, qui sont les suivantes :

- *Phèdre*, de Jean Racine, 1677
- *Le Mariage de Figaro*, de Beaumarchais, 1778
- *Oh les beaux jours*, de Samuel Beckett, 1961

S'il est difficile de dégager l'unité d'un tel corpus, il apparaît en revanche que ces trois œuvres sont toutes représentatives de l'évolution des motifs et du langage théâtraux.

Pour se préparer à l'écrit et à l'oral du baccalauréat, l'élève étudie **l'une de ces trois œuvres**.

S'entraîner au commentaire

Synthèse de cours

I. Panorama de l'histoire du théâtre

En plus de deux mille ans d'histoire, le théâtre a connu des évolutions majeures, qui ont toutes permis la régénération du genre, depuis les temps anciens jusqu'à l'extrême contemporain. Art qui reproduit la vie sur scène, il formule, en les représentant, les questions les plus impérieuses de l'âme humaine. C'est pourquoi, sans doute, il se trouve toujours, depuis si longtemps, des gens pour se réunir, la journée ou le soir, dans l'espace si particulier du « *theatron* », le lieu « où l'on voit ».

A. De l'antiquité au XVIIIe siècle

1. L'origine du théâtre

Le théâtre est un genre ancien, dont on trouve des traces dès la préhistoire. Néanmoins, en Occident, c'est durant la période antique, dans les civilisations gréco-romaines, qu'il se développe de manière à atteindre la forme que nous lui connaissons aujourd'hui.

Le théâtre naît d'un rite religieux dionysien, au cours duquel il s'agissait de déclamer un chant en l'honneur du dieu. Durant les cérémonies ont lieu des concours de tragédies, représentées dans des édifices en plein air, durant la journée entière le plus souvent. Les pièces comportent alors de larges parties chantées, et d'abord un seul acteur, nommé le « protagoniste ». Au fur et à mesure du temps, on lui adjoint un, puis deux partenaires de jeu, et le dialogue domine alors la représentation.

Deux genres majeurs émergent ainsi : la tragédie, qui met en scène des personnages légendaires, issus des grandes épopées, confrontés aux dieux qui châtient leur démesure et leurs passions, **et la comédie**, qui met en scène des gens du peuple autour de conflits essentiellement matrimoniaux. Les œuvres sont structurées de façon figée, avec des « épisodes » contraints : prologue, entrée et premier chant du chœur, épisodes entrecoupés d'autres chants qui commentent l'action en cours, puis sortie du chœur.

Le jeu théâtral est entièrement assumé par des hommes, et utilise le port du masque, qui fixe des émotions caricaturées. Les auteurs et œuvres majeurs de la période sont :

- pour les **Grecs** : Euripide (*Médée*), Sophocle (*Œdipe*, *Antigone*) ou Aristophane (*Les Oiseaux*, qui est une comédie) ;
- pour les **Romains** : Sénèque (*Médée*), Plaute (*La Marmite*).

2. Le théâtre médiéval

Le théâtre médiéval est souvent appelé « de foire ». En effet, la scène, souvent constituée de simples tréteaux de bois est placée au cœur du village, lors de fêtes réunissant commerçants et spectacles. C'est donc un art populaire, qui n'a cependant pas tout à fait perdu sa vocation religieuse. En effet, on y présente deux types de pièces, et notamment les mystères, qui relatent des épisodes de la vie des saints, tirés des grands textes religieux. On peut également y voir des farces, c'est-à-dire des comédies légères, brèves, volontiers grivoises, comme la célèbre *Farce de Maître Pathelin*.

3. La commedia dell'arte

L'interdiction par l'Eglise de la représentation des mystères détache définitivement le théâtre de sa matrice religieuse. Durant la Renaissance européenne, c'est en Italie que le genre va connaître un nouveau souffle.

La commedia dell'arte réinvestit les types comiques de l'Antiquité, l'héritage du masque et les canevas d'intrigue traditionnels.

Elle présente une série de personnages constants, par exemple :

- Arlequin ou Brighella, les *zanni*, valets bouffons ;
- Pantalon ou le docteur, vieillard libidineux ;
- Colombine, l'amoureuse naïve.

La commedia dell'arte accentue la dimension burlesque, par le jeu des *lazzi*, des pièces improvisées contenant toute sorte de plaisanteries, en paroles, en gestes, ou en actions ridicules.

Très populaire depuis le XVIe siècle, **la commedia dell'arte influence Molière** qui partage avec les comédiens italiens du roi une salle. Il utilise le lazzo à de nombreuses reprises, notamment dans *Les Fourberies de Scapin*. Dans la scène de la bastonnade, le burlesque exagéré des accents et de la situation est représentatif de l'esprit des comédies italiennes.

B. Du théâtre classique au drame romantique

1. Le théâtre au XVIIe siècle

On dit traditionnellement que le XVIIe est le siècle du théâtre français. En effet, sous la plume de grands dramaturges, le genre va s'anoblir considérablement, notamment par sa reconnaissance comme « art officiel », effectuée par Richelieu. Au cours du siècle, les liens entre théâtre et pouvoir vont d'ailleurs se resserrer ; le roi Louis XIV étant lui-même un amateur du genre et agissant en puissant mécène auprès des auteurs du siècle, Molière en tête.

Dominé par l'esthétique classique, **soucieuse d'équilibre, d'harmonie**, de mesure et dans un projet d'imitation des Anciens, le XVIIe siècle va faire évoluer le théâtre vers une **codification stricte** bien connue.

La codification classique du théâtre

- Inspirée par la Poétique, de l'auteur grec Aristote, elle est exprimée par Boileau dans son *Art poétique*, que l'on peut considérer comme le manifeste de l'esthétique classique.
- Il nous dit, dans le « chant III » :

« Mais nous, que la raison à ses règles engage,
Nous voulons qu'avec art l'action se ménage ;
Qu'en un lieu, qu'en un jour, un seul fait accompli
Tienne jusqu'à la fin le théâtre rempli.
Jamais au spectateur n'offrez rien d'incroyable :
Le vrai peut quelquefois n'être pas vraisemblable.
Une merveille absurde est pour moi sans appas :
L'esprit n'est point ému de ce qu'il ne croit pas.
Ce qu'on ne doit point voir, qu'un récit nous l'expose :
Les yeux en le voyant saisiront mieux la chose ;
Mais il est des objets que l'art judicieux
Doit offrir à l'oreille et reculer des yeux. »

- Ici sont clairement formulés les cinq impératifs qui s'imposent particulièrement au genre tragique :
  - les trois unités, de temps, de lieu et d'action, qui favorisent la cohérence du propos.
  - la règle dite de bienséance, qui refuse la représentation de la violence ou de la mort sur scène.
  - la règle de vraisemblance, qui suppose que, malgré la mise en scène de héros éloignés du réel, le spectateur puisse juger leurs actes et leurs sentiments possibles.

Les frontières entre comédie et tragédie sont redessinées et rendues plus étanches, bien que certaines pièces, notamment le *Dom Juan* de Molière, jouent encore d'une certaine porosité. La tragédie devient le **genre noble** par excellence. Écrite en vers et en cinq actes, elle met en scène des **héros mythologiques ou historiques en proie à des conflits intenses, où amour et raison d'État s'entremêlent volontiers.** La comédie elle, de forme plus libre, repose sur les ressorts et personnages comiques traditionnels (notamment la figure du valet) et apparaît centrée sur la **sphère privée.** Molière néanmoins cherchera à l'élever au rang de la tragédie par ses pièces en vers, aux thèmes parfois sérieux, qu'on appellera « grandes comédies ». *Tartuffe, Le Misanthrope* en sont des exemples.

Les auteurs et œuvres majeurs de la période sont :

- **Pierre Corneille**, né au début du siècle, qui écrit l'un des triomphes du siècle, malgré ses irrégularités : *Le Cid*, une tragi-comédie.
- **Jean Racine**, le maître de la tragédie classique, qui écrit une dizaine de pièces qui feront sa fortune. Les plus célèbres sont *Phèdre* et *Andromaque*.
- **Molière**, à qui l'on doit les plus grandes pièces du répertoire comique, ainsi que la création de la troupe de la Comédie-Française, encore active aujourd'hui. L'œuvre de Molière contient des farces, comme *Le Malade imaginaire* et des « comédies sérieuses », ou « grandes comédies », comme *Tartuffe* ou *L'École des Femmes*, qui abordent les sujets graves de l'hypocrisie religieuse ou de la condition féminine. Il connaît la censure à plusieurs reprises, mais garde l'appui du roi.

4. Le théâtre des Lumières

Marivaux est, au début du XVIIIe siècle, le digne successeur de la comédie moliéresque. Lui aussi éduqué à l'école de la commedia dell'arte, il propose des comédies mêlant badinage amoureux (le « marivaudage », auquel il donne son nom), et réflexion sociale. Ses pièces se plaisent à mettre en scène des travestissements sociaux, les personnages cachant leur appartenance sociale pour séduire leur cible, le plus souvent de rang opposé. Dans *L'Ile des esclaves*, il fait d'ailleurs se livrer les personnages à une expérience salvatrice d'inversion des rôles, les valets devenant les maîtres et inversement. **Ce sont là les prémisses de la contestation sociale que le théâtre révolutionnaire portera**.

On l'ignore souvent mais le plus grand théoricien du théâtre de l'époque est le célèbre philosophe et encyclopédiste Denis Diderot. En effet, il initie des déplacements importants du genre en opposant à la distinction classique comédie / tragédie la notion de « drame bourgeois », formulée dans son *Entretien sur le Fils naturel*. Le drame bourgeois cherche **« le naturel »**, en proposant des sujets plus intimes, des peintures réalistes dans lesquelles le spectateur se reconnaîtra. L'émotion permet ici de délivrer une morale par **un processus d'identification plus abouti que dans la catharsis tragique**.

À la fin du siècle, c'est Beaumarchais qui revivifie le genre avec sa trilogie : *Le Barbier de Séville*, *Le Mariage de Figaro*, *La Mère coupable*. Ces comédies au rythme endiablé, riches en rebondissements et quiproquos, proposent en effet **une satire virulente de la société d'Ancien Régime**. Portées par la figure du valet Figaro, elles deviennent un vecteur de revendications sociales, exprimant avec lucidité les inégalités ancrées dans la société française, et dénonçant notamment les privilèges dont jouit encore la noblesse.

5. La naissance du drame romantique

Le sillon creusé par le drame bourgeois, la redécouverte de l'œuvre de Shakespeare au début du siècle et la propagation de l'esthétique romantique, libératrice des formes littéraires, permet l'émergence d'un nouveau genre : **le drame romantique**.

Théorisé par Victor Hugo dans sa préface au drame intitulé *Cromwell*, le drame romantique présente les caractéristiques suivantes :

- **Un assouplissement de la versification**. L'alexandrin cesse d'être déclamatoire, il tente d'accéder à la souplesse du parler naturel. La stichomythie est davantage exploitée, les coupes du vers se déplacent, les enjambements sont réguliers.
- **Un mélange des registres, par la représentation du « sublime » et du « grotesque »**. Les passions les plus transgressives sont conjurées, les êtres les plus ambigus accèdent à une forme de sainteté, dans un espace où peuvent aussi avoir lieu les plus grandes bouffonneries et la représentation de la réalité la plus triviale. Ainsi, dans *Lucrèce Borgia*, le personnage monstrueux de Lucrèce apparaît réhabilité sous les traits d'une mère au cœur pur alors que son valet Gubetta peut lui se livrer sur scène à des démonstrations d'ivrognerie.
- **Un éclatement de la codification classique contre laquelle on privilégie l'unité « d'ensemble »**, qui se donne simplement pour but d'assurer

le lien entre les différents niveaux d'intrigue et les différents lieux. La bienséance est écartée.

- **Une recherche de la « couleur locale »**. Le drame romantique campe des époques et des lieux divers, que l'on cherche à représenter sur scène par des touches folkloriques. Par exemple, les décors gothiques sont longuement détaillés dans les didascalies de *Lucrèce Borgia*. D'une façon générale, le drame romantique présente une théâtralité plus importante que le corpus classique : il propose à l'œil du public un spectacle plus vivant.

Le drame romantique naît dans les années 1830 et donne lieu à une querelle esthétique célèbre, nommée la « bataille d'*Hernani* », du nom d'une pièce de Hugo dont la représentation avait tourné au pugilat entre admirateurs et détracteurs de cette nouvelle vision du théâtre.

Les grandes pièces du répertoire romantique sont les suivantes :

- *Ruy Blas*, *Hernani* et *Lucrèce Borgia*, de Victor Hugo. Dans *Ruy Blas*, dont l'action est située en Espagne à la fin du XVIIe siècle, un personnage de laquais tombe amoureux de la Reine d'Espagne. Pour l'atteindre, il accepte sans le savoir de servir la vengeance de son maître Don Salluste, écarté de la cour et cherchant à faire payer à cette dernière le prix de son exclusion. Pour cela, Ruy Blas se travestit et prend la place de Don César, ministre, quittant sa condition misérable. La Reine l'aime sous cette apparence. Lorsque Ruy Blas comprend qu'il sert des projets dangereux pour la femme aimée, il tue Don Salluste et révèle son identité véritable. La Reine, alors qu'il se meurt, empoisonné sous ses yeux, le reconnaît pour ce qu'il est. Ruy Blas est alors en paix.
- *Lorenzaccio*, de Musset. Dans le contexte florentin de la Renaissance, Lorenzo, un jeune homme désabusé, projette le meurtre du tyran Alexandre de Médicis, qui vit de débauche et d'immoralité. Lorenzo espère que son assassinat favorisera la prise de pouvoir des républicains, et pour servir sa cause, accepte de se compromettre en fréquentant assidûment Alexandre. Mais le crime, une fois commis, ne permet pas de faire aboutir la révolution attendue et Lorenzo, déshonoré, offre lui-même sa tête à ses poursuivants.

Le drame romantique est concurrencé à la fin du siècle par les comédies de « vaudeville », qui mettent en scène les infidélités conjugales. Néanmoins, en 1897, un drame romantique tardif, *Cyrano de Bergerac*, écrit par le jeune Edmond Rostand, connaît un succès absolument considérable.

C. Le théâtre moderne et contemporain

1. Le renouveau de la tragédie

La première moitié du XXe siècle voit prospérer le phénomène des réécritures. Dès les années 20 ou 30, les dramaturges réinvestissent la matière antique des grands mythes où s'enracine la tragédie. Ainsi, Giraudoux écrit *La Guerre de Troie n'aura pas lieu* qui reprend les origines du conflit légendaire tout en devenant, à l'aube de la Seconde Guerre mondiale, une fable visionnaire sur la paix. En 1932, Cocteau, avec notamment *La Machine infernale*, évoque le mythe d'Œdipe. Il s'était déjà attaqué à Antigone et Orphée dans les années précédentes, par des pièces éponymes.

Le traumatisme de la Seconde Guerre mondiale va faire naître l'idée d'un théâtre dit **« engagé »**, qui dénoncera les **dangers de l'autorité** et développera en filigrane **le thème de la résistance**. Ainsi Anouilh réinterprète-t-il la figure d'Antigone. Dans *Les Mouches,* Sartre évoque à travers Oreste et Electre, la question de la liberté d'agir dans un monde corrompu. Camus, avec *Les Justes*, fait peser sur ses personnages le poids de l'idéal politique, qui tient lieu de destin et dont la quête semble incompatible avec les aspirations humaines à l'amour et au bonheur personnel. *Les Justes* sont, en effet, les victimes sacrificielles de la justice sociale, bien plus que des terroristes régnant par l'horreur.

2. Le théâtre de l'absurde

Alfred Jarry, Samuel Beckett et Eugène Ionesco en sont les auteurs principaux. Le théâtre de l'absurde, parfois qualifié d' « anti-théâtre » agit en réaction au théâtre engagé des années 40/50, et part du constat des ruines de l'idéologie post-guerre. Que nous dit l'absurde ? Que le théâtre est le lieu du non-sens, dénué de personnages et d'intrigue, utilisant un langage en distorsion, et que c'est précisément ce dispositif **à la fois dérisoire et inquiétant** qui représentera le mieux le tragique de la condition humaine déjà clairement révélée par l'abjection nazie**.** Les pièces majeures sont : *En attendant Godot, Oh les beaux jours*, de Beckett, *La Cantatrice chauve*, *Rhinocéros*, de Ionesco, *Ubu Roi,* de Jarry.

Contrairement aux tragédies modernes ou modernisées citées plus haut, le théâtre absurde n'est pas toujours sérieux. Au contraire, il s'appuie sur une dimension burlesque omniprésente qui provoque un rire souvent grinçant, révélateur du malaise de l'incommunicabilité ou de la violence latente des rapports humains et de « l'effondrement du réel ».

3. Le théâtre depuis les années 60

Les voies théâtrales se sont donc largement ouvertes. Dans les années 1980, le théâtre d'un jeune auteur, Bernard-Marie Koltès invente la mythologie de la nouvelle génération. Il élève au rang de mythe la figure du criminel bien réel *Roberto Zucco*, s'inspirant d'un fait divers sordide. Avec *La Nuit juste avant les forêts*, il met en scène le flot de parole continu d'un marginal, qui cherche à retenir son interlocuteur pour soulager sa détresse. C'est un théâtre urbain, sensible, souvent violent qui questionne intensément la société libérale.

Aujourd'hui, les auteurs comme Jean-Luc Lagarce, Yasmina Reza Wajdi Mouawad, Joël Pommerat ou Valère Novarina comptent parmi ceux qui animent la scène contemporaine.

II. Outils d'analyse pour le texte théâtral

Face à un extrait tiré d'une œuvre théâtrale, vous devez maîtriser les spécificités du genre pour aborder le commentaire. Le théâtre développe en effet **un langage et une présentation spécifiques** sur lesquels vous vous appuierez pour étayer votre analyse. De même, vous devrez prendre en compte la double vocation du théâtre, qui est un genre littéraire, mais aussi un art du spectacle.

A. Les spécificités du texte théâtral

1. La présentation du texte théâtral

Écrit pour être joué, le texte de théâtre indique ce que doivent dire les acteurs et précise qui parle et de quelle façon ces paroles doivent être prononcées. On distingue :

- Les **répliques** des personnages : les paroles que les acteurs doivent prononcer lors de la représentation. On appelle tirade une longue réplique dite d'un trait à un autre personnage.
- Les **didascalies** : indications de mise en scène à l'intention du metteur en scène et des lecteurs, généralement présentées en italique, à l'ouverture de la pièce (titre de la pièce, liste des personnages, indications de lieu et de temps) et il s'agit alors de la didascalie initiale, ou à l'intérieur de la pièce (découpage en actes et scènes, gestes des comédiens, jeux de scène, intonations, destinataire d'une réplique).

2. L'énonciation théâtrale

Il existe un phénomène propre au théâtre, nommé la **« double énonciation théâtrale ».** Voici schématiquement comment elle fonctionne :

- Premier niveau d'énonciation : les personnages communiquent entre eux sur scène.
- Second niveau d'énonciation : les dialogues des acteurs sont aussi à l'intention du public, car l'auteur, à travers ses personnages, adresse aussi indirectement un message au lecteur ou au public.

Il est particulièrement pertinent de se pencher sur ce phénomène lorsque l'on étudie **une scène d'exposition**, celle-ci ayant pour fonction de faire rentrer le spectateur facilement dans l'action tout en lui donnant les éléments d'information nécessaires à sa bonne compréhension.

Si les personnages sur scène sont censés ignorer la présence du public, cette convention est parfois brisée :

- Par **le monologue** : tirade dans laquelle le personnage, seul en scène, s'adresse à lui-même, à un personnage absent (et au public).
- Par **l'aparté** : brève réplique dite à l'écart des personnages et que seul le spectateur est censé entendre.

Monologue et aparté dévoilent **les pensées intimes d'un personnage**. Le monologue est souvent de tonalité **grave, pathétique ou tragique**, et révélateur d'un **conflit intérieur** dont le personnage doit se soulager. L'aparté est lui **porteur de comique**, par le jeu de décalage qu'il introduit.

3. Le rythme du texte théâtral

Il repose sur plusieurs éléments :

- La longueur des scènes et des répliques.
- L'enchaînement des répliques.
- La stichomythie : dialogue dans lequel les personnages se répondent vers à vers, ou par échange de répliques brèves, comme du tac au tac. Il produit un effet de rapidité ou traduit une tension croissante de l'échange.
- Les silences, présents surtout dans le théâtre contemporain, soucieux de faire entendre la conscience des personnages.

B. La dramaturgie

On appelle dramaturgie **l'art de la composition théâtrale, qui déroule une intrigue de façon construite en présentant des personnages en action**. N'oublions pas qu'au théâtre, seuls les gestes et les dialogues des personnages font progresser l'action : il n'y a pas de narrateur comme dans un roman.

1. L'action

Jusqu'au XXe siècle, les pièces sont structurées autour d'une action principale qui rythme la progression de l'intrigue selon une structure bien déterminée. Les pièces sont divisées **en actes (soit un épisode significatif de l'action) et en scènes (correspondant aux entrées ou sorties d'un ou plusieurs personnages).** On distingue :

- L'**exposition** : la ou les première(s) scène(s) fournissent les informations essentielles sur le temps et le lieu de l'action, les personnages, leurs relations, l'intrigue à venir. Sont aussi déterminés le genre et le registre de la pièce.
- Le **nœud dramatique** : il précise les obstacles que les personnages vont avoir à surmonter.
- Les **péripéties** : elles correspondent aux différents événements qui font progresser l'action (coups de théâtre, retournements de situation.)
- Le **dénouement** : la scène finale présente l'aboutissement de l'action, elle résout l'intrigue, et fixe le sort des personnages.

Au fil des siècles, et plus particulièrement à partir du XXe, le découpage en actes et scènes tend à disparaître, tout comme la structuration des pièces autour d'une action qui progresse.

2. Le personnage

L'importance d'un personnage de théâtre est indiquée par **sa présence sur** scène ainsi que par **le nombre et la longueur de ses répliques.**

Le personnage de théâtre se définit par plusieurs éléments :

- Son **nom** : jusqu'au XIXe siècle, il est un marqueur éclairant. Dans les tragédies, le personnage porte le nom d'un héros de l'histoire antique ou de la mythologie. Dans les comédies, le personnage correspond souvent à une figure type identifiée par le nom qu'il porte (« Géronte » désigne un personnage âgé, « Arlequin » un personnage de la Commedia dell'arte). Au XXe siècle, le nom du personnage peut souvent s'interpréter symboliquement.
- Son **statut social**, indiqué par son costume, son niveau de langue, ses préoccupations, ou directement dans la didascalie initiale.

- Son **caractère** ou ses **émotions** : il est doté d'un certain nombre de traits qui lui donnent une identité. Ses qualités mais surtout ses défauts sont volontiers grossis dans la comédie, tandis que sa démesure, ses souffrances sont la matière du sujet tragique.

Le personnage de théâtre incarne souvent les valeurs d'une époque ; son caractère, son langage et le sens de ses actions révèlent ainsi une vision du monde.

3. Espace et temps

L'espace dramatique englobe tous les lieux évoqués par les personnages, tandis que l'espace scénique désigne le lieu où se déroule l'action de la pièce. Dans les pièces classiques, l'action se déroule en un lieu unique : un palais royal pour les tragédies, un cadre plus domestique pour les comédies, ou un espace public. Mais l'espace scénique prend peu à peu une **valeur symbolique** : les didascalies deviennent plus nombreuses à partir du XIXe, et le décor prend une part importante à la représentation. Il peut faire l'objet de représentations très détaillées et contraintes, comme c'est le cas dans *Oh les beaux jours* ou au contraire, fantaisistes, comme dans *La Cantatrice chauve*.

La durée d'un spectacle, quant à elle, ne correspond pas toujours à la durée d'une action. Si, dans le théâtre classique, l'unité de temps était exigée (l'action représentée ne pouvant excéder 24h), cette règle est remise en cause par les dramaturges des siècles suivants. *Cyrano de Bergerac* se déroule par exemple sur plus d'une décennie.

4. La visée du texte ou du spectacle théâtral

De façon synthétique on peut considérer que le théâtre cherche à atteindre son spectateur de plusieurs manières :

En **tragédie**, par la mise en scène des passions, de la faute ou de la transgression, et par la représentation de leur expiation par le personnage théâtral, **le spectateur est amené à ressentir « terreur » et « pitié ».** S'opère alors **la catharsis.** Voyant sur scène à quelles catastrophes l'hybris (l'orgueil) mène le personnage, le public se purge de ses propres passions.

En **comédie**, par la caricature des défauts ou comportements humains, comme l'avarice ou l'hypocrisie, rendus ridicules par les procédés comiques, le spectacle cherche à corriger le spectateur. « *Castigat ridendo mores* » : « il châtie les mœurs par le rire », telle est la devise des Italiens, que Molière s'appropriera. C'est en ce sens l'une des grandes vertus de la comédie.

Plus largement, par le jeu de miroir qui s'établit entre la scène et la vie, le théâtre suscite la réflexion du spectateur face à ce qu'il voit. Il est alors le lieu privilégié d'une prise de conscience qui peut l'amener à s'interroger aussi bien sur les plans social, moral, philosophique qu'ontologique. On peut, par le théâtre, sonder l'organisation sociale comme dans *La Colonie* de Marivaux, participer au débat qui anime le conflit entre la science et le religieux devant *La Vie de Galilée* de Brecht, questionner la légitimité de la violence avec *Les Justes* de Camus, ou encore rendre visibles les défaillances du langage humain, avec Tardieu ou Novarina.

Fiche méthode

Méthode

Rédiger le commentaire

A. Bien présenter le devoir

Pour bien rédiger, il faut avoir **un brouillon bien fait** (voir la précédente fiche méthode, sur la problématique et le plan). Vous repartez du squelette de votre devoir et de vos introduction et conclusion rédigées sur une feuille à part (ce sont les seules choses que vous pouvez écrire entièrement au brouillon).

On doit pouvoir comprendre l'organisation de votre commentaire d'un seul coup d'œil sur la copie. Il doit comporter :

- une **introduction** de 10 lignes environ, un saut de ligne ;
- une **première partie** avec phrase d'amorce et trois sous-parties, une transition, un saut de ligne ou un astérisque (*) ;
- une **deuxième partie** avec phrase d'amorce et trois sous-parties, une transition, un saut de ligne ou un astérisque (*) ;
- une **troisième partie** avec phrase d'amorce et trois sous-parties, un saut de ligne ou un astérisque (*) ;
- une **conclusion** de 10 lignes maximum.

Soignez particulièrement **les transitions** : elles témoignent de la bonne organisation de votre argumentation. On doit pouvoir les lire indépendamment du reste et comprendre la progression du plan. Commencez par récapituler ce que vous avez montré et faites la bascule vers la partie suivante (en expliquant que la première lecture du texte doit être nuancée, ou complétée par une autre ; ou encore en montrant que ce que vous avez présenté en I a pour conséquence une chose que vous allez exposer dans la partie suivante, II)

B. Rédiger une sous-partie

Une sous-partie est un paragraphe, elle se repère d'abord visuellement par un alinéa c'est-à-dire un retrait d'au moins un centimètre de la marge, et se termine par un retour à la ligne.

Un paragraphe est aussi une **unité de sens**, il comporte :

- une **phrase d'amorce** rappelant ce que vous voulez démontrer.
- les **idées principales** qui exposent précisément les différents éléments utiles à votre démonstration.
- les **exemples précis**, où l'on cite précisément les passages du texte que l'on commente un à un par une analyse de détail à chaque fois.

C. Introduire un exemple

- **Quelques règles**

Attention à la manière dont vous citez vos exemples. Quelques recommandations :

- Les citations qui font exemples sont entre guillemets. Elles font toujours partie d'**une phrase rédigée** (~~le texte est comique par le jeu des répétitions. Ex : « le poumon »~~).
- Un exemple précis est un exemple situé : donnez **la ligne du texte ou son vers** (numérotez le texte vous-même si besoin.) Vous pouvez utiliser des parenthèses : « (v. 23) » ou faire une phrase : « Dans le vers 23, on remarque ... »
- Dans le cas d'un exemple pris hors du texte à commenter, donnez toujours l'origine de l'exemple : titre de l'œuvre et nom d'auteur.

- **Citations longues / citations courtes**

Un exemple peut-être une **citation longue ou courte** (des mots dans le cas d'un relevé de champ lexical par exemple). Si vous citez des vers, écrivez-les à la suite en les séparant par une barre oblique : « La raison du plus fort est toujours la meilleure / Nous l'allons montrer tout à l'heure. »

Si vous coupez une citation trop longue, utilisez des **points de suspension entre crochets** : **[...]**. De même, si vous devez transformer un mot pour que la phrase reste correcte, placez la transformation entre crochets : « Le Loup lui dit qu'il sera « châtié de [s]a témérité. » (v. 9)

L'insertion de la citation dans le texte peut se faire :

- avec une subordonnée ;

  Exemple Le fabuliste observe que : « [l]a raison du plus fort est toujours la meilleure » (v. 1) »
- ou par une phrase d'introduction et deux points.

  Exemple Le fabuliste observe au vers 1 de la fable : « La raison du plus fort est toujours la meilleure ».

D. Rédiger l'introduction et la conclusion

L'introduction. Elle est toujours composée de la même manière et suit **la règle des 4 P, 4 étapes qui vont du plus général au plus particulier.** On appelle cela l'effet sablier ou entonnoir : V.

1. **Présentation de l'auteur :** donnez quelques éléments de contexte sur l'auteur, le siècle, l'œuvre.
2. **Présentation du texte :** présentez le texte en particulier que vous avez à commenter, résumez d'une phrase son contenu, donnez son genre, éventuellement son registre, sa place dans l'œuvre dont il est extrait si vous la connaissez. Posez quelques jalons qui vous permettent d'aller vers l'étape suivante.
3. **Problématique :** formulez une question sur le texte.

Attention

> Il y a une différence entre **interrogations directes et indirectes** : « on se demandera dans quelle mesure ce texte relève~~-t-il~~ du genre autobiographique. » (Interrogation indirecte : verbe de parole introducteur, pas d'inversion sujet-verbe ni de point d'interrogation). « Dans quelle mesure ce texte relève-**t-il** du genre autobiographique **?** » (Interrogation directe : inversion sujet et verbe, point d'interrogation).

4. **Plan** : annoncez vos trois parties, visez la clarté, une phrase par partie et utilisez des connecteurs comme « dans un premier temps », « dans un second temps », « dans un troisième temps ».

La conclusion de la question du commentaire de texte ne doit pas être trop longue, et n'excède pas 10 lignes. Elle propose de replacer le texte dans des perspectives plus générales, comme dans l'effet sablier, ou entonnoir inversé Λ.

1. **La synthèse** répond à la problématique, en mettant en avant l'aspect qui selon vous est apparu essentiel dans ce texte, ce qui le rend particulièrement remarquable.
2. **L'ouverture** (facultative) propose une œuvre, tirée de votre culture personnelle, qui selon vous aurait un rapport avec le texte étudié et pourrait servir de point de comparaison pertinent. Si vous faites une ouverture, il faut expliquer brièvement pourquoi le texte que vous avez choisi éclaire certains aspects du texte principal.

E Remarques typographiques et formelles

- **Les titres d'œuvres**

Ils doivent être **soulignés** quand on écrit à la main (sur un logiciel d'édition de documents on peut utiliser la fonction italique).

Ils comportent des **majuscules** : on met une majuscule au premier nom commun et à son (ou ses) déterminants et adjectifs ; en revanche on ne met pas de majuscule à droite du nom, sauf les noms propres qui conservent les leurs.

Exemples

- *Les Châtiments* de Victor Hugo
- *Les Beaux Quartiers* de Louis Aragon
- *La Promesse de l'aube* de Romain Gary
- *Les Très Riches Heures du duc de Berry*, manuscrit du Moyen Âge écrit et illustré par plusieurs peintres

- **Les titres des poèmes ou des nouvelles**

Lorsque les poèmes et nouvelles sont extraits d'un livre ou recueil, leur titre doit être placé **entre guillemets français** (« »), lesquels sont différents des guillemets anglais (“ ”) qui sont à éviter.

Exemple Dans le poème « À une Passante » des *Fleurs du mal* de Baudelaire.

- **La ponctuation**

Attention Utilisez les **virgules**, faites des phrases courtes.

N'abusez pas des **traits d'union** en fin de ligne. Si on doit aller à la ligne au milieu d'un mot, il faut le couper proprement : on coupe un mot entre deux syllabes ou entre deux consonnes identiques. On place un seul tiret à la fin de la première partie du mot avant d'aller à la ligne.

Exemple la typo- graphie

- **Correction de la langue**
  - **Les négations** : Bien mentionner les deux éléments de la négation. « L'auteur **n'**emploie **pas** le pronom de deuxième personne ».
  - **La cohérence des pronoms** : vérifiez que les pronoms « celui-ci », « ce dernier », « celle-ci » sont identifiables.
  - **Choisir les bons liens logiques** : surtout en début de paragraphe. Distinguez la cause, le but, la conséquence par exemple.
  - **Éviter les répétitions**

Méthode appliquée

Sujet

Document Acte I, scène 6, DON RODRIGUE

Percé jusques au fond du cœur
D'une atteinte imprévue aussi bien que mortelle,
Misérable vengeur d'une juste querelle,
Et malheureux objet d'une injuste rigueur,
Je demeure immobile, et mon âme abattue
Cède au coup qui me tue.
Si près de voir mon feu récompensé,
Ô Dieu, l'étrange peine !
En cet affront mon père est l'offensé,
Et l'offenseur le père de Chimène !

Que je sens de rudes combats !
Contre mon propre honneur mon amour s'intéresse :
Il faut venger un père, et perdre une maîtresse :
L'un m'anime le cœur, l'autre retient mon bras.
Réduit au triste choix ou de trahir ma flamme,
Ou de vivre en infâme,
Des deux côtés mon mal est infini.
Ô Dieu, l'étrange peine !
Faut-il laisser un affront impuni ?
Faut-il punir le père de Chimène ?

Père, maîtresse, honneur, amour,
Noble et dure contrainte, aimable tyrannie,
Tous mes plaisirs sont morts, ou ma gloire ternie.
L'un me rend malheureux, l'autre indigne du jour.
Cher et cruel espoir d'une âme généreuse,
Mais ensemble amoureuse,
Digne ennemi de mon plus grand bonheur,
Fer qui causes ma peine,
M'es-tu donné pour venger mon honneur ?
M'es-tu donné pour perdre ma Chimène ?

Il vaut mieux courir au trépas.
Je dois à ma maîtresse aussi bien qu'à mon père :
J'attire en me vengeant sa haine et sa colère ;
J'attire ses mépris en ne me vengeant pas.

À mon plus doux espoir l'un me rend infidèle,
Et l'autre indigne d'elle.
Mon mal augmente à le vouloir guérir ;
Tout redouble ma peine.
Allons, mon âme ; et puisqu'il faut mourir,
Mourons du moins sans offenser Chimène.

Mourir sans tirer ma raison !
Rechercher un trépas si mortel à ma gloire !
Endurer que l'Espagne impute à ma mémoire
D'avoir mal soutenu l'honneur de ma maison !
Respecter un amour dont mon âme égarée
Voit la perte assurée !
N'écoutons plus ce penser suborneur,
Qui ne sert qu'à ma peine.
Allons, mon bras, sauvons du moins l'honneur,
Puisqu'après tout il faut perdre Chimène.

Oui, mon esprit s'était déçu.
Je dois tout à mon père avant qu'à ma maîtresse :
Que je meure au combat, ou meure de tristesse,
Je rendrai mon sang pur comme je l'ai reçu.
Je m'accuse déjà de trop de négligence :
Courons à la vengeance ;
Et tout honteux d'avoir tant balancé,
Ne soyons plus en peine,
Puisqu'aujourd'hui mon père est l'offensé,
Si l'offenseur est père de Chimène.

Pierre Corneille, *Le Cid*, 1637

Corrigé

A. Une introduction rédigée

[Présentation de l'auteur et de l'œuvre] *Le Cid* est une tragi-comédie écrite par Corneille et publiée en 1637, Rodrigue et Chimène s'aiment, mais le père de Chimène a offensé celui de Rodrigue en lui infligeant un soufflet. **[Présentation de la scène]** Dans la scène qui précède notre extrait, Don Diègue a laissé son fils sans voix, il lui a demandé de venger son honneur en combattant contre le père de Chimène. Dans cette scène, Rodrigue reprend la parole et réfléchit à la loi d'honneur formulée par son père. Dans ce monologue délibératif, il pèse les différents arguments en faveur de son amour et ceux en faveur de son père. Ce monologue est écrit en stances, ce qui lui donne une forme poétique et permet surtout de faire résonner la plainte de Rodrigue. **[Problématique]** Nous nous demanderons dans quelle mesure ce monologue délibératif n'est pas un faux débat dans lequel l'expression des sentiments prime sur la délibération. **[Plan]** Nous verrons dans un premier temps que ce monologue permet la délibération intérieure de Rodrigue. Mais dans un second temps, nous nous arrêterons sur la dimension lyrique de ce monologue qui devient une chambre d'échos pour les souffrances du jeune héros. Enfin, nous montrerons que le dilemme se trouve dépassé et permet la naissance d'un nouveau héros.

B. Une sous-partie rédigée

Ce monologue permet la délibération intérieure de Rodrigue (I)

[Phrase d'amorce] En effet, la délibération prend la forme d'un dilemme c'est-à-dire d'un choix entre deux choses également bonnes ou mauvaises. **[Idée]** Ici il s'agit de choisir entre le respect dû à son père et celui dû à sa maîtresse. [**Exemple**] Cette alternative se matérialise dans le monologue par les nombreuses antithèses entre deux vers : « En cet affront mon père est l'offensé, /Et l'offenseur le père de Chimène », avec la variation entre offensé et offenseur ; on retrouve l'antithèse au sein d'un même vers, de part et d'autre de la césure : « L'un m'anime le cœur, l'autre retient mon bras », l'alternance des pronoms signale bien qu'à travers cet acte de vengeance il lui faut choisir entre deux personnes. Enfin, c'est à l'intérieur même de l'hémistiche que se rejoue l'opposition, comme dans le vers morcelé par la série de substantifs : « Père, maîtresse, honneur, amour » dans lequel les personnes sont reliées à des valeurs. **[Transition vers le B**] Mises sur un plateau d'égalité, les valeurs amoureuses et les valeurs nobiliaires ne vont pourtant pas rester à l'équilibre.

C. Une transition rédigée

[Résumé de la partie I] Nous avons montré que ce monologue était l'occasion pour Rodrigue d'exposer un véritable dilemme entre l'impératif de vengeance ordonné par son père et son devoir amoureux envers Chimène. Néanmoins, ces contraintes extérieures vont progressivement s'intérioriser et la tentation de la mort va permettre au personnage d'avancer vers la résolution personnelle du dilemme. **[Relance vers la partie II**] Ainsi, le monologue plus qu'un lieu de simple délibération va devenir une chambre d'échos dans laquelle faire résonner poétiquement la plainte de Rodrigue et exprimer un amour refusé.

Sujet corrigé

Commentaire composé

Sujet

↳ Vous ferez le commentaire de ce texte.

Document

Deux jeunes aristocrates, Silvia et Dorante sont promis l'un à l'autre sans se connaître. Ils ont l'idée d'un même stratagème pour découvrir et observer l'autre au-delà des positions sociales : ils se déguisent. Silvia prend l'apparence de sa femme de chambre, Lisette, et Dorante porte la tenue de son valet. Les deux personnages tombent amoureux. Dans cette scène Silvia a découvert la véritable identité de Dorante, qui ignore encore qu'elle n'est pas une servante.

Acte III, scène 8

DORANTE
Répondez donc, je ne demande pas mieux que de me tromper. Mais que dis-je ! Mario[1] vous aime.

SILVIA
Cela est vrai.

DORANTE
Vous êtes sensible à son amour, je l'ai vu par l'extrême envie que vous aviez tantôt que je m'en allasse, ainsi, vous ne sauriez m'aimer.

SILVIA
Je suis sensible à son amour, qui est-ce qui vous l'a dit ? Je ne saurais vous aimer, qu'en savez-vous ? Vous décidez bien vite.

DORANTE
Eh bien, Lisette, par tout ce que vous avez de plus cher au monde, instruisez-moi de ce qui en est, je vous en conjure.

1. Mario est le frère de Silvia. Il se fait passer pour un amoureux de Silvia pour rendre Dorante jaloux.

SILVIA
Instruire un homme qui part !

DORANTE
Je ne partirai point.

SILVIA
Laissez-moi, tenez, si vous m'aimez, ne m'interrogez point ; vous ne craignez que mon indifférence et vous êtes trop heureux que je me taise. Que vous importent mes sentiments ?

DORANTE
Ce qu'ils m'importent, Lisette ? Peux-tu douter encore que je ne t'adore ?

SILVIA
Non, et vous me le répétez si souvent que je vous crois ; mais pourquoi m'en persuadez-vous, que voulez-vous que je fasse de cette pensée-là, Monsieur ? Je vais vous parler à cœur ouvert. Vous m'aimez, mais votre amour n'est pas une chose bien sérieuse pour vous. Que de ressources n'avez-vous pas pour vous en défaire ! La distance qu'il y a de vous à moi, mille objets[1] que vous allez trouver sur votre chemin, l'envie qu'on aura de vous rendre sensible, les amusements d'un homme de votre condition, tout va vous ôter cet amour dont vous m'entretenez impitoyablement. Vous en rirez peut-être au sortir d'ici, et vous aurez raison. Mais moi, Monsieur, si je m'en ressouviens, comme j'en ai peur, s'il m'a frappée, quel secours aurai-je contre l'impression qu'il m'aura faite ? Qui est-ce qui me dédommagera de votre perte ? Qui voulez-vous que mon cœur mette à votre place ? Savez-vous bien que si je vous aimais, tout ce qu'il y a de plus grand dans le monde ne me toucherait plus ? Jugez donc de l'état où je resterais. Ayez la générosité de me cacher votre amour. Moi qui vous parle, je me ferais un scrupule de vous dire que je vous aime, dans les dispositions où vous êtes, l'aveu de mes sentiments pourrait exposer votre raison, et vous voyez bien aussi que je vous les cache.

DORANTE
Ah, ma chère Lisette, que viens-je d'entendre ! Tes paroles ont un feu qui me pénètre. Je t'adore, je te respecte. Il n'est ni rang, ni naissance, ni fortune qui ne disparaisse devant une âme comme la tienne. J'aurais honte que mon orgueil tînt encore contre toi, et mon cœur et ma main t'appartiennent. [...]

Marivaux, *Le Jeu de l'amour et du hasard*, 1730.

1. Objet d'attachement, personne aimable.

Corrigé

Le Jeu de l'amour et du hasard est une pièce de Marivaux, publiée en 1730, qui repose sur un jeu de déguisement et de dévoilement. Nous sommes ici dans la scène attendue de levée des masques pour les jeunes maîtres, Silvia et Dorante, déguisés en valets le temps de la mascarade. Dorante a déjà révélé sa véritable condition pendant que Silvia retarde cet aveu pour mettre à l'épreuve Dorante. Après la fausse sortie de Dorante, elle annonce finalement qu'elle va parler à cœur ouvert. Nous sommes ainsi à l'orée du dénouement. Cette scène est d'abord un aveu d'amour avant d'être l'aveu d'une condition sociale dissimulée. Alors face aux sentiments exposés de Dorante, comment la parole de Silvia se déploie-t-elle entre réticence et sincérité ? Comment le dialogue théâtral permet-il un aveu réticent des sentiments de Silvia autant que celui d'une inquiétude plus profonde liée au mariage ? Nous verrons dans un premier temps que cette scène permet l'aveu amoureux, mais nous verrons dans un deuxième temps que ce n'est pas sans détours et réticences. Ce qui nous conduira à considérer le jeu entre comique et pathétique, laissant affleurer une inquiétude quant au mariage.

*

* *

Cette scène est d'abord le lieu de l'aveu des sentiments.

Les rapports de force évoluent pour conduire à l'aveu. Au début, Dorante mène le dialogue, comme le montrent **les impératifs** « répondez donc », « instruisez-moi ». Il presse sa partenaire pour en finir, il a mimé un départ juste avant (« instruire un homme qui part », dans la réplique de Silvia nous signale sa tentative précédente), il utilise ici la stratégie de la jalousie en évoquant Mario qu'il croit être son rival, puis il passe à un aveu plus frontal : « peux-tu douter que je ne t'adore ? », même si toujours interrogatif. On note aussi **le passage au tutoiement** de Silvia, qui peut permettre de créer de la familiarité entre eux ou de la presser davantage. Ensuite, dans sa longue réplique, Silvia reprend la main et décide de parler à cœur ouvert, elle maintient en revanche le vouvoiement (elle joue encore la servante face au maître). La réplique finale de Dorante réaffirme ses sentiments et les appuie par une gradation « mon cœur et ma main t'appartiennent ». Il s'agit ici d'un verbe en emploi **performatif*** (ici dire c'est faire) : la parole est une demande en mariage (une action). On note donc une inversion des rapports de force et la victoire éclatante de Silvia à la fin de la scène, qui se fait demander en mariage sans avoir révélé sa condition sociale !

Le dialogue est interrogatif et pressant. Les **enchaînements sont rapides et vifs,** signalant la grande écoute des personnages et la tension maximale de la scène. On note des **enchaînements sur les mots** : « instruisez-moi » /

« Instruire un homme qui part ! », ou encore « Je suis sensible à son amour, qui est-ce qui vous l'a dit ? Je ne saurais vous aimer, qu'en savez-vous ? Vous décidez bien vite » qui reprend complètement les paroles de Dorante, dans la réplique précédente (avec une simple adaptation des pronoms). On trouve ensuite **une reprise des types de phrase, ici l'interrogation :** « S. : Que vous importent mes sentiments ? / D. : Ce qu'ils m'importent, Lisette ? Peux-tu douter encore que je ne t'adore ? / S : Mais pourquoi m'en persuadez-vous, que voulez-vous que je fasse de cette pensée-là, Monsieur ? » Silvia reformule la question du sentiment avec un léger retardement. On note une forme d'évitement ici, car elle répond aux questions par une autre question. Enfin, les interrogations de Silvia, dans sa longue réplique, sont tellement accumulées qu'elles signalent une émotion croissante. Les phrases interrogatives et exclamatives renvoient au lyrisme des sentiments avoués.

Le sentiment amoureux est omniprésent comme le montre son **champ lexical** : « amour », « aimer », « adorer », « sentiments » et il s'accompagne de la mise en valeur de soi par les personnages. Le moi est en effet la garantie et le siège de la sincérité de l'aveu, l'expression de l'être profond au-delà des apparences sociales. On repère de nombreuses occurrences du **pronom** : « Instruisez-moi », « Laissez-moi » à l'impératif, « La distance qu'il y a de vous à moi ». « Mais moi, Monsieur » : la pause marquée par la virgule met en valeur le pronom tonique et souligne encore son opposition au vous. Enfin, « Moi qui vous parle », le pronom montre que le sujet s'affirme par la parole.

La déclaration d'identité se réduit en effet à un acte de parole (ce qui permet que la confusion entre Silvia et Lisette soit encore maintenue). Mais la vérité des êtres est-elle celle de leur parole ? La question se pose, en effet, le langage peut aussi ruser, prendre des détours, mentir. Nous allons ainsi voir que, dans cette scène d'aveu, les sentiments se disent toujours dans la réticence et le détour.

*

* *

Les sentiments se disent, mais toujours dans le détour et la réticence.

Le sentiment amoureux est concédé en même temps que tenu à distance par **l'ironie**. Ainsi Silvia cite les paroles de Dorante et les met à distance par l'interrogation, manière de refuser l'accusation d'indifférence (« Je suis sensible à son amour, qui est-ce qui vous l'a dit ? Je ne saurais vous aimer, qu'en savez-vous ? Vous décidez bien vite »). Plus loin, elle fait preuve de mauvaise foi : « vous êtes trop heureux que je me taise », elle impute à Dorante une préférence pour le silence qui incite indirectement le jeune homme à surenchérir dans l'aveu de ses sentiments, comme le montre le verbe répété « adorer ». Cela peut nous rappeler la mise à l'épreuve des amants par leur dame, dans le modèle courtois du Moyen Âge. Chez Dorante, l'aveu est donc très clair :

« Il n'est ni rang, ni naissance, ni fortune qui ne disparaisse devant une âme comme la tienne », chez Silvia il est indirect et dit sans dire.

On est face à ce qu'on peut nommer un aveu détourné par la **prétérition**. Ce phénomène consiste à dire alors qu'on dit ne pas dire. Celle-ci est visible dans les propositions hypothétiques comme : « si je m'en ressouviens, comme j'en ai peur, s'il m'a frappé » et « Savez-vous bien que si je vous aimais, tout ce qu'il y a de plus grand dans le monde ne me toucherait plus ? ». L'hypothétique laisse entendre l'amour. De plus, les temps verbaux peuvent suggérer la possibilité d'aimer, le **conditionnel** : « ne me toucherait plus » a une valeur potentielle c'est-à-dire que le fait est possible même si les conditions de réalisation ne sont pas encore remplies. On retrouve ce conditionnel ensuite : « Moi qui vous parle, je me ferais un scrupule de vous dire que je vous aime, dans les dispositions où vous êtes, l'aveu de mes sentiments pourrait exposer votre raison, et vous voyez bien aussi que je vous les cache ». Donc Silvia, tout en prétendant refuser son amour l'avoue, cet aveu est habile car il montre en même temps ses scrupules moraux et sociaux à céder au sentiment.

On note chez les deux personnages un véritable goût pour la parole ; ainsi l'amour est intimement lié aux mots pour le dire. On note l'importance des **verbes de parole** dans cette scène : « répondez », « vous l'a dit », « instruisez-moi », « interroge », « taise », « répétez », « persuadez-vous », « parler à cœur ouvert », « qui vous parle », « cacher », « dire que je vous aime », et les substantifs comme « aveu de mes sentiments » « parole ». À la fin de la scène, Dorante proclame le lien de la parole au corps amoureux, ce lien est exprimé par **l'image du « feu » amoureux** (« tes paroles ont un feu qui me pénètre »). Ce sont donc les paroles autant que les sentiments du cœur qui rendent amoureux, et le **champ lexical du langage est donc aussi important que celui du sentiment.**

Cette scène joue des réticences et des détours dans la parole ce qui crée une attente croissante du personnage de Dorante comme du spectateur, qui sait cependant ce qu'ignore le personnage, à savoir les sentiments et la condition sociale de Silvia. Ainsi, les circonvolutions du langage amoureux créent un effet de suspense comique pour le spectateur, mais qui n'empêche pas l'identification à l'inquiétude des personnages.

*

* *

Ces émotions ambivalentes font osciller le spectateur entre comique et pathétique et nous révèlent l'inquiétude sous-jacente liée au mariage.

Le texte fait attendre le spectateur et crée un effet de suspens comique. En effet, il connaît l'amour mutuel des personnages (grâce à l'aveu de Dorante, aux monologues et apartés de Silvia), mais ici c'est la question de l'aveu à l'autre qui se pose. Le suspense est relancé par **le jeu de scène** entre rester et partir : « un homme qui part », « je ne partirai point », « Laissez-moi », mais Silvia relance par une question qui, en fait, empêche Dorante de la laisser. La longue réplique de Silvia est un autre exemple de ce retardement : après l'annonce d'une parole à cœur ouvert on note un **déploiement syntaxique**. « Que de ressources n'avez-vous pas pour vous en défaire ! La distance qu'il y a de vous à moi, mille objets que vous allez trouver sur votre chemin, l'envie qu'on aura de vous rendre sensible, les amusements d'un homme de votre condition, tout va vous ôter cet amour dont vous m'entretenez impitoyablement. ». Dans cette longue phrase, le nom « ressources » est développé en une série de noms : « distance », « mille objets », « envie », qui sont repris dans pronom « tout ». Le spectateur peut rire (ou du moins, sourire) de la stratégie de Silvia, de ses contournements. Le personnage féminin en revanche manifeste une émotion de crainte : « vous en rirez peut-être », le rire renvoyant ici à l'abandon futur qui guette la femme aimée.

L'appréhension du futur par Silvia est visible dans le choix des **temps verbaux** : le futur, « tout va vous ôter » « Vous en rirez peut-être au sortir d'ici, et vous aurez raison. ». On passe de la périphrase de futur proche au futur simple, ce qui rend cet avenir sombre plus actuel et imminent. Mais l'assertion de Dorante au futur prophétique, « je ne partirai point », n'est pas entendue par Silvia. On trouve aussi du conditionnel pour une projection angoissante : « état où je resterais ». Enfin, on note **l'énumération** des périls par importance croissante : la distance, mille objets, l'envie des rivales, les amusements d'un homme de condition, tout cela signale son inquiétude. Silvia joue ici son rôle de suivante qui a peur des écarts de condition sociale (on note aussi un écart entre le vouvoiement et le tutoiement dans le texte), mais est-ce seulement cela ?

Cette scène pathétique fait ainsi entendre une inquiétude plus profonde, liée à la condition de femme mariée au XVIIIe siècle. « Instruire un homme qui part » le verbe est au présent alors que Dorante ne part plus. Cette forme de présent d'éternité fait de Dorante un homme qui ne cesse de partir. De plus, dans la tirade, on note un contraste entre la désinvolture masculine et la fragilité féminine (comme le souligne **le superlatif** : « Savez-vous bien que si je vous aimais, tout ce qu'il y a de plus grand dans le monde ne me toucherait plus ? »). On entend la mise en scène d'une distance entre un homme socialement tout puissant, inconstant (comme le montre l'**hyperbole** : « mille objets ») et la femme dans un lien de fidélité et de dépendance (« quel secours aurai-je contre l'impression qu'il m'aura faite ? Qui est-ce qui me dédommagera de votre perte ? Qui voulez-vous que mon cœur mette à votre place ? »).

*

* *

Le dialogue, ses ruses et ses détours permettent ici l'aveu des sentiments et le mensonge mène finalement à la vérité des cœurs. On peut relire l'épreuve imposée à Dorante (la poursuite du masque au-delà de sa révélation à lui), comme un moyen de s'assurer de sa sincérité, de le faire renoncer à son exigence sociale, car *in fine* il demande sa main à une suivante ! La distance sociale semble abolie mais pas la peur de l'avenir, l'angoisse amoureuse qui donne à l'aveu de Silvia son pathos et sa vérité.

Chapitre 2

S'entraîner à la dissertation

Synthèse de cours

Introduction

Tout au long de l'année, vous serez amené à étudier **l'une des trois pièces** de théâtre suivantes :

- *Phèdre*, de Jean Racine
- *Le Mariage de Figaro*, de Beaumarchais
- *Oh ! Les beaux jours*, de Samuel Beckett

Le jour du baccalauréat, un sujet de dissertation vous sera proposé pour chaque pièce. Il faudra choisir **l'un des trois sujets** en fonction de l'œuvre que vous aurez étudiée pendant l'année.

Faire l'impasse sur l'étude de l'œuvre au programme, sous prétexte que vous choisirez le commentaire et non la dissertation, est une mauvaise stratégie. En effet, à l'oral du baccalauréat, vous êtes susceptibles d'avoir à commenter un extrait de cette œuvre.

I. Jean Racine, *Phèdre*

Phèdre de Racine est **un des sommets de la littérature française**. Pour l'approcher, le meilleur conseil est de vous laisser toucher par son charme unique en vous plongeant dans une lecture vraiment personnelle.

Le parcours associé à cette œuvre est « Passion et tragédie ».

A. Jean Racine, homme de théâtre et homme de cour

1. L'orphelin de Port-Royal (1639-1659)

Jean Racine naît le 22 décembre 1639. Orphelin très jeune, il fréquente enfant les Petites Écoles de Port-Royal, où il baigne dans une **atmosphère d'excellence et d'exigence intellectuelle et morale** dont ses œuvres gardent la marque. Il y apprend le grec, l'italien et l'espagnol, ce qui est rare à l'époque. Il y acquiert la familiarité avec les **thèmes bibliques, mythologiques et historiques qui seront les sources de ses pièces**. Mais à Port-Royal aucune découverte du théâtre, car on considère que celui-ci « empoisonne les âmes ». Racine poursuit ses études en province et à Paris.

Port-Royal : l'abbaye et les Petites Écoles

- L'abbaye de Port-Royal-des-Champs fait parler d'elle tout le siècle en raison de l'atmosphère spirituelle et intellectuelle empreinte de vraie ferveur et de rigorisme moral qui y règne. Cette abbaye de religieuses cisterciennes devient un foyer de critique à l'égard de la monarchie absolue assez puissant pour inquiéter le pouvoir, ce qui mènera à sa destruction complète ordonnée par Louis XIV en 1712.
- Les Petites Écoles de Port-Royal sont fondées en 1637 à Paris. Une partie des cours est confiée à des hommes savants, proches de l'abbaye (les Solitaires), parmi lesquels certaines des plus grandes figures intellectuelles du XVIIe siècle, dont Blaise Pascal. Elles sont un foyer d'expérimentation pédagogique sans précédent.
- La création littéraire de Racine se ressent de l'influence profonde et durable de l'enseignement qu'il y a reçu. Racine gardera toute sa vie un lien complexe et puissant à ce centre spirituel et intellectuel.

2. De l'entrée en littérature au succès littéraire (1659-1677)

Racine commence à fréquenter les cercles littéraires à l'âge de vingt ans. Il rencontre La Fontaine, Molière, Boileau… Ses deux premières pièces, créées dans les années 1660, le mènent à la **rupture avec le milieu de Port-Royal**, farouche opposant à la pratique théâtrale. Une décennie lui suffit pour s'imposer comme le **plus grand poète de son siècle**. Parmi ses œuvres les plus célèbres, citons *Andromaque* (1667), *Britannicus* (1669), *Bérénice* (1670), *Iphigénie* (1674), et *Phèdre* (1677) enfin, qui marque la fin de sa production de pièces à sujet profane (c'est-à-dire non religieux).

L'exemple de *Bérénice*, ou comment Racine installe sa notoriété

- En 1670, Racine se mesure à son rival et aîné Pierre Corneille, dramaturge reconnu, en présentant sa pièce *Bérénice* en même temps que Corneille présente une pièce intitulée *Tite et Bérénice*. Selon une pratique courante à l'époque, les deux pièces, créées au même moment, partagent donc **le même sujet** : les auteurs laissent le public choisir celle qui lui plaît le plus. L'enjeu est de taille : Racine doit faire venir à lui un public habitué au talent du « grand Corneille » qui domine le genre tragique depuis déjà plusieurs décennies. Sans hésitation, c'est la pièce de Racine que le public parisien préfère car il a su y **élever l'intrigue amoureuse au niveau d'une passion absolue et tragique**, ce dont il se souviendra dans *Phèdre*.

Parallèlement à ses succès littéraires, Racine s'assure une solide reconnaissance sociale : élu à **l'Académie française** en 1672, il est nommé **historiographe du roi** en 1677.

3. L'homme de cour, l'homme de foi (1677-1699)

De 1678 à 1698, Racine mène une **vie de courtisan**. Il se réconcilie avec Port-Royal et répond à deux commandes de Mme de Maintenon en écrivant des **pièces à sujet biblique** pour les jeunes filles de l'institut de Saint-Cyr dont elle est la fondatrice. *Esther* (1689) et *Athalie* (1691) reprennent des épisodes de l'Ancien Testament dans une forme classique où s'insèrent des airs chantés. Son **retour à la religion** à la fin de sa vie le fait aller vers un théâtre pédagogique et moral. Racine **meurt à Paris le 21 avril 1699**. Il est enterré à Port-Royal.

B. *Phèdre*, une tragédie modèle

Phèdre est **l'œuvre d'un auteur à son apogée**. Elle est jouée pour la première fois à Paris le **1er janvier 1677**.

1. Une tragédie antique

Les deux sources antiques : Euripide et Sénèque

Racine l'annonce dès sa préface : de fait il n'invente pas l'histoire de *Phèdre*. Il s'agit d'un **épisode de la mythologie** rapporté par deux dramaturges antiques, l'un grec, **Euripide** (*Hippolyte porte-couronne*, 428 av. J.-C.), et l'autre romain, **Sénèque** (*Phèdre*, 49/62 ap. J.-C.). Que raconte *Phèdre* ? C'est l'histoire d'une femme, Phèdre, qui tombe amoureuse du fils de son mari Thésée. Croyant celui-ci mort, elle avoue sa passion à son beau-fils, Hippolyte, qui s'en horrifie. Mais Thésée revient et, pour sauver la face, Phèdre porte l'accusation sur Hippolyte en laissant entendre que celui-ci aurait tenté de porter atteinte à sa pudeur. Furieux, Thésée bannit son fils avant de comprendre, mais trop tard, que celui-ci était innocent : Hippolyte meurt tragiquement et Phèdre se suicide en révélant la vérité à son mari. Racine reprend aux deux auteurs antiques le **schéma de l'adultère doublé d'un inceste**, qui est le **cœur de la tragédie de *Phèdre***. À Euripide il emprunte le sentiment aigu qu'a Phèdre de sa faute ; chez Sénèque il prend le canevas de l'action. Ce faisant, il s'approprie l'histoire de Phèdre pour en proposer **sa vision personnelle**, sans être esclave des textes antiques : Racine fait une œuvre nouvelle.

2. La norme aristotélicienne

Aristote au XVIIe siècle

Aristote, philosophe grec du IVe siècle av. J.-C., fait autorité au XVIIe siècle comme théoricien du théâtre. Les dramaturges classiques se définissent tous en fonction de la **règle aristotélicienne**. Autrement dit, pour faire une bonne tragédie, il faut la faire comme Aristote l'a définie dans sa *Poétique*. Selon lui,

- la tragédie est **l'imitation (*mimesis*)**, par des acteurs sur scène, **d'actions nobles** ;
- elle doit susciter **la crainte et la pitié** afin d'accomplir chez le spectateur la **purgation (*catharsis*)** des passions (*Poétique*, 1450a-1450b).

Chez Aristote, l'imitation ou *mimesis* est douée d'un caractère de **généralisation** et **d'idéalisation** de la réalité : le théâtre met en scène des personnages nobles qui vivent des situations extraordinaires. Cet éloignement nous les rend proches : les passions qu'ils vivent sont les nôtres, mais **essentialisées**. Elles sont montrées dans la limpidité de leur expression la plus claire, sans mélange. À partir des écrits d'Aristote, le XVIIe siècle produit une série de règles :

- la **vraisemblance**, ce qui est possible dans le cadre de la pièce (à ne pas confondre avec ce qui est réel !) ; par exemple, le monstre marin qui cause la mort d'Hippolyte est parfaitement vraisemblable dans le cadre mythologique du récit ;
- les **bienséances,** ce à quoi le public s'attend ; on ne représente rien qui puisse choquer (l'érotisme comme la vue du sang sont bannis) ; par exemple, la mort d'Hippolyte est racontée, la mort de Phèdre est une mort « propre » puisqu'elle s'empoisonne ;
- **règle des unités de temps, de lieu et d'action**, la pièce se déroule en un seul lieu sur une durée de vingt-quatre heures et se concentre sur un seul sujet, une seule intrigue.

- ***Phèdre*, une héroïne aristotélicienne**

Racine centre sa tragédie sur le personnage féminin, Phèdre, et sur les effets dévastateurs de la passion amoureuse. Le titre de la pièce le montre : une importance exceptionnelle est donnée à l'héroïne. Ce « caractère » de Phèdre a selon Racine « **toutes les qualités qu'Aristote demande dans le héros de sa tragédie** » (Préface). Quelles sont ces qualités ? Aristote a défini le héros tragique comme un personnage qui, n'étant ni méchant ni parfait, tombe dans le malheur après avoir commis une faute (*Poétique*, XIII, 53a 7-10). Un héros humain, en somme, que l'on puisse craindre et plaindre à la fois. Racine ajoute : **« Phèdre n'est ni tout à fait coupable, ni tout à fait innocente.** » C'est cela qui en fait une héroïne aristotélicienne : on ne peut lui imputer l'intégralité de la faute de laquelle découle la tragédie. Elle est un personnage complexe, victime de sa passion et coupable du malheur qu'elle attire sur son entourage. Racine fait d'elle une femme capable de ressentir le remords et la honte, une héroïne « raisonnable », c'est-à-dire **digne de pitié**, **vivante**, **humaine**.

3. *Phèdre*, une tragédie classique

La structure de la pièce

La structure de la pièce redouble l'enfermement des personnages qui évoluent dans un univers clos dominé par la fatalité.

- **Une forme classique**

Phèdre est une tragédie en **cinq actes** écrite en **alexandrins** dont les actes se divisent en **scènes** marquées par l'entrée ou la sortie d'un personnage. **Une seule action** se noue et se résout au cours d'**une même journée**, en **un seul lieu** (règle des trois unités), selon les préconisations de Boileau : « Qu'en un lieu, qu'en un jour, un seul fait accompli / Tienne jusqu'à la fin le théâtre rempli. / Jamais au spectateur n'offrez rien d'incroyable » (*L'Art poétique*, 1674). Les cinq actes dessinent un **trajet** lui-même réglé qui mène à la fin tragique de manière inexorable : présentation de l'action (acte d'exposition) ; formation d'un nœud au troisième acte (retour de Thésée que l'on croyait mort) ; dénouement malheureux au cinquième acte (mort d'Hippolyte et de Phèdre). C'est l'archétype de la tragédie classique.

- **Le vers alexandrin**

L'alexandrin rimé et césuré (partagé de manière égale en deux hémistiches de six syllabes) s'impose comme le vers « roi » en poésie à l'époque classique, au détriment du décasyllabe et de l'octosyllabe. Il s'impose donc tout naturellement dans la tragédie, genre le plus noble. Ce **vers élancé**, mais **rythmé par la coupe médiane** de la césure, permet au dramaturge de dire en peu de mots l'essence même d'une idée, d'un sentiment, d'une émotion : « Quand tu sauras mon crime, et le sort qui m'accable, / Je n'en mourrai pas moins, j'en mourrai plus coupable. » (*Phèdre*, acte I, scène 3, v. 241-242) Ici, le retentissement de la rime recouvre d'un caractère d'inéluctabilité la sentence enfermée dans ces vingt-quatre syllabes. L'alexandrin, avec toutes les contraintes qui le caractérisent, assure à l'expression une **puissance de frappe** qu'elle n'aurait pas sans lui.

L'esthétique de Racine

Nous abordons ici quelques traits seulement de l'esthétique de Racine.

- **Le pessimisme de Racine**

Les tragédies de Corneille étaient optimistes, tournées vers l'action de personnages libres et exemplaires. Chez Racine, les personnages sont pris dans les **filets du destin** dès avant le début de l'intrigue. Ils assistent impuissants à leur propre déchéance, que chaque mouvement de leur part ne fait que hâter. La préface de *Bérénice* donne la tonalité de ses œuvres avec l'expression de « tristesse majestueuse ». Tandis que « [Corneille] peint les hommes tels qu'ils devraient être ; [Racine] les peint tels qu'ils sont. » (La Bruyère, *Caractères*, « Des ouvrages de l'esprit », 54) La noirceur, la **cruauté**, la **violence** (tant subie qu'exercée par les personnages), caractérisent les tragédies de Racine. Racine invente le **personnage moderne blessé**, **clivé**, rempli de **contradictions**, qui n'a plus d'unité et d'harmonie (ce qu'on retrouve chez Hugo, Musset, Beckett).

- **Une esthétique de l'atténuation**

Pour Racine, **montrer l'horreur dédramatise**, tandis que la suggérer plonge dans un malaise profond. Paradoxalement, atténuer l'expression de l'horrible permet de mieux toucher le spectateur : c'est la logique de la **litote**, **dire moins pour suggérer plus**. L'écriture de Racine suggère une **passion contenue**. Elle est violence et atténuation de la violence. Pour le stylisticien Leo Spitzer, Racine met en place un véritable « **effet de sourdine** » par lequel le personnage tient à distance l'émotion qu'il reconnaît en lui : « Mais déjà tu reviens sur tes pas, Œnone ? / On me déteste ! On ne t'écoute pas ! » (III, 2, v. 824) Ici, le pronom personnel « on » désigne Hippolyte, dont Phèdre semble incapable de prononcer le nom, comme lors de la scène de l'aveu (acte I, scène 3, v. 264). Il faut savoir lire dans cet **effet de distanciation** toute la fureur de la passion de Phèdre, le feu qui brûle sous la glace : c'est par un excès de pudeur et donc à cause de la **force de son sentiment** qu'elle ne peut se résoudre à nommer celui qu'elle aime.

- **La galanterie**

Dans les scènes entre Hippolyte et Aricie, Racine expérimente une tonalité d'un goût nouveau, absente des tragédies antiques : la **galanterie**. Le courant galant, qui s'impose dans la seconde moitié du siècle, veut **exprimer avec raffinement les subtilités du sentiment amoureux**. Au cœur d'une intrigue où la violence s'exprime par les mots, Racine offre au spectateur des moments de répit dans lesquels un juste amour peut se dire dans les termes les mieux choisis. À la scène 2 de l'acte II, dans une langue particulièrement élégante, Hippolyte révèle à Aricie l'ardeur de son amour avant de s'excuser de son impuissance à parler cette langue, par un tour d'une ultime délicatesse : « Songez que je vous parle une langue étrangère, / Et ne rejetez pas des vœux mal exprimés / Qu'Hippolyte sans vous n'aurait jamais formés. » (II, 2, v. 558-560) Cette « langue étrangère » dans laquelle Hippolyte s'exprime si « mal » est bien sûr la langue galante de l'amour, que Racine maîtrise à la perfection.

4. *Phèdre*, une tragédie humaine

Phèdre, *un monstre humain ?*

- **Un tragique sans dieux**

La particularité de l'histoire de Phèdre et Hippolyte dès son origine grecque c'est **l'absence de facteur divin** : le père fait mourir son fils à cause d'une calomnie. C'est Phèdre qui, par son désir et son mensonge coupables, provoque le drame, même si les puissances divines sont régulièrement convoquées. De plus, Racine enrichit le thème central – l'amour incestueux et adultère d'une femme pour son beau-fils – de **figures littéraires et historiques** bien présentes à l'esprit de son public. Autour de la Phèdre antique, on retrouve le modèle biblique de **la femme de Putiphar** (Putiphar, intendant du Pharaon, a pour serviteur Joseph, un hébreu, que sa femme cherche à séduire ; celui-ci résiste à ses avances et s'enfuit, Genèse 39-41) et celui de **la femme de l'em-**

pereur Constantin, Fausta, une païenne, amoureuse de son beau-fils Crispe, un chrétien (épisode repris par Tristan L'Hermite en 1645 dans sa tragédie *La Mort de Chrispe*, dont l'intrigue offre avec celle de *Phèdre* un parallèle évident).

- **L'intériorisation de la faute**

Phèdre est prisonnière du destin de sa famille : descendante du dieu-soleil Hélios, demi-sœur du Minotaure, elle subit elle aussi la vengeance de Vénus dont Hélios avait révélé les amours avec Mars. Elle endure les coups du destin sans pouvoir y opposer de résistance : « Puisque Vénus le veut » (acte I, scène 3, v. 257). **Les dieux conduisent la tragédie**, « ces dieux qui dans mon flanc / Ont allumé le feu fatal à tout mon sang » (2, 5, v. 679-680), sa propre volonté est sans force : « Dans le trouble où je suis, je ne puis rien pour moi. » (III, 3, v. 912) **Sa faute est comme diluée dans la fatalité**. Mais le tragique de *Phèdre* n'est pas un tragique antique pur. La part du destin (*fatum*) est atténuée car la faute se déplace vers l'héroïne, consciente de la profondeur de son crime : « J'ai conçu pour mon crime une juste terreur. » (Phèdre à Œnone, I, 3, v. 307). Devant Hippolyte, Phèdre confesse la **dualité** qui la traverse : « Ne pense pas qu'au moment que je t'aime, / Innocente à mes yeux je m'approuve moi-même. » (2, 5, v. 674-675), sentiments que Racine présente comme « [...] nobles et [...] vertueux » (préface). Impuissante à se libérer d'un sentiment qui la couvre de honte, **Phèdre porte consciemment le fardeau de sa culpabilité**. Racine le souligne : « Je n'ai point fait [de tragédie] où la vertu soit plus mise en jour que dans celle-ci. Les moindres fautes y sont sévèrement punies. La seule pensée du crime y est regardée avec autant d'horreur que le crime même. » (préface) C'est là que se joue le tragique. De nombreux commentateurs ont remarqué qu'en ce sens, Phèdre est véritablement une héroïne augustinienne.

Le siècle de saint Augustin

Au XVIIe siècle se déploie dans les arts une **anthropologie pessimiste** qui prend ses racines dans les écrits théologiques de saint Augustin (354-430 ap. J.-C.). Théologien et auteur du premier écrit autobiographique, *Les Confessions*, il développe l'idée que l'homme, marqué par la blessure indélébile du péché, ne peut rien sans le secours de la grâce divine. Sa théologie insiste sur la **faiblesse de la volonté humaine** et l'incapacité de l'homme à se diriger seul d'un pas sûr vers le bien. C'est **uniquement la grâce**, l'action gratuite de Dieu, qui permet aux hommes d'être sauvés.

La passion de Phèdre est donc faiblesse de la volonté. La pièce se noue autour de la paire **culpabilité-innocence**, incarnée par Phèdre, qui entraîne de vrais innocents dans sa chute. Hippolyte subit en victime les conséquences néfastes de la passion de Phèdre, et Aricie avec lui. Pourtant il l'atteste : « Le jour n'est pas plus pur que le fond de mon cœur » (v. 1112), « Le ciel [...] m'arrache une innocente vie. » (V, 6, v. 1561)

Le tragique de Phèdre

Racine transforme les caractéristiques propres au genre théâtral – **parole**, **regard** (spectacle) et **durée** – en **outils tragiques**.

- **La parole indicible**

La dynamique de *Phèdre* repose sur le déploiement dévastateur d'une parole qui, à partir du moment où elle se dit (acte I, scène 3), révèle une puissance mortifère diffusive : « Je t'en ai dit assez. Épargne-moi le reste. / Je meurs, pour ne point faire un aveu si funeste. » (Phèdre à Œnone, I, 3, v. 225-226) La machine tragique est celle du langage : **la parole est antérieurement entachée de faute**, elle ne peut ni ne doit sortir. Son aveu à peine fait, Phèdre conclut la scène par une longue tirade où elle revit en même temps qu'elle relate – avec horreur ou plaisir ? – l'origine de sa passion : « Mon mal vient de plus loin... » (v. 269-316). Hippolyte n'échappe pas à ce régime de l'aveu, lorsqu'il déclare son amour à Aricie (II, 2, v. 524-560) ou le reconnaît devant Thésée (IV, 2, v. 1121-1126). De même, lorsque Phèdre avoue son amour à Hippolyte (II, 5)**, la puissance du langage semble prendre le pas sur sa volonté**. Elle commence par professer son amour pour Thésée « Oui, Prince, je languis, je brûle pour Thésée » (v. 634), avant de comparer le père au fils : « Il avait votre port, vos yeux, votre langage » (v. 641), ce qui l'amène à manifester son intérêt pour le fils : « Que faisiez-vous alors ? Pourquoi sans Hippolyte / Des héros de la Grèce assembla-t-il l'élite ? » (v. 645-646) De là, elle suscite une vision fantasmée de l'épisode du labyrinthe où, après avoir remplacé Thésée par Hippolyte (« Par vous aurait péri le monstre de la Crète » v. 649), elle prend la place d'Ariane (« C'est moi, Prince, c'est moi dont l'utile secours / Vous eût du labyrinthe enseigné les détours » v. 655-656), réécrivant le mythe dans une version qui la compromet définitivement : « Et Phèdre au labyrinthe avec vous descendue, / Se serait avec vous retrouvée, ou perdue. » (v. 661-662) Comme au moment d'avouer son amour devant Œnone, la réticence cède la place à l'abondance : Phèdre ne peut plus s'arrêter. De ce premier aveu naît une parole mensongère (car il faudra couvrir sa faute devant Thésée) qui forcera Hippolyte au silence : « Tant de coups imprévus m'accablent à la fois, / Qu'ils m'ôtent la parole, et m'étouffent la voix. » (Hippolyte à Thésée, IV, 2, v. 1079-1080) La tragédie ne peut s'arrêter qu'avec un double aveu : avant d'expliquer le mensonge calomnieux auquel elle a été poussée par Œnone, Phèdre avoue enfin, « C'est moi qui sur ce fils chaste et respectueux / Osai jeter un œil profane, incestueux. » (V, 7, v. 1623-1624) **La tragédie prend fin lorsque se tarit la parole de Phèdre**.

- **Le regard funeste**

À la problématique de l'aveu s'ajoute celle du voir. Dès la première entrée en scène de Phèdre, celle-ci fuit le soleil qui la blesse : « Mes yeux sont éblouis du jour que je revois » (acte I, scène 1, v. 155), tandis que ses derniers mots sont pour évoquer l'extinction de son regard : « Et la mort, à mes yeux dérobant la clarté, / Rend au jour, qu'ils souillaient, toute sa pureté. » (V, 7, v. 1643-1644) Phèdre apparaît dans son **incompatibilité radicale avec la lumière** : éblouie, depuis qu'un trouble amoureux est entré dans son âme, elle est vouée à l'obscurité. Son amour trouve son origine dans un regard : « Je le vis, je rougis, je pâlis à sa vue. / Un trouble s'éleva dans mon âme éperdue. / Mes yeux ne voyaient plus, je ne pouvais parler, / Je sentis tout mon corps et transir, et brûler. » (I, 3, v. 273-276) Tout entière **éblouie par le regard qu'elle pose sur Hippolyte, Phèdre en perd la vue**. Un regard décide de son sort : « Ah ! Je vois Hippolyte. / Dans ses yeux insolents je vois ma perte écrite. » (III, 3, v. 909-910) Chez Racine le regard engage toute la personne (Jean Starobinski) : plus on voit, moins on voudrait voir ; être vu constitue en soi une faute, expose à la honte et à la culpabilité.

- **Le temps de la tragédie**

Le tragique racinien est lié à la mort. Le temps manque au héros tragique, il conspire contre lui, impression qu'accentue l'unité de temps. La pièce commence et il est déjà trop tard, le temps se dérobe : « Il n'est plus temps. » (Phèdre à Œnone, III, 1, v. 765), et ce jusqu'à la fin ; « Les moments me sont chers, écoutez-moi, Thésée. » (Phèdre à Thésée, V, 7, v. 1622) Le temps de la pièce se situe juste avant la mort : « Je mourais ce matin digne d'être pleurée. / J'ai suivi tes conseils, je meurs déshonorée. » (Phèdre à Œnone, III, 2, v. 837-838) Le temps ne lui étant pas laissé pour l'action, le désir de mort est tout ce qui reste à Phèdre.

C. Parcours associé : « passion et tragédie »

Le parcours associé à l'œuvre de Racine associe les deux notions traditionnelles de « passion et tragédie ».

1. Les passions ou la passion ?

En philosophie, les passions sont les **puissances instinctives et émotionnelles** à l'œuvre dans l'être humain qui entravent le développement de son être rationnel et, poussées à l'excès, le mènent à la folie. *Passion* vient de *patior*, en latin « souffrir », « subir ». **Les passions nous dominent**, elles nous sont imposées par le surgissement d'un objet extérieur à nous. Reliées au corps, elles s'opposent à la raison, liée à l'esprit. Au XVIIe siècle, Descartes est l'auteur d'un *Traité des passions de l'âme* (1649), ouvrage de philosophie morale dans lequel il pose le problème de l'union entre la pensée et le corps. Lorsque Racine évoque « les passions » dans la préface de *Phèdre*, il écrit qu'elles « n'y sont présentées aux yeux que montrer tout le désordre dont elles sont causes ; et le vice y est peint partout avec des couleurs qui en font connaître et haïr la difformité. » (Préface) Les passions sont, dans la tragédie, un élément **facteur de désordre et de fatalité**. Elles donnent une seule direction à l'action : la fin tragique.

Dans un sens restreint et au singulier, « la passion » – la plus grande parmi les passions (crainte, mélancolie, joie, haine, désir, admiration, etc.) – désigne **la passion amoureuse**, un amour intense aux effets dévastateurs.

2. Tragédie et tragique

Le titre du parcours invite à s'intéresser en premier lieu à des œuvres littéraires appartenant au **genre tragique** : le XVIIe siècle étant le grand siècle de la tragédie en langue française, on attend donc que vous soyez capable de situer *Phèdre* par rapport à d'autres tragédies du XVIIe siècle, et que vous connaissiez les règles de définition de la tragédie classique. Il sera bon de connaître des tragédies classiques qui mettent en scène la passion amoureuse, qu'elles soient de Racine (*Andromaque, Bérénice*…), de Corneille (*Le Cid, Horace*…) ou d'autres.

L'histoire littéraire regorge aussi **d'histoires d'amour tragiques** au sens large : *Tristan et Iseult, Roméo et Juliette, Paul et Virginie, La Princesse de Clèves, Anna Karénine*… Autant d'œuvres qui peuvent avoir leur place dans le cadre de ce parcours, à condition d'être capable de spécifier qu'elles ne sont pas des tragédies au sens strict, mais qu'elles portent en elles une **tonalité tragique**. Le *tragique*, au départ « ce qui appartient à la tragédie », désigne une situation conflictuelle, dramatique, douloureuse, dans laquelle une personne est prise dans un piège dont elle ne peut s'échapper. En un sens affaibli, est tragique ce qui renvoie à un grand malheur, à une fin malheureuse.

Une passion destructrice

Dans *Phèdre*, la passion amoureuse est un principe agissant (presque un personnage : Vénus ?) à deux versants – amour et jalousie – qui mène l'action d'une manière inéluctable à son terme fatal. Pour Racine, **l'amour est la passion tragique par excellence**. Ni la raison ni la volonté ne peuvent rien contre lui. Il s'impose sans qu'on puisse lui opposer de résistance et se révèle d'abord par un « trouble » corporel qui brouille l'usage de la raison (« Je le vis, je rougis, je pâlis […] Un trouble s'éleva dans mon âme éperdue », I, 3, v. 273-274). Aveugle, fatal, l'amour mène nécessairement à une impasse. Phèdre est engagée dans une lutte qu'elle ne peut remporter : elle supplie Vénus de l'épargner mais « Quand ma bouche implorait le nom de la déesse / J'adorais Hippolyte » (v. 285-286). **L'amour est plus fort que la raison** :

Phèdre a beau *savoir* que son amour est coupable et qu'il fait horreur à Hippolyte, elle espère toujours (« J'ai déclaré ma honte aux yeux de mon vainqueur, / Et l'espoir, malgré moi, s'est glissé dans mon cœur. » III, 1, v. 767-768) Dans son aveu à Hippolyte (II, 5), poussée par la passion, elle s'abaisse jusqu'à une humiliante supplication pour forcer sa résistance (« Si tes yeux un moment pouvaient me regarder », v. 692) où la plainte veut à la fois séduire et provoquer. Sa passion lui inspire aussi un **violent sentiment de jalousie** (magnifiquement déployé à l'acte IV, scènes 5 et 6 – où l'on comprend que la jalousie de Phèdre est **un des ressorts principaux de l'action**) et la pousse à la calomnie : il est pire pour Phèdre de se découvrir une rivale que de se savoir repoussée par un Hippolyte amoureux d'aucune femme.

Pudeur et passions

Une partie de la puissance de *Phèdre* repose sur l'écart entre la **violence des sentiments et des actions** (que l'on songe à la mort d'Hippolyte ou au suicide de Phèdre, qui meurt sur scène, sous les yeux de son mari) et la **retenue d'une expression particulièrement pudique**. Rien ne se montre : pas de larmes, pas d'embrassements, pas de sang. L'action repose sur un regard, un geste esquissé. D'une interrogation se révèle un sentiment d'insondable nostalgie : « Ariane, ma sœur, de quel amour blessée / Vous mourûtes au bord où vous fûtes laissée ? » (I, 3, v. 253-254) ; ou bien, au détour d'une phrase, s'exprime une plainte jalouse : « Le ciel de leurs soupirs approuvait l'innocence. [...] Tous les jours se levaient clairs et sereins pour eux. » (IV, 6, v. 1238 et 1240) **Le personnage racinien est traversé par des passions puissantes qu'il laisse voir sans les désigner**. Grâce à ce travail poétique, Racine met en œuvre la *catharsis* aristotélicienne : la passion ainsi exprimée charme, elle ravit.

Trois sujets de dissertation pour s'entraîner

- **Sujet 1**

En quoi *Phèdre* de Jean Racine peut-elle être qualifiée de tragédie de la passion amoureuse ? Pour répondre à cette question, vous vous appuierez sur des exemples précis tirés de votre lecture personnelle de la pièce ainsi que sur d'autres œuvres de votre connaissance.

- **Sujet 2**

En allant voir une tragédie, « les hommes [...] veulent ressentir de la tristesse en regardant des choses funestes et tragiques qu'ils ne voudraient néanmoins pas souffrir. » (Saint Augustin, *Confessions*, livre III) En quoi cette affirmation vous permet-elle d'apporter une définition de la tragédie et du plaisir qu'elle apporte ? Pour répondre à cette question, vous vous appuierez sur des exemples précis tirés de votre lecture personnelle de *Phèdre* et d'autres œuvres de votre connaissance.

• **Sujet 3**

En quoi fatalité et passion amoureuse sont-elles des ingrédients nécessaires de la tragédie ? Pour répondre à cette question, vous vous appuierez sur des exemples précis tirés de votre lecture personnelle de *Phèdre* et d'autres œuvres de votre connaissance.

II. Beaumarchais, *Le Mariage de Figaro*

Le programme propose d'étudier *Le Mariage de Figaro* de Beaumarchais.

Le **parcours associé** à cette œuvre est : « La Comédie du valet ».

A. Qui était Pierre Caron de Beaumarchais ?

1. Beaumarchais et le XVIIIe siècle

Né en 1732 et mort en 1799, Pierre-Augustin Caron de Beaumarchais est un homme qui représente particulièrement bien ce qu'a pu être le XVIIIe siècle en France :

- **une société d'Ancien Régime**, **organisée en trois ordres** qui se répartissent les fonctions : le clergé prie, le peuple travaille et la noblesse protège en portant les armes. Le clergé et la noblesse jouissent de privilèges que n'a pas le peuple.
- **une société de tensions politiques** : à partir de la seconde moitié du XVIIIe siècle, **la bourgeoisie remet en cause cette organisation**. Considérablement enrichie grâce aux progrès techniques qui lui ont permis de créer machines et manufactures, elle brigue des responsabilités politiques et religieuses et se met à contester les privilèges nobiliaires. Les idées libérales progressent.
- **une société de tensions sociales** : à sa mort en 1715, Louis XIV laisse **une France considérablement appauvrie**, à cause des nombreuses guerres qu'il a menées (notamment celles de la Ligue d'Augsbourg et de la Succession d'Espagne). Son successeur, le régent Philippe d'Orléans, aggrave la situation en acceptant le système d'émission de papier-monnaie inventé par le financier John Law, qui provoque la ruine de nombreux actionnaires. À son tour, Louis XV, par les guerres qu'il continue de mener (la guerre de Pologne, la guerre de la Succession d'Autriche, la guerre de Sept ans) et la perte d'une partie des colonies des Indes et du Canada, ne parvient pas à rétablir l'équilibre financier. Des résistances bloquent de toutes parts les tentatives de réforme fiscale : le tiers-état, soumis aux prélèvements royaux, seigneuriaux et ecclésiastiques réclame plus d'égalité fiscale. Mais la proposition

des contrôleurs généraux des finances que sont Turgot et Calonne pour imposer un impôt obligatoire à tous se heurte à l'opposition de la noblesse et du clergé.

Si Beaumarchais paraît emblématique de ce siècle, c'est par son **parcours social**. Né rue Saint-Denis, en plein cœur du Paris populaire où son père tient une boutique d'horloger, Pierre-Augustin Caron va mettre tous ses efforts à s'élever dans la société, jusqu'à devenir « M. de Beaumarchais » et à faire construire en 1787, près de la Bastille, une splendide maison de deux cents fenêtres, avant de devenir, lorsqu'éclate la Révolution française, le « citoyen Caron » ou « le citoyen Caron Beaumarchais », élu président de la Commune provisoire et chargé de surveiller la démolition de la Bastille. C'est **une vie de rebondissements, d'intrigues, de bonnes et mauvaises fortunes** qui fut la sienne.

L'inventivité et l'énergie sont les moteurs de cette ascension : d'abord simple apprenti dans l'atelier de son père, il est agréé, à 21 ans, fournisseur officiel en horlogerie du roi Louis XV ; très rapidement, il fait ajouter « de Beaumarchais », nom d'une terre de sa première femme, à son patronyme ; il doit cependant attendre 1758 pour entrer dans la noblesse, en achetant la charge de conseiller-secrétaire du roi, qui anoblit. **Tour à tour professeur de musique des filles de Louis XV, agent secret du roi en Espagne et en Angleterre, marchand d'armes, éditeur et dramaturge,** il est à la Cour du roi un homme aux multiples facettes, accusé d'ambition et de vanité, à la fois jalousé et méprisé. Lorsqu'éclate la Révolution française, il abandonne sans scrupules les privilèges acquis pour s'engager aux côtés des révolutionnaires ; mais le peuple se méfie de ce « profiteur » : exclu de l'Assemblée des représentants, accusé de trahison envers les patriotes dont il retiendrait les armes en Hollande, il est obligé de s'enfuir en Angleterre, tandis que sa maison est pillée et sa femme et sa fille emprisonnées. Après trois ans d'exil, il réussit à rentrer en France et à faire reconnaître son innocence, mais meurt soudainement d'apoplexie en 1799.

« Ma vie est un combat » aimait à dire Beaumarchais. Et, en effet, une telle ascension sociale ne se réalisa pas sans combats. Ceux-ci commencent tôt : lorsqu'à 21 ans, Beaumarchais invente un système d'horlogerie, il se le fait voler par l'horloger du roi qui tente de le faire passer pour sien ; aussitôt, Beaumarchais entreprend une vigoureuse campagne dans les gazettes, par échange de lettres avec son adversaire, pour gagner l'opinion. Quelques années plus tard, mis en cause dans le règlement de la succession d'un riche financier dont le legs d'une grande part de sa fortune à Beaumarchais est contesté par son légataire universel, il a recours au même procédé : il écrit et publie des *Mémoires contre Goëzmann* pour gagner à sa cause l'opinion. Il fera encore ainsi dans les années 1780 lors de l' « Affaire Kornmann », pour soutenir Camille Kornmann, que son mari a fait emprisonner pour adultère.

2. Beaumarchais et les Lumières

Homme du XVIIIe siècle, Beaumarchais est plus encore un **homme des Lumières.**

Qu'est-ce que les Lumières ?

- C'est un nom qu'on a donné au mouvement philosophique et culturel qui émerge dans la seconde moitié du XVIIe siècle et va ensuite se répandre en Europe au cours du XVIIIe siècle. Kant le définit comme « la sortie de l'homme hors de l'état de tutelle » et lui donne comme devise : « *Sapere aude* ! Aie le courage de te servir de ton propre entendement ![1] ».
- Le nom, métaphorique, révèle bien ce que ces intellectuels entendaient être : **des porteurs de la lumière de la raison, chargés d'éclairer les peuples aveuglés par l'obscurantisme de la religion et l'oppression politique, pour les conduire vers la science, le progrès et la liberté**. Enthousiasmés par les nombreuses découvertes scientifiques du siècle (le calcul infinitésimal développé par Leibniz ou la loi de la gravitation de Newton, par exemple), ils pensent que **la raison humaine peut expliquer le monde**. C'est pourquoi ils entreprennent de lutter contre **l'ignorance**, le **fanatisme**, la **superstition** et les **préjugés**. Or, à leurs yeux, ceux-ci sont entretenus par **l'absolutisme religieux et politique**. Contre l'hégémonie du catholicisme, ils revendiquent donc la possibilité d'être protestants, déistes ou libres-penseurs, et, contre la monarchie absolue, prônent la monarchie parlementaire, la démocratie ou encore le despotisme éclairé. Plus largement, ils s'engagent dans **la dénonciation des injustices**, qu'elles soient la **torture**, **l'esclavage**, **la condition des femmes**, **l'intolérance religieuse** ou encore la **censure**.
- Très logiquement, la dimension militante du mouvement entraîne la production d'une **importante littérature d'idées** : Voltaire invente **le conte philosophique** (*Zadig* en 1747, *Candide* en 1759) ; Diderot et d'Alembert, avec tout un réseau de collaborateurs, mettent au point entre 1751 et 1772 une ***Encyclopédie*** qui révèle bien la soif de connaissance et la volonté d'enseigner du mouvement. D'autres genres littéraires sont aussi particulièrement prisés : le **traité** (ainsi le *Traité sur la tolérance* de Voltaire), le **pamphlet** (*Femmes, soyez soumises à vos maris* du même), ou encore la **lettre ouverte** (ainsi la *Lettre sur les aveugles à l'usage de ceux qui voient* de Diderot).

1. Emmanuel Kant, *Qu'est-ce que les Lumières ?*, 1784.

Par ses idées, Beaumarchais est particulièrement représentatif de **l'esprit des Lumières**.

Il en a **le goût pour la science et la raison** : c'est ainsi qu'à 21 ans, alors qu'il est encore apprenti horloger dans l'atelier de son père, il invente un modèle d'échappement, pour lequel il dépose un brevet à l'Académie des Sciences et qui connaît un grand succès ; grand amateur de musique, il invente aussi des perfectionnements à la harpe.

Il en a aussi **le scepticisme religieux** : si son père, protestant converti au catholicisme, se montrait pieux croyant, Beaumarchais est un libre-penseur qui, sans faire profession d'athéisme, se montre détaché de la religion et multiplie les conquêtes féminines.

Il en a enfin **les combats**. **Grand admirateur de Voltaire**, il écrit, aux alentours de 1760, dans l'esprit de *Candide*, un long poème de trois cents vers intitulé *L'Optimisme*, puis se lance en décembre 1780 dans l'édition des œuvres du polémiste. Il se bat aussi pour **la reconnaissance d'un droit d'auteur** : alors que l'usage donnait aux comédiens de la Comédie-Française la priorité pour exploiter une pièce de théâtre et n'accordait qu'une part minime des recettes à l'auteur, Beaumarchais crée en 1777 un Bureau de législation dramatique pour faire reconnaître la paternité de l'œuvre et mener des négociations entre auteur et comédiens. Enfin, **il prend parti**, dans la guerre d'Indépendance américaine, **pour ceux que l'on appelle alors les « insurgents »** : se faisant l'avocat d'une intervention de la France contre l'Angleterre, il obtient l'autorisation du roi de vendre des armes aux Insurgés, qu'il fait envoyer par flotte navale avec des instructeurs.

3. Beaumarchais et le théâtre

Homme d'intrigues politiques et de spéculations financières, Beaumarchais pratique le théâtre comme un **délassement**, à ses moments libres.

Le drame sérieux

C'est en 1766 qu'il écrit sa première pièce : *Eugénie*. Il la fait immédiatement précéder d'un *Essai sur le genre dramatique sérieux*, très intéressant pour comprendre la conception qu'a Beaumarchais du théâtre. Le dramaturge y retrace une histoire du genre dramatique à travers les siècles et insiste sur **le progrès que représente l'invention par Diderot du drame sérieux, par rapport à la tradition des anciens**.

Qu'est-ce que le drame sérieux ?

- Le « drame sérieux », aussi appelé « drame bourgeois », est un genre dramatique inventé au **XVIIIe siècle** et **théorisé par Diderot** dans ses *Entretiens sur le Fils naturel* (1757).
- En 1735, Nivelle de La Chaussée, dramaturge assez oublié de nos jours, avait revendiqué l'invention d'un nouveau genre : la « **comédie larmoyante** ». Il s'agissait pour lui, contre l'organisation du théâtre classique en deux genres diamétralement opposés – la comédie et la tragédie – de créer **un genre qui puisse, comme la comédie, donner un enseignement moral, et, comme la tragédie, émouvoir le spectateur**.
- En 1757, Diderot, dans le même esprit, théorise ce qu'il appelle le « **drame sérieux** » : c'est un théâtre qui se veut **proche de la vie quotidienne des spectateurs**. Ainsi, alors que la comédie met en scène le peuple et la tragédie des héros et des rois, le drame sérieux prend ses personnages dans la bourgeoisie, montrant de préférence **une famille en proie à un problème interne**. De même, alors que le théâtre classique cherchait la vraisemblance, le drame sérieux prône **le naturel** : c'est pourquoi il refuse les unités de temps et de lieu, préfère la prose aux vers et un décor contemporain aux décors antique des tragédies et atemporel des comédies. Son but est de **délivrer un enseignement moral**, non par le rire ou la terreur, mais **par l'empathie et le *pathos***.

Dans son essai, Beaumarchais loue dans le drame sérieux **un théâtre adapté aux hommes de son temps**, mettant en scène des personnages proches des lecteurs, dans un langage simple. Son *Eugénie,* qui met en scène une jeune fille enceinte hors mariage, abandonnée par celui qu'elle croit avoir épousé et qui l'a trompée, mais qui finalement gagne l'amour de celui-ci et l'épouse, illustre parfaitement cette théorie.

Entre échecs et succès

Rapidement acceptée à la Comédie-Française, *Eugénie* connaît pourtant un gros échec à sa première représentation. Le dramaturge la reprend alors : il coupe certaines scènes, jugées trop longues, resserre l'action et lui redonne de la vraisemblance. Lors de la seconde représentation, cette fois, la pièce remporte un franc succès. Sa seconde pièce, *Les Deux amis ou le Négociant de Lyon*, écrite en 1769, ne connaît pas un grand succès. *Le Barbier de Séville*, parue et jouée en 1775, connaît le sort d'*Eugénie* : huée et sifflée à sa première représentation par des spectateurs qui lui reprochent d'être un tissu de tours usés avec des actes trop longs et une parade fatigante, elle est réécrite par l'auteur en quatre actes et remporte, dans cette seconde version, un grand succès.

B. *Le Mariage de Figaro*, une pièce révolutionnaire ?

La Folle Journée ou le Mariage de Figaro, écrite en 1778, est la suite du *Barbier de Séville*, qui comptera également un dernier volume : *L'Autre Tartuffe ou la Mère coupable*, en 1790.

1. Figaro et la censure

La Folle Journée ou le Mariage de Figaro est née d'un défi lancé à Beaumarchais par le Prince de Conti d'écrire une suite au *Barbier de Séville*. Beaumarchais aurait répondu : « Monseigneur, si je mettais une seconde fois ce caractère su4 la scène, comme je le montrerais plus âgé, qu'il en saurait quelque peu davantage, ce serait bien un autre bruit, et qui sait s'il verrait le jour ! ». C'est dire combien la question de la censure joue. De fait, il s'écoula **six ans entre l'achèvement de la pièce, en 1778, et sa première représentation, en 1784**.

Il s'était déjà passé trois ans avant que Beaumarchais ne présente sa pièce à la Comédie-Française, en 1781. **Acceptée à l'unanimité**, celle-ci ne peut pourtant être répétée car **Louis XVI, qui la juge immorale et indécente, s'y oppose**. Beaumarchais a beau déplacer l'action de la France à l'Espagne et modifier certaines répliques, la censure continue à en interdire la représentation et l'impression. En 1783, pourtant, les comédiens-français **reçoivent l'ordre de répéter** : c'est que le Comte d'Artois prévoit pour le roi une fête-surprise où serait donnée la pièce. Quelques jours plus tard, cependant, **nouvelle interdiction**. La pièce est finalement jouée lors d'une représentation privée à Gennevilliers en présence du Comte d'Artois et d'une société choisie, mais cela ne vainc pas la résistance du roi. Néanmoins, **une petite conspiration de gens de Cour s'organise pour obtenir l'autorisation royale** ; Beaumarchais, de son côté, soumet sa pièce à de multiples censeurs afin d'obtenir des avis favorables à soumettre au roi. **Celui-ci cède enfin en 1784**.

Contrairement à ses sœurs, la pièce rencontre un grand succès dès la première représentation : **succès de scandale**, assurément, puisqu'elle a été précédée de telles polémiques que la foule se bat presque pour obtenir des places. Entre 1784 et 1785, pas moins de soixante-huit représentations s'enchaînent et les parodies se multiplient. Le succès n'est pas seulement français : immédiatement traduite en allemand, la pièce est transformée en opéra par Mozart en 1786.

2. Une pièce immorale ?

On l'a vu, c'est d'indécence et d'immoralité que la pièce est accusée par ses détracteurs. Ils lui reprochent de mettre en scène, avec le Comte et Chérubin, des **libertins**, de montrer en Figaro un **valet insolent** et en Marceline une **femme de mauvaises mœurs**.

Qu'est-ce que le libertinage ?

- Né au XVIe siècle en Italie, le libertinage est d'abord un **courant de pensée** qui, contre l'autorité religieuse, revendique une **pensée libre**, c'est-à-dire une **pensée athée**. Contre la conception religieuse qui fait du monde et de l'homme des créations de Dieu, les libres-penseurs refusent l'existence de Dieu et, **matérialistes**, affirment que tout l'univers relève de la matière, qui, seule, impose ses lois.
- Au XVIIIe siècle, le mot prend un autre sens : il renvoie à une **liberté de pensée et d'agir qui ne respecte pas la morale** et se rapproche même de la dépravation. Ne songeons qu'aux *Liaisons dangereuses* où Choderlos de Laclos montre des libertins qui, pour satisfaire leur amour-propre et leur plaisir charnel, font de la séduction une manipulation et des rapports humains une duperie.
- Les deux sens du mot « libertinage », **philosophique au XVIIe siècle et moral au XVIIIe siècle**, ne sont pas sans lien : c'est la négation de Dieu qui, dans une société où Dieu est le fondement de la morale, entraîne l'abandon ou le rejet de celle-ci.

Pour défendre la moralité de sa pièce, Beaumarchais rédige alors une longue préface qui veut montrer, non pas qu'il a fait une pièce bonne ou mauvaise, classique ou novatrice, mais **qu'il a écrit une pièce morale**. Il conduit pour cela une argumentation où l'on peut distinguer trois temps :

- en premier lieu, se demandant « qu'est-ce que la décence théâtrale ? », il montre que ce n'est pas le fait de montrer le vice sur scène. En effet, selon lui, **le théâtre a un but moralisateur** : « Les vices, les abus, voilà ce qui ne change point, mais se déguise en mille formes sous le masque des mœurs dominantes ; leur arracher ce masque et les montrer à découvert, telle est la noble tâche de l'homme qui se voue au théâtre ». Or, « on ne peut corriger les hommes qu'en les faisant voir tels qu'ils sont ». Ainsi, évoquant Molière, il explique : « comment frapper sur l'avarice à moins de mettre en scène un méprisable avare ? ». **Le problème n'est donc pas, selon lui, de montrer le vice sur scène, mais de n'en pas tirer de moralité**. Pour dire si une pièce est décente ou non, il ne suffit donc pas de savoir si elle présente le vice, mais de savoir ce qu'elle en fait.

- dans un second temps, appliquant son propos précédent, il montre que **ce qui peut sembler immoral dans ses personnages sert au contraire la moralité de sa pièce**. Ainsi, explique-t-il, dans le personnage du Comte, il a voulu dénoncer un despote, quelqu'un qui abuse de son pouvoir, mais en prenant toujours soin de l'humilier sans jamais l'avilir. L'insolence de Figaro n'est donc pas immorale, argumente-t-il : un tel seigneur ne doit-il pas logiquement devenir la risée de ses valets ? Il en va de même, dit-il, des autres personnages : le goût de la Comtesse pour Chérubin, loin d'en faire une femme légère, met en avant, par le fait même qu'elle doit le combattre pour rester fidèle à son mari, sa vertu ; Marceline, aux antipodes d'une femme vicieuse, est une victime des hommes ; Chérubin, enfin, en montrant qu'un simple enfant peut déjouer les plans vicieux du Comte, sert à son tour la moralité de la pièce.
- dans un troisième temps, Beaumarchais explique les critiques adressées à sa pièce par **l'identification de certains spectateurs**, qui ont cru être visés quand le dramaturge n'a jamais voulu faire qu'une critique générale, au contraire d'une satire personnelle.

3. La critique du régime

Au *Mariage*, le roi et les censeurs avaient aussi reproché sa critique du régime. Beaumarchais s'en défend en expliquant dans sa préface **n'avoir pas voulu dénoncer les différents états de la société mais les abus de chaque état**. Pourtant, une légende entoure la pièce, qui en fait une **pièce annonciatrice de la Révolution française** à venir. Est-ce le cas ?

Il est sûr que la pièce déploie une critique du régime : le grand monologue de Figaro, à la scène 3 de l'acte V, **dénonce ainsi le bien-fondé des privilèges de naissance**. Interpellant son maître, pourtant absent de la pièce, il dit : « Parce que vous êtes un grand seigneur, vous vous croyez un grand génie !... noblesse, fortune, un rang, des places ; tout cela rend si fier ! Qu'avez-vous fait pour tant de biens ? vous vous êtes donné la peine de naître, et rien de plus. » **Opposant le mérite à la naissance**, il continue : « Du reste, homme assez ordinaire ! tandis que moi, morbleu ! perdu dans la foule obscure, il m'a fallu déployer plus de science et de calculs pour subsister seulement, qu'on n'en a mis depuis cent ans à gouverner toutes les Espagnes ». Dans la légende dorée qui fait de la pièce une annonce de la Révolution française, ce monologue préfigure l'abolition des privilèges le 4 août 1789.

Pourtant, les choses ne sont pas aussi simples. Ainsi, fait révélateur, pendant la Révolution, la pièce n'a été jouée que trois fois car, loin d'incarner, aux yeux des révolutionnaires, le combat qu'ils menaient, elle leur semblait **aristocratique**, par la virtuosité des dialogues et de l'insolence. Il ne faut pas non plus oublier que l'autorisation de Louis XVI n'a pas été obtenue par une faction politique mais par une **conspiration d'aristocrates** formée de gens de la Cour dont le propre frère du roi, le Comte d'Artois ! Enfin, notons que, dans son fameux monologue, Figaro ne remet pas en cause les privilèges en soi, mais seulement leur attribution par la naissance : ce qu'il souhaite, ce n'est pas les abolir, mais y substituer une attribution au mérite.

Alors, combat révolutionnaire ou insolence aristocratique ? Sans doute le plus fécond intellectuellement est-il de ne pas trancher trop vite.

C. *Le Mariage de Figaro*, une comédie du valet ?

1. Une pièce entre le drame sérieux et la comédie

Le Mariage de Figaro a des **caractéristiques de la comédie classique** :

- un déroulement en **5 actes**
- lequel respecte le **schéma actantiel classique** : I : exposition des chassés-croisés amoureux ; II : échec du plan mis au point par Figaro ; III : péripéties des coups de théâtre successifs ; IV : résolution avec le mariage ; V : dénouement.
- **l'intrigue** : comme chez Molière, l'action repose sur un projet de mariage contrarié et les amants devront surmonter de nombreux obstacles pour pouvoir s'unir
- des **personnages-types** : Figaro, le valet, est habile et rusé ; Suzanne, la soubrette, active et spirituelle ; le Comte, un mari jaloux ; et Marceline, une version féminine du barbon de comédie.
- l'emploi des **différentes formes de comique** : comique de gestes (les coups que Suzanne ou le Comte donnent à Figaro) ; de mots (les noms de Brid'oison et de Double Main) ; de situation (le quiproquo final où le Comte prend sa femme pour Suzanne).
- le **goût pour le déguisement et le travestissement,** qui fait jaillir la vérité : ainsi, Suzanne et la Comtesse déguisent Chérubin en fille (II) et échangent leur identité afin de démasquer le Comte (V).

Mais elle a aussi des **caractéristiques du drame sérieux** :

- elle ne se déroule pas dans le cadre atemporel des comédies classiques, mais renvoie à la **réalité contemporaine de l'auteur**, traversée de tensions (les abus de pouvoir, les filles-mères,...)
- elle utilise **le pathétique** : comme dans le drame sérieux, à plusieurs reprises, le spectateur est plus ému de compassion que diverti. En particulier avec la Comtesse, femme délaissée par un mari qu'elle continue d'aimer et qui pleure le temps passé où elle était aimée, ou avec Marceline, trahie par Bartholo puis folle de joie de reconnaître en Figaro son fils perdu. Cela n'empêche pourtant pas qu'à d'autres moments, lorsque la Comtesse se cache à elle-même son attirance

pour Chérubin ou lorsque Marceline veut se faire épouser de Figaro, ces mêmes personnages soient comiques.

Pourtant, contrairement à la comédie classique et au drame bourgeois, la pièce ne semble pas vraiment viser une édification morale. Il est vrai que le Comte y est puni de son libertinage : ce double du Dom Juan de Molière, qui dit à Suzanne s'ennuyer auprès d'une femme qui ne lui résiste plus, est à la fin humilié par elle et repentant. Néanmoins, **il est difficile de voir dans la pièce une satire du libertinage.** En effet, celui de Chérubin, personnage ambigu s'il en est, ne l'est absolument pas : présenté comme un désir livré à lui-même, une découverte de l'amour plutôt que l'objet aimé, il est considéré avec un sourire bienveillant.

2. Les rapports maîtres/valets

Mettre en scène les rapports entre les maîtres et les valets est typique de la comédie classique. Inspiré des *zanni* de la commedia dell'arte, les valets classiques servent leur maître selon deux scénarios possibles :

- un maître et un valet : dans ce cas, le valet, **benêt et balourd**, fait rire parce que **sa bêtise est un obstacle aux projets de son maître**. Ainsi, chez Molière, Sganarelle (*Dom Juan*) ou Alain et Georgette (*L'École des femmes*).
- un maître, son fils et un valet : dans ce cas, le valet est **habile et rusé**. Pour aider le jeune maître contre son père, il intrigue et joue la comédie. Il fait rire par **son inventivité et son succès à duper son maître**. Ainsi, toujours chez Molière, Scapin (*Les Fourberies de Scapin*) ou Claudine (*Georges Dandin*).

Or Louis XVI et certains censeurs, pourtant habitués du théâtre classique, ont été choqués par le rapport entre maîtres et valets de la pièce. C'est qu'il est vrai qu'elle les bouleverse en les rendant **ambigus**.

D'abord parce qu'elle **valorise indiscutablement les domestiques** : non seulement Figaro donne son nom à la pièce, mais le couple qu'il forme avec Suzanne, couple amoureux et complice, est le couple positif par opposition au couple désuni et désabusé que forment le Comte et la Comtesse. Or, dans la comédie classique, lorsque le valet est valorisé aux dépens de son maître, il laisse le prestige du couple d'amoureux au jeune maître et à son amante.

Ensuite, parce que, **Figaro**, tout en empruntant des traits au valet de la comédie classique, est un **personnage complexe**. **Largement inspiré de Beaumarchais** (son long monologue à l'acte V lui donne les métiers et aventures de son auteur), il tient du **picaro** parce qu'il est un aventurier talentueux et misérable, et du **valet classique** par sa ruse et sa fourberie, mais il les **dépasse** tous deux par la supériorité de sa lucidité et de sa réflexion : ne théorise-t-il pas la ruse comme le pouvoir laissé aux inférieurs par des despotes (II, 2) ?

Menteur et manipulateur, il est néanmoins, aux yeux du spectateur, celui qui incarne la justice et le bon droit parce qu'il ne fait que défendre son droit et son amour.

De même, parce que le maître **a beau être présenté comme un tyran**, décidant, au mépris des lois, de rétablir un mythique droit de cuissage, ou, arbitrairement, de renvoyer tout à coup le filleul de son épouse, **il n'est jamais obéi** : tous le dupent, Suzanne et Figaro bien évidemment, mais aussi Chérubin et la Comtesse. De sorte que, même si l'ordre est rétabli à la fin, illustrant, comme l'écrit Beaumarchais dans sa préface, que ce n'est pas le pouvoir qui est puni mais seulement son abus, le spectateur peut s'interroger : exerçant le pouvoir sans abus désormais, le Comte sera-t-il désormais obéi ? Il est bien à craindre que ce ne sera pas sans nuances...

Enfin, parce que, entre Suzanne et la Comtesse, **l'égalité semble à plusieurs reprises remplacer la supériorité** : complices pour duper le Comte ou rétablir Chérubin au château, elles discutent presque en amies ; la scène de l'acte V où elles échangent leurs identités sans jamais se trahir par la voix ou la façon de parler, au point que le Comte s'y laisse entièrement prendre est même troublante : sont-elles devenues égales ?

D. Vers la dissertation

1. Œuvres en lien avec le parcours

Pour mettre l'œuvre en lien avec le parcours associé, il serait intéressant de lire en lecture cursive ou d'étudier en groupement de textes les œuvres suivantes :

- pour les origines du personnage du valet dans la comédie : une comédie antique de Plaute ou de Térence mettant en scène un esclave ingénieux et intrigant (par exemple : *La Marmite et l'Aululaire* ou *Le Soldat fanfaron* de Plaute ou *L'Heautontimoroumenos* de Térence).
- pour les valets classiques, rusés ou benêts : une comédie de Molière (par exemple : *Les Fourberies de Scapin* ou *L'École des femmes*).
- pour la dénonciation, à travers la représentation du rapport entre maître et domestique, du despotisme ou des inégalités sociales : *L'Île des esclaves* de Marivaux.
- pour le traitement fait par le romantisme du personnage du valet, devenu une figure possible de la complexité et de la dualité de l'âme humaine : *Ruy Blas* de Victor Hugo.
- pour un traitement au XXe siècle d'un avatar dramatique voire tragique du personnage du valet : *Les Bonnes* de Jean Genêt.

Trois sujets pour vous entraîner

À partir d'exemples précis tirés de votre lecture de la pièce et de vos connaissances et lectures personnelles, vous répondrez aux sujets suivants :

- **Sujet 1**

En renouvelant les rapports entre maîtres et valets au théâtre, Beaumarchais ne fait-il qu'interroger les hiérarchies sociales ?

- **Sujet 2**

Peut-on qualifier *Le Mariage de Figaro* de « comédie du valet » ?

- **Sujet 3**

Du valet de théâtre, Yves Morand écrit : « Il est passé du jeu au je, de l'aliénation à la libération, du stéréotype à la personne, de la conscience des autres à la conscience de soi, de l'extériorité à l'intériorité, du hors-la-loi au citoyen, de l'homme sans conséquence à l'homme avec qui il faut compter » (*La Conquête de la liberté de Scapin à Figaro*, PUF, 1981). Qu'en pensez-vous ?

III. Samuel Beckett, *Oh les beaux jours*

A. Présentation de la pièce

1. Qui est Samuel Beckett ?

Samuel Beckett est né en Irlande en 1906 d'une famille bourgeoise protestante d'origine française. Il est rapidement familiarisé à la langue française, et poursuit des études dans le prestigieux Trinity College de Dublin où il en parfait la maîtrise. À partir de 1928, il s'installe à Paris où il devient lecteur à l'Ecole Normale Supérieure de la rue d'Ulm, où est formée aux lettres une partie de l'élite française. Il rencontre alors l'écrivain James Joyce, une figure littéraire de l'époque.

À partir des années 1929, dans le sillage de James Joyce, il commence à écrire des essais critiques, ainsi que quelques textes de genre narratif.

En 1930, il devient enseignant au Trinity College, sans grande satisfaction. Il rédige un deuxième essai sur Proust, et s'essaie au théâtre à travers une version parodique du *Cid* de Corneille, qu'il intitule *The Kid*, ainsi qu'à la poésie. Il démissionne ensuite du Trinity College et s'installe à nouveau à Paris en 1932, travaillant à un roman qu'il peine à publier. Il voyage alors intensément en Europe pendant plusieurs années. C'est en 1938 que *Murphy*, son premier roman, est finalement publié à Londres.

La guerre met sa vie littéraire entre parenthèses, puisque Beckett s'engage dans la résistance française, jusqu'en 1945 où il reçoit la médaille de la Résistance.

En 1953, sa carrière de dramaturge se lancera avec le succès de *En attendant Godot*, mis en scène par Roger Blin, qui présente aux spectateurs deux puis quatre personnages, plutôt marginaux, saisis dans leur attente d'un certain Godot, qui ne viendra jamais. Plusieurs autres pièces suivent, telles que *Fin de partie* et *Oh les beaux jours*. Toutes ont en commun un éclatement des codes théâtraux et la mise en scène des dysfonctionnements de la communication et du langage, porteurs d'une réflexion métaphysique sur la condition humaine, dans un monde sans spiritualité. Beckett en assume souvent la mise en scène. Il publie également dans ces années une trilogie romanesque.

Ce qui pourrait apparaître comme une consécration internationale, à savoir la récompense du prix Nobel de littérature en 1969, constitue en réalité pour Beckett une « catastrophe », qu'il fuit en refusant d'aller chercher le prix. Son activité diminue progressivement durant les deux décennies suivantes, Beckett ne cessant jamais complètement de publier ou de mettre en scène.

Il meurt en 1989, et repose à Paris.

Beckett a la particularité, au milieu des autres auteurs du programme, d'être un auteur étranger d'expression française. Son œuvre peut être écrite en français ou en anglais, et il a lui-même procédé aux traductions dans un sens ou dans l'autre.

2. Comment comprendre le titre de la pièce ?

Le titre *Oh les beaux jours* est **une traduction par Beckett du titre original anglais *Happy Days***, la pièce étant créée à New York en 1961. Intéressons-nous d'abord à l'expression première en langue étrangère, puis voyons quels apports la traduction nous offre.

« Happy Days » est formé d'un nom commun et d'un adjectif qualificatif, sans déterminant. Traduite littéralement, l'expression signifie « jours heureux ». En cela elle suggère deux idées : d'une part, celle d'une durée, ensuite celle de bonheur. Dans un geste interprétatif spontané, on entend donc qu'il s'agira de camper une période particulièrement agréable pour ceux qui la vivent. Néanmoins, bien qu'un tel titre introduise une certaine tonalité, qu'on peut imaginer positive, plusieurs questions restent évidemment en suspens : **d'abord, à qui profitent ces « jours heureux » ?** S'agit-il d'un bonheur collectif ou individuel ? Retrace-t-on la félicité d'une communauté ou de quelques, voire d'un seul, destins particuliers ? Qui est heureux, tout simplement ? Ensuite, nous pouvons interroger la notion de temps, « jours » évoquant une durée assez ouverte. **Combien de temps le bonheur dure-t-il ?** Sans doute assez longtemps, pense-t-on naïvement, influencé par l'absence de déterminant qui suppose un nombre de jours important. « Jours », n'est-ce pas des semaines, des mois, peut-être des années, comme dans l'expression « les vieux jours » ? À moins qu'il ne faille entendre le terme au sens propre ? Et dans ce cas, le bonheur deviendrait bref, éphémère peut-être. **D'autre part, quelle est la nature de ce bonheur ?** Si les personnages sont heureux, quelles raisons ont-ils alors de se réjouir ? Bénéficient-ils de circonstances particulières, et si oui lesquelles, ou bien s'agit-il d'une plénitude sans objet concret, d'un état permanent ? Enfin, on ne peut s'empêcher d'anticiper l'intrigue théâtrale. **Ces jours heureux sont-ils présents ou à venir, et potentiellement menacés ? Ou bien appartiennent-ils au passé, et pourquoi sont-ils ainsi révolus ?**

En français, ces questions demeurent mais la traduction opère quelques déplacements qu'il convient d'analyser. D'abord, on constate une substitution du terme « happy / heureux » par celui de « beaux ». **Or en français, l'expression les « beaux jours » peut renvoyer plus précisément que les « jours heureux » à une temporalité déterminée**. Les « beaux jours » renvoient en effet à cette saison particulière qu'est le printemps, ou le début de l'été, lorsque, sous le soleil, la vie semble plus douce et plus facile. Serait-ce là l'indice d'une contextualisation possible de l'intrigue ?

Par ailleurs, le titre « Oh les beaux jours » contient une interjection qu'il ne présente pas en anglais. Une interjection, rappelons-le, n'est pas nécessairement porteuse de sens mais d'affect. L'interjection signale une émotion vive, une disposition d'esprit affirmée, accompagnée quasi systématiquement d'une tournure exclamative. C'est d'ailleurs, le plus souvent, un marqueur d'oralité. Se pose alors la question du locuteur. Qui prend ici la parole ? Qui profère cette apparente exclamation ? Quelle voix et quelle conscience constatent – ou savourent– la venue de ces « beaux jours » ? Finalement, la meilleure piste que nous livre Beckett sur son œuvre consiste en une **absence. En effet, la tournure française, anormalement, ne comporte pas d'exclamation**. La ponctuation typique - et attendue - qu'est le point d'exclamation en est **dramatiquement effacée,** laissant une béance qui gêne l'œil. **Le titre raconte alors l'oblitération d'un enthousiasme qui, visiblement, n'est plus.** Dès lors, les enjeux sont à reconsidérer. Plus qu'il n'est affirmé, le bonheur n'est-il pas déploré ? La voix qui le revendique a-t-elle seulement la force d'y croire ? De quels doutes est-elle gagnée ? Ce « oh » même ne revêt-il pas la cruauté d'une pure ironie ? Et si finalement ces « beaux jours » ne désignaient-ils pas autre chose qu'un véritable enfer ?

Il est ainsi bien possible que **l'image des « beaux jours » fonctionne comme une antiphrase**. C'est d'autant plus vraisemblable que l'expression pourrait être empruntée à un célèbre poème de Verlaine intitulé « Colloque sentimental », dans lequel deux personnages spectraux se livrent à ce qui sera sans doute leur dernière conversation amoureuse. L'un des deux personnages s'exprime longuement et lyriquement, tandis que le second fuit l'échange et manifeste une grande froideur. C'est le personnage le plus loquace qui s'exclame : « Ah ! les beaux jours de bonheur indicible / où nous joignions nos bouches ! ». Par là, il cherche à convoquer dans le langage un passé heureux au moment même où le silence présent s'installe. D'une certaine manière, et à l'instar de Winnie, il lutte au moyen de la parole contre le vide absolu qui gagne son existence et son rapport à l'autre.

3. Comment la pièce est-elle construite ?

Oh les beaux jours est une pièce de théâtre moderne qui ne saurait répondre aux codes que vous avez sans doute appris à identifier en lisant une tragédie classique ou une pièce de Molière en seconde.

La pièce est construite en deux actes distincts, rigoureusement séparés par un symbolique tombé de rideau entre l'acte premier et l'acte II.

L'acte premier débute par une longue didascalie initiale, présentant une double caractéristique : d'une part, le décor est particulièrement insolite, et d'autre part, théâtralement inconfortable. Ce décor, présenté de façon détaillée, semble **apocalyptique**. L'herbe y est « brûlée », la pente « abrupte », la plaine « dénudée » et le ciel « sans nuage ». Dans cet environnement hostile, quasi lunaire, se plante un « mamelon », c'est-à-dire un petit amas terreux au centre duquel est à moitié enseveli un personnage féminin, entouré **d'objets typiques d'un quotidien ordinaire** : un « cabas » et une « ombrelle ». On est saisi par le **contraste** entre **le décor naturel presque mort et la présence de cette femme et de son attirail**, qui semblent alors les uniques vestiges d'un monde disparu, comme après une catastrophe. Un autre personnage nous est indiqué comme « caché ». L'inconfort de ce décor, sur lequel nous nous attarderons plus tard, tient à la lumière « aveuglante » qui vient frapper comédiens et spectateurs, ainsi qu'au retentissement soudain d'une sonnerie « perçante ». La première prise de parole, celle du personnage féminin, nommé Winnie, est une espèce de soliloque savamment entrecoupé de pauses et de gestes. Elle semble parler pour elle et pour Willie, qu'elle interpelle souvent sans qu'il réponde. **Durant son discours, elle sort de son sac et manipule de très nombreux objets,** notamment d'hygiène comme une brosse à dents et par deux fois, **un revolver**. La présence de Willie devient plus précise et visible, il lit le journal et ne répondra à Winnie que de façon mécanique, sans qu'un échange intelligible parvienne à s'installer. Le monologue de Winnie se poursuit longuement, **elle se livre à des réflexions hétéroclites, tantôt anodines, tantôt métaphysiques**, et commente minutieusement chaque étape de cette « journée », dans l'attente d'une nouvelle sonnerie qui, vraisemblablement, l'invitera au sommeil. **L'acte premier se conclut comme il avait commencé, par une prière.**

Traditionnellement au théâtre, le changement d'acte suppose la clôture d'une étape de l'intrigue théâtrale, et est propice, le cas échéant, au changement de décor. **Ici, le décor est identique**, nous spécifie la didascalie « scène comme au premier acte ». La sonnerie retentit à nouveau, et ouvre sur un deuxième jour. Est-ce le lendemain ? Rien n'est moins sûr. Car si l'environnement est le même, **la situation de Winnie a changé : elle s'est enlisée davantage dans le mamelon de terre**, la quasi-totalité de son corps est inhumée, sauf sa tête, qu'elle ne peut bouger. On peut, en ce sens, parler d'une aggravation, puisque dans l'acte premier, Winnie pouvait bouger son buste et ses membres supérieurs. Ici, elle reste « rigoureusement immobile ». Un autre changement est notable : le revolver n'est plus rangé dans le sac mais bien apparent, « à droite de la tête ». **Cet acte II est lui aussi essentiellement composé d'un long discours de Winnie, mais sa structure et sa tonalité diffèrent un peu du premier**. En effet, **la prière a disparu**. Si les adresses à un Willie obstinément silencieux restent nombreuses, privée des gestes qu'elle pouvait exécuter et commenter, Winnie se livre à des réflexions plus personnelles, et **ponctuées de sourires**. Elle se questionne davantage, notamment sur son identité, sur le contraste entre temps présent et passé. Plus qu'au début, elle paraît dans l'attente de quelque chose : la sonnerie du soir ? l'occasion de « chanter [sa] chanson ? la fin de la douleur ? ». Vers la fin de l'acte, **Willie,** qu'on n'avait plus vu**, se lève et apparaît**. Il cherche Winnie du regard, qu'il parvient à capter un bref instant, et tente de s'approcher, escaladant difficilement le mamelon. Dans un dernier effort, ses forces le quittent, et il s'écroule en bas du mamelon. Il prononce alors sa seule réplique de l'acte : « Win ». Winnie entonne alors une chanson dont les paroles sont celles de *La Veuve Joyeuse*, un fameux air d'opérette. **La pièce se conclut par un échange de regards entre les deux personnages.**

Ainsi, en dehors de l'ensevelissement accentué de Winnie, on ne peut donc parler de progression ou d'intrigue pour *Oh les beaux jours*. **Le caractère insolite de la situation de départ où nous étions plongés comme « *in medias res* » n'a guère été élucidé.** Nous ne saurons jamais qui sont Winnie et Willie, ni pour quelles raisons ils se trouvent ainsi là. Nous n'avons pu constater, avec eux, que **l'absurdité profonde de leur condition** et l'aspect tragique de **l'incommunicabilité** qui les sépare.

4. Qui sont les personnages de la pièce ?

La pièce repose sur un couple de personnages. Ce qui frappe évidemment, c'est la similitude des deux noms respectifs, dominés par la paronomase : Winnie et Willie. Par ce jeu, les deux personnages sont d'emblée présentés comme **anonymes et interchangeables, standardisés**, comme si leur personne pouvait se confondre comme leur nom, ce qui est corroboré par le fait qu'ils partagent tous deux une même condition.

Cependant, Winnie et Willie se distinguent sur plusieurs aspects.

Winnie est une femme, décrite assez minutieusement par la didascalie initiale. Elle a « la cinquantaine », « de beaux restes », est « blonde de préférence, grassouillette, bras et épaules nus ». Elle arbore un large décolleté qui fait apparaître sa « poitrine plantureuse ». C'est donc un personnage qui présente les attributs d'une beauté féminine assez stéréotypée, qui contraste avec la détresse de sa situation. Son âge est intéressant : cinquante ans. Elle est donc dans ce qu'on peut appeler une forme de déclin, cet âge marquant traditionnellement la fin de l'âge adulte et le seuil de la vieillesse où énergie et beauté s'éteindront progressivement.

Mais Winnie est également caractérisée par les très nombreux objets dont elle s'entoure. Certains sont immédiatement visibles : son cabas noir et son ombrelle, son collier de perles. Ils confirment le caractère cliché de sa féminité, qui emprunte à l'univers du cinéma américain ou du music-hall. Mais la plupart sont invisibles, et ne seront soumis à l'œil du spectateur qu'au fur et à mesure que Winnie les exhumera du sac où ils sont entassés. On peut relever, par exemple, une brosse à dents, une loupe, une glace, un chapeau, des lunettes, un flacon de potion, un peigne... Tous sont des objets banals du soin quotidien. En ce sens, ils participent au fonctionnement d'une routine à laquelle Winnie semble tenir absolument. D'ailleurs, le plus clair de la journée consiste dans le fait de sortir puis ranger l'attirail, **hors du sac puis dans le sac**. Ici aussi, on est frappé par l'aspect dérisoire de ces objets, compte tenu des circonstances où ils sont utilisés, **décalage qui renforce l'impression de non-sens dominante**. Plus que leur usage, c'est en fait **leur simple présence qui rassure Winnie**. Elle en parle comme de « trésors » ou de « réconforts », et en fait bien souvent le support matériel de ses évocations mentales, comme si manipuler les choses l'aidait à pénétrer les profondeurs de son esprit et de ses souvenirs – ce qui est bien perceptible au début de la pièce, lorsqu'elle joue avec la toque et les lunettes, dans un effort manifeste de réminiscence.

Enfin, Winnie est surtout et essentiellement dans la pièce une parole, un discours. Physiquement, sa parole occupe la quasi-totalité du texte, et se déroule en séquences brèves, relevant du mot-phrase. Cette parole, sur laquelle nous reviendrons plus longuement, déploie un langage « dans le désert » qui tente, souvent vainement, de rétablir le lien entre vie intérieure et environnement extérieur, entre ce qui était, dans un ailleurs de plus en plus lointain et incertain, et ce qui est, dans un présent peu intelligible. **Mais cette parole est surtout porteuse d'une valeur revendiquée et signalée par le titre : l'optimisme acharné de Winnie,** dont la vaillance exagérée est portée par le jeu clownesque de ses expressions faciales et souligne radicalement le caractère absurde. L'expression « Quel beau jour ! » revient en effet comme un refrain dans la bouche de Winnie, expression « placebo » qui vient réévaluer l'évidence d'un présent tragique. De même, elle marque son « dégoût » pour le revolver, instrument potentiel d'une mort qui mettrait pourtant fin à ce non-sens.

Willie, lui, s'oppose à Winnie. Il est plus âgé (« la soixantaine ») et **n'est pas enterré dans le mamelon**, ce qui le rend plus ou moins libre de ses mouvements. **Il est, face à Winnie, le personnage du silence et sa parole est marquée par la brièveté, la lacune.** Le plus souvent, il se soustrait au regard de Winnie qui le cherche du regard, l'appelle de façon insistante. Il est en fait **l'interlocuteur invisible,** celui à qui Winnie s'adresse, légitimant une apparence de dialogue sans quoi sa parole confinerait à la folie. Contrairement à Winnie, il ne se dissout pas dans les objets, il n'en possède qu'un seul : son journal, dont il se fait l'écho comme un automate rapportant les nouvelles d'un monde disparu. Willie, plus qu'une parole, est un mouvement, principalement à la fin de la pièce où sa difficile ascension est décrite avec soin par les didascalies décomposant ses gestes. Willie, à découvert pour la première fois de la pièce, entreprend d'escalader le mamelon. **Il fait ainsi preuve d'une initiative dont la motivation est ouverte à l'interprétation du lecteur** : veut-il atteindre Winnie dans un ultime élan ou, comme elle le dit elle-même, vise-t-il « autre chose » ? N'avons-nous pas remarqué que, dans cet acte, le revolver était cette fois bien apparent, comme prêt à l'usage ? Willie, dans le nom duquel on devine le « will » anglais, la volonté, entendait-il faire preuve de son libre arbitre par le suicide ? Est-il celui qui veut mourir, quand Winnie lutte de toutes ses forces contre l'ensevelissement qui la menace ?

B. Les thèmes et extraits incontournables

1. L'anti-théâtralité : en quoi Beckett dénature-t-il le genre ?

Bien que le texte appartienne sans conteste au genre théâtral, il en déjoue de très nombreux codes et repose sur une **détérioration assumée** des conventions théâtrales.

La première manifestation de cet anticonformisme tient au décor et aux conditions de représentation imposées aux spectateurs et aux comédiens. En effet, nous avons vu que le décor cherche l'inconfort, par la lumière aveuglante et les sonorités stridentes qui scandent le déroulement de la pièce. Il est, à n'en pas douter, tout à fait désagréable d'être ébloui ou assourdi le temps d'un spectacle où l'on vient, à juste titre ou pas, se divertir. Pire, la comédienne qui incarne Winnie se voit, quant à elle, privée de son instrument de jeu : son corps. Emprisonné dans la terre, voire englouti pour tout le deuxième acte, le corps ne peut alors traduire physiquement, par ses gestes, ses postures, ses inflexions, l'activité ou les affects du personnage. En un sens, immobiliser l'actrice relève de l'antijeu.

Mais surtout, Beckett fait éclater la tradition **par l'emploi des didascalies, qui elles, entravent la fluidité de la lecture**. Exagérément nombreuses, elles dévorent l'espace de la réplique, ne laissant jamais la parole se déployer. Or, la parole, c'est l'action au théâtre, c'est elle qui fait avancer l'intrigue : ce que se disent les personnages devient le moteur d'une machine qui les emmène, et le spectateur avec eux, d'un point A à un point B de leur histoire ou de leur destin. Rien de tel ici. La parole étant sans cesse neutralisée, notamment par le silence, puisque la didascalie récurrente est « un temps », soit un moment de pause entre deux énoncés, elle ne parvient pas à mener à son terme l'expression d'une quête, soit d'une volonté de résoudre la situation. **Rien ne se passe, puisque rien ne se dit**.

2. Le langage : quels dysfonctionnements la communication présente-t-elle ?

D'une façon générale, la question du langage est au centre des préoccupations des dramaturges depuis les années 1950. Le théâtre, nous venons de le dire, met la parole en scène. Ici, cette attention est portée à son point extrême : il n'est question que du discours de Winnie et de rien d'autre. Et pourtant, loin d'agir, ce discours-là constate, de bout en bout, **son impuissance à convoquer le monde**, révélant que *Oh les beaux jours* met en scène **l'échec de la parole**.

Un langage désarticulé

Bien que Winnie soit loquace, elle ne saurait être éloquente. En effet, son discours est marqué par une profonde **discontinuité**.

Rares sont en effet les séquences complexes, où Winnie déploie sa parole sur plusieurs lignes, si rares d'ailleurs qu'elles font l'objet d'une signalétique spéciale, par la didascalie « d'une traite ». Elle s'exprime le plus souvent par de simples phrases nominales, ou par des énoncés brefs d'une seule proposition. Les interruptions sont constantes, et sont particulièrement le fait des didascalies indiquant un silence (« un temps ») ou un geste physique. Elles peuvent aussi être imposées par la ponctuation, souvent forte et volontiers exclamative, qui vient conclure le propos. D'autre part, on remarque que, plus qu'il ne s'enchaîne fluidement selon des liens articulant une pensée, le discours de Winnie est composé d'éléments disparates qui se juxtaposent, ce qui est particulièrement sensible au début de l'œuvre, lorsque le personnage fouille dans son sac et profère des fragments de parole hétéroclites, qui semble suivre un flot intérieur dont le langage échoue visiblement à rendre compte.

Un langage usé

La parole de Winnie est profondément **itérative** : elle se répète à l'infini, enfermant le personnage dans son discours. Plusieurs expressions scandent les répliques de Winnie, révélant que, à l'image du rituel journalier qu'elle tente d'instaurer par son rapport aux choses, le langage est lui aussi frappé de routine. La langue dit toujours la même chose : « on reparle de tout », dit-elle. D'ailleurs, on est surpris de voir comme, à de nombreuses reprises, **Winnie qualifie de « vieux » ce qui l'entoure** : « vieux yeux », « vieilles choses », « vieux Brownie », « vieille prière », ou « vieux style ». « Le vieux style », voilà une affirmation qui ponctue le discours, et résonne comme le constat de l'usure des choses, et en premier lieu du langage ; les verbes « dire » ou « parler » étant, de plus, souvent associés à l'adverbe « peu ». La parole en effet dit « peu », il y a « si peu dont on puisse parler », « si peu qu'on puisse dire ». Elle est alors susceptible de faire l'objet d'une économie, d'une épargne, comme si Winnie disposait d'un stock limité de mots dont elle voyait la quantité diminuer, et qu'il s'agissait alors de « ne pas gaspiller ». Enfin, et dans la même logique, la parole également se perd : à la fin du premier acte, Winnie semble avoir littéralement égaré le sens du mot « porc », dont, avec angoisse, elle demande la définition à Willie.

Une communication impossible

L'une des fonctions du langage est de permettre l'échange avec l'autre. Ici, la situation peut s'y prêter, les conditions minimales du dialogue, à savoir deux interlocuteurs, étant remplies. Nous l'avons dit, Winnie interpelle Willie à chaque instant, et **de nombreux énoncés de son discours n'ont pour but que d'établir le contact avec lui** : « Pas vrai Willie ? », « N'est-ce pas Willie ? », « Qu'en dis-tu ? ». Très régulièrement, cette intention passe également par des gestes de communication non verbale : Winnie se penche vers lui, se tourne. Parce qu'il reste souvent muet à ses sollicitations, **Winnie doit alors**, et c'est l'un des dysfonctionnements à relever, **formuler elle-même la réponse présumée de son partenaire**. Ainsi, ce qui devrait être un dialogue repose essentiellement sur du non-dit, et Winnie peut bien déduire, comprendre, ou interpréter ce qu'elle veut du silence de Willie, comme on le voit lorsqu'elle suppose qu'il « serai[t] d'accord sur cette façon de voir ». Winnie comble également ce silence en inventant un dialogue secondaire : **celui qu'elle entretient avec elle-même**, en se nommant et par l'emploi de la deuxième personne du singulier, si bien qu'il est parfois difficile de savoir, d'elle ou de Willie, à qui elle s'adresse précisément. Lorsqu'elle intervient, la parole de Willie est déceptive. Elle ne répond pas aux attentes de Winnie, d'ailleurs, les deux personnages semblent ne plus se comprendre : le plus long de leur échange est marqué par la violence et le caractère systématique de la réponse de Willie. De même, la seule injonction qu'il lui adresse réellement : « dors » l'enjoint à se taire, montrant sa volonté d'interrompre le discours de sa partenaire.

Et pourtant, cruellement, cet échange si imparfait est au centre du monde de Winnie qui ne parle que pour lui, **comme pour vérifier leur existence commune**. Elle présente la communication avec Willie comme une véritable épiphanie, c'est-à-dire comme la manifestation d'une réalité cachée : elle qui peine à le voir, ce dont elle se plaint d'ailleurs, ne souhaite rien plus que de l'entendre. À deux reprises dans l'acte I, lorsqu'il prend la parole puis marmonne un air, comme à la fin de la pièce, lorsqu'il prononce ce qui semble être un surnom affectueux qu'il lui adresse, « Win », Winnie semble comme revitalisée.

3. Le temps : comment Beckett met-il en scène passé, présent et avenir ?

Nous l'avons observé à plusieurs reprises **: la pièce est empreinte d'une grande circularité**. Événements et langage semblent se répéter à l'infini, dans un monde où il n'advient jamais rien qu'un enlisement progressif. Gestes et paroles sont mécaniques, plein de systématismes, à l'image de l'écriture elle-même qui semble développer ses propres tocs.

Le temps d'abord se dilate. Winnie parle souvent de « tirer sa journée », comme si la durée quotidienne était une matière résistante qu'il s'agissait d'étendre d'un bout à l'autre du jour, de la sonnerie en l'occurrence, au prix d'efforts intenses. Il n'y a que peu de scansions temporelles, autres que celles que Winnie se donne à elle-même dans sa lutte. En effet, bien que le décor soit visiblement en extérieur, **l'alternance naturelle du jour et de la nuit semble étrangement absente**. Il faut un élément artificiel, une sonnerie, pour marquer le début et la fin. De même, la lumière aveuglante ne semble pas celle du soleil, dont l'intensité évolue avec les heures. Au contraire, elle paraît constamment à son paroxysme, à la manière d'un spot, éclairant un bien triste et permanent spectacle. Ainsi, les personnages comme les spectateurs sont privés des plus simples repères : ni date ni durée**. Qui pourrait dire depuis combien de temps Winnie et Willie sont ainsi abandonnés ou combien de temps s'est écoulé entre le premier acte et le second ?** Le temps semble aboli, et pourtant, la pente est sensible : on sent bien, inéluctablement, que quelque chose va vers sa fin, son annihilation, ou son abyme.

Dans une pulsion de vie à la fois sublime et désespérée, Winnie cherche à retrouver du sens. Pour cela, **elle puise dans sa mémoire les ressources de son optimisme**. Le passé doit réenchanter un présent vidé de sa substance, ou plutôt, qui n'a d'autre substance que celle du rituel. L'effort de réminiscence de Winnie est sensible à plusieurs endroits de la pièce, et est d'abord soutenu par **un objet qui matérialise les vestiges du passé** : la toque fait en effet remonter des souvenirs de bal. Plus loin, c'est en manipulant sa lime à ongles qu'une séquence assez longue lui revient. Elle y évoque visiblement un couple de personnages, qu'elle ne parvient plus à nommer (Piper ? Cooker ?). Ils semblent les doubles fantomatiques de leur propre existence, mais sont caractérisés par leur fugacité, tandis que Winnie et Willie sont comme figés dans l'éternel. Enfin, Winnie évoque une « matrice », une sorte d'avant-monde, où elle dépeint une petite fille et ses jouets, qui pourrait bien - sait-on jamais - être elle. N'y a-t-il pas « son histoire, bien sûr quand tout fait défaut » ?

C. Le parcours associé : « un théâtre de la condition humaine »

1. Qu'entend-on par « condition humaine » ?

On peut considérer avec Sartre que la notion de « condition humaine » implique des limites imposées à tout homme, contre lesquelles il ne peut lutter, et qui l'invitent par là même à repenser sa place dans le monde. Le concept est donc vaste et désigne des réalités diverses, qui ont tout de même pour point de départ les contingences biologiques liées à la vie : la naissance, la maturité, la vieillesse, puis la mort sont le lot inévitable de l'humain en tant qu'il est vivant. **La caractéristique première de notre condition est donc la certitude de notre décrépitude et de notre mort.** Cela étant posé, certains enjeux philosophiques ou moraux sont à prendre en compte. La capacité de langage, l'aspiration à la communication avec autrui, la conscience du temps, du bien et du mal, la conscience que l'individu a de lui-même, de ses joies ou de ses souffrances propres, l'ipséité, la relation à l'environnement naturel ou social sont autant de composantes de la condition humaine qui, redisons-le, s'applique à un individu comme à tout autre.

L'exploration de la condition humaine, ou plutôt sa mise en scène à travers les arts traverse les siècles mais revêt une valeur particulière après les crises majeures que le XXe siècle connaît : comment ne pas s'interroger sur le sens de l'existence humaine face aux dizaines de millions d'êtres tués, poursuivis, déportés en l'espace de trente ans, et face aux idéologies totalitaires les plus destructrices ? En littérature, les romans de Camus ou Malraux témoignent de ces préoccupations. Le théâtre s'en fait à son tour l'écho, dès les années 50, sous la plume des plus grands dramaturges de l'époque.

2. En quoi la pièce *Oh les beaux jours* porte-t-elle une réflexion sur la condition humaine ?

Winnie et Willie, isolés au milieu de nulle part, dans un désert où seules leur parole et leur conscience peuvent peupler la vacance sidérale qui les entoure, semblent comme les derniers survivants de l'espèce. Un homme, une femme, sur une étendue d'herbe brûlée...On serait presque tenté de croire à une réécriture burlesque et tragique de la genèse, dont les protagonistes témoigneraient non pas d'un geste créateur mais au contraire d'un déclin.

« Dieu ne répond pas », dirait Camus. Et en effet, malgré la persévérante prière de Winnie au premier acte, **le ciel de ces beaux jours paraît bien vide. Une sonnerie stridente remplace la transcendance** et tient lieu de raison de vivre. Dans ce monde, **la foi comme toute chose est usée : la « vieille prière » s'efface à l'approche de la mort**, dans l'engloutissement du deuxième acte dont elle est absente. Sans Dieu, Winnie lutte contre l'angoisse du temps qui s'écoule en cherchant le sens autour d'elle. Elle le convoque, nous l'avons dit, par **l'immanence des objets**. Ils sont, profondément, inexorablement là, ils ont « leur vie », et cette matérialité, cette présence absolue et incontestable, rassure Winnie qui a toutes les raisons de douter de sa propre existence, tant elle est incongrue. L'existence des choses est tangible, Winnie touche les objets, alors même que **l'autre présence humaine, celle de son alter ego Willie, n'est pas toujours vérifiable**, puisque ce dernier passe le plus clair de son temps muet et hors de sa vue. Winnie convoque aussi sa propre voix : parler d'elle encore et encore, parler de Willie et de son silence, parler des objets de son sac est la seule arme dont elle dispose pour valider son existence. Pour cela, **elle soumet son destin entier au langage**, à qui elle confie sa vie et sa justification, incapable qu'elle est d'agir, ne pouvant bouger. Mais le langage, nous l'avons vu, est une arme bien dérisoire, bien imparfaite, qui elle aussi l'enferme et la disqualifie.

Alors que convient-il de tirer d'une telle lecture, ou d'un tel spectacle ? Dresser ce constat d'absurde, est-ce là l'unique vocation de *Oh les beaux jours* ? À n'en pas douter, la pièce nous propose une vision du monde profondément pessimiste. Et pourtant, à la fin que reste-t-il **? L'incroyable énergie vitale de Winnie**, qui soutient son émerveillement jusqu'au bout du combat, l'échange de regard qui conclut la pièce, **preuve que la relation à l'autre conjure, même au fin fond du désespoir et peut-être au-delà de la mort, les pires des angoisses humaines.**

3. Les autres auteurs et œuvres associés au parcours

Le parcours proposé est ici **strictement synchronique**. Il propose en effet de prolonger la réflexion à travers des œuvres de la même époque, pour les raisons que nous avons évoquées dans la présentation de l'intitulé du parcours.

Le théâtre de Ionesco

Ionesco est un dramaturge roumain d'expression française. Son œuvre abondante comporte plusieurs des œuvres majeures que le genre théâtral a offertes au XXe siècle, et permet des rapprochements évidents avec celle de Beckett. En effet, les thèmes du langage et de la communication défaillante, de la mort, de la solitude y sont traités de façon approfondie.

Dans *La Cantatrice chauve*, Ionesco met en scène, par le biais d'une comédie burlesque et grinçante, l'incommunicabilité entre les êtres. Dans le cadre rassurant d'une famille anglaise, la parole dysfonctionne, éloignant les personnages les uns des autres, et les menant progressivement vers une agressivité qui s'achèvera en véritable pugilat. Quand le langage déraille, **ce sont en réalité tous les rapports humains qui en pâtissent**, chacun s'enfermant dans une expression dénaturée, stéréotypée comme dans une méthode d'apprentissage des langues, qui ne dit rien du monde ni de soi. Comme *Oh les beaux jours*, les protagonistes sont dépersonnalisés, interchangeables. Mais à la différence de Beckett, **Ionesco accentue la dimension farcesque de la tragédie**. La pièce contient de véritables morceaux de bravoure, jouant sur un absurde porté par le comique et notamment par le personnage du pompier.

Dans *Les Chaises*, Ionesco représente le « vide ontologique » par un couple de vieillards, reclus sur une île déserte et à l'approche de la mort. Ce couple cherche une dernière fois à recevoir ses amis passés, le vieillard ayant un message universel à délivrer à l'humanité. Personne ne se présente sur scène, bien sûr, mais le couple s'agite dans un ballet de chaises vides presque fantastique, symbolisant pour eux la présence de ces invités invisibles. Mais le fameux message, qu'un Orateur muet est censé transmettre, n'atteint évidemment pas ses destinataires. Bientôt engloutis par le nombre des objets, le Vieux et la Vieille ne peuvent plus s'atteindre l'un l'autre et choisissent alors de se jeter par les fenêtres.

Pour Ionesco comme pour Beckett, la mise en scène de la condition humaine associe **les registres farcesque et tragique**, et repose sur une **mise en tension du langage théâtral.**

Le théâtre de Camus

Camus est un romancier, dramaturge et philosophe français. Il explore, dans des cycles littéraires contenant plusieurs œuvres de genres distincts, deux concepts majeurs nourrissant conjointement une réflexion sur la condition humaine : l'absurde et la révolte.

Dans *Le Malentendu*, Camus met en scène un couple mère/fille fomentant, depuis leur hôtel, le meurtre d'étrangers solitaires et fortunés pour assouvir leur soif d'évasion. Alors qu'elles touchent au but, ayant quasiment rassemblé la somme nécessaire à leur départ, la dernière victime se présente sous les traits d'un inconnu, derrière lequel elle n'identifie pas le fils disparu depuis une vingtaine d'années. Celui-ci en effet, tarde volontairement à se faire reconnaître. Le meurtre a donc fatalement lieu. Lorsque la mère découvre la vérité, elle se tue. Martha, la fille est, malgré sa révolte, condamnée au même destin. Ici, sous la forme assez traditionnelle de la tragédie moderne, **Camus réinvestit le motif du destin, de l'implacable solitude des hommes face à leur responsabilité mais aussi des défaillances de la communication.** En effet, Camus illustre ici une idée structurante de sa pensée, celle que **« le**

malheur du monde vient de ce qu'on ne parle pas un langage clair » et qu'il existe donc une exigence absolue de « bien nommer les choses ».

Avec *Caligula*, Camus offre cette fois une autre facette de sa réflexion. À travers la figure d'un empereur romain sanguinaire et tyrannique, saisi dans la démesure de ses désirs et de ses appétits illimités, il représente les dérives d'un exercice absolu et radical de la liberté individuelle, qui nie les autres. Conspué, haï de tous, Caligula est éliminé par un complot dont il avait connaissance. Ainsi, c'est, selon les mots de Camus dans sa préface à l'édition américaine de la pièce, « l'histoire de la plus humaine et de la plus tragique des erreurs. Infidèle à l'homme, par fidélité à lui-même, Caligula consent à mourir pour avoir compris qu'aucun être ne peut se sauver tout seul et qu'on ne peut être libre contre les autres hommes ».

Dans *Les Justes*, la condition humaine est appréhendée non plus avec la résignation de l'homme absurde mais avec **l'enthousiasme de l'homme révolté.** Un groupe de révolutionnaires russes avides de justice sociale s'apprête à commettre un attentat contre l'oppresseur, incarné par le Grand-Duc. Un tel acte, bien sûr, condamne leur destin personnel, mais chacun, et en particulier le héros Yanek, agit en toute conscience et quel que soit le prix à payer, fût-il le renoncement à l'amour de Dora. **L'individu ici se sacrifie au nom d'un idéal collectif de solidarité, qui dépasse son histoire pour l'inscrire dans un progrès humain.**

Trois sujets de dissertation pour vous entraîner

- **Sujet 1**

Antoine Vitez, un metteur en scène majeur du XXe siècle, définit le théâtre comme un art dont l'ambition est d'être « un laboratoire des conditions humaines ». En quoi votre lecture d'*Oh les beaux jours* et des autres pièces que vous connaissez illustre-t-elle cette définition ?

- **Sujet 2**

Dans *Notes et contre-notes*, le dramaturge Eugène Ionesco déclare ceci : « Tout est permis au théâtre : incarner des personnages, mais aussi matérialiser des angoisses, des présences intérieures. Il est donc non seulement permis, mais recommandé, de faire jouer les accessoires, faire vivre les objets, animer les décors, concrétiser les symboles. » Comment, dans les œuvres théâtrales rencontrées cette année, les objets utilisés sur scène permettent-ils de rendre concrète la réflexion sur la condition humaine ?

- **Sujet 3**

En quoi la pièce *Oh les beaux jours* interroge-t-elle son spectateur, et par quels moyens ?

Fiche méthode

Méthode

Rédiger la dissertation

A. La mise en forme de la dissertation

Votre dissertation doit être organisée ainsi :

1. **une introduction**, composée dans l'ordre :
   - d'une première phrase d'**amorce** qui amène le sujet
   - de la **problématique** exprimée plutôt sous forme de question
   - de l'**annonce du plan**, exprimée plutôt en une seule phrase
2. **un développement**, composé de deux ou trois **parties** où :
   - une partie est composée de deux ou trois **sous-parties**
   - une sous-partie est composée d'un **argument** et d'un **exemple**
3. **une conclusion**, composée dans l'ordre :
   - d'une **réponse à la problématique** posée en introduction
   - d'une **ouverture** vers une autre œuvre, un fait historique, etc.

B. Quelques règles

Sur le plan formel, il faut veiller à :

1. **sauter une ligne** entre les différents morceaux de la dissertation donc :
   - une ligne entre l'introduction et la première partie
   - une ligne entre chaque partie
   - une ligne entre la dernière partie et la conclusion
2. **commencer chaque paragraphe par un alinéa** donc :
   - un alinéa au début de l'introduction
   - un alinéa au début de chaque sous-partie
   - un alinéa au début de la conclusion
3. **insérer correctement des citations** donc :
   - soit avec un verbe introducteur suivi de deux points et de la citation entre guillemets.

Exemple *Dans son* célèbre monologue, Figaro s'exclame : « Femme, femme, femme, créature faible et décevante ! »

- soit en insérant la citation dans votre phrase et en mettant entre guillemets les termes repris et entre crochets les termes omis ou modifiés.

  Exemple Dans son célèbre monologue, Figaro qualifie la femme de « créature faible et décevante » dont l'instinct « est[...] de tromper ».

4. **mais aussi** :
   - utilisez toujours le « nous » (jamais le « je ») ;
   - veillez à vous relire attentivement !

Méthode appliquée

À la scène 24 de l'acte II du *Mariage de Figaro*, Suzanne dit à la Comtesse : « j'ai vu combien l'usage du grand monde donne d'aisance aux dames comme il faut pour mentir sans qu'il y paraisse ». La comédie des maîtres est-elle la même que celle des valets ? Vous répondrez à cette question en vous appuyant sur des exemples précis tirés de votre lecture de l'œuvre et des textes du parcours associé.

1. **Rédiger l'introduction :**

[*Amorce avec alinéa*] Jouée pour la première fois en 1784, six ans après avoir été achevée et avoir subi une longue censure, *Le Mariage de Figaro* est sans conteste une comédie du valet. Digne descendant de l'esclave des comédies antiques et des *zanni* de la *commedia dell'arte*, Figaro s'y montre un serviteur habile et rusé, manipulant son maître pour parvenir à ses fins. **[*Problématique, dans le même paragraphe*]** Pourtant, à la scène 25 de l'acte II, Suzanne, la soubrette, dit à sa maîtresse : « j'ai vu combien l'usage du grand monde donne d'aisance aux dames comme il faut pour mentir sans qu'il y paraisse ». La comédie, loin d'être réservée aux valets, y semble donc aussi le fait des maîtres. Mais est-ce la même ? **[*Annonce du plan, dans le même paragraphe*]** Pour répondre à cette question, nous montrerons, dans un premier temps, que tous, maîtres comme valets, jouent la comédie dans l'œuvre ; mais, dans un second temps, nous verrons que la comédie semble être pour les maîtres un comportement naturel alors qu'elle est pour les valets leur seul moyen d'action ; enfin, dans un dernier temps, nous analyserons la vision du monde à la fois pragmatique et politique qu'y déploie Beaumarchais.

[*Saut d'une ligne*]

2. **Rédiger une partie :**

[*Annonce de la première partie ; alinéa*] Nous verrons dans cette première partie que tout le monde, dans *Le Mariage de Figaro*, qu'il s'agisse des maîtres ou des valets, joue la comédie.

[*Première sous-partie ; alinéa*] [*Argument*] C'est évident : *Le Mariage de Figaro* est une comédie du valet. Suzanne et Figaro jouent sans cesse la comédie à leurs maîtres. **[*Exemple*]** Ainsi, Suzanne, pour cacher au Comte la présence de Chérubin dans sa chambre, l'enfouit-elle sous une robe et fait-elle semblant d'être seule, tout comme, un peu plus tard, pour aider la Comtesse à cacher le retour de Chérubin chez elle, elle prend la place de ce dernier dans le cabinet de toilette et fait semblant de s'y être réfugiée pour s'habiller. Juste après son mariage, elle fait aussi semblant de céder aux avances du Comte en lui fixant un rendez-vous galant « à la brune » sous les marronniers. Figaro n'est pas en reste : il prétend, pour cacher le fait que c'est Chérubin, chassé par le Comte, qui l'a fait, avoir sauté par la fenêtre de la Comtesse et va jusqu'à se frotter la hanche avec insistance et prétendre s'être fait mal pour être plus crédible.

[*Deuxième sous-partie ; alinéa*] [*Argument*]... [*Exemple*]...

[*Troisième sous-partie ; alinéa*] [*Argument*]... [*Exemple*]...

[*Saut d'une ligne*]

La ou les partie(s) suivante(s) se rédige(nt) sur le même modèle.

3. **Rédiger la conclusion :**

[*Réponse à la problématique ; alinéa*] [*Rappel de la première partie*] Si maîtres comme valets jouent la comédie dans *Le Mariage de Figaro*, ils ne le font pourtant pas de la même manière. [***Rappel de la seconde partie***] Les maîtres jouent la comédie parce qu'ils sont pris dans une société de normes et de conventions qui ne les autorise pas à être naturels : ainsi la Comtesse doit-elle, pour respecter la morale et les convenances, cacher aux autres et se cacher à elle-même son attraction pour Chérubin. Les valets, eux, jouent la comédie parce que c'est le seul moyen d'action que le despotisme des maîtres leur laisse : ainsi, Suzanne doit-elle faire semblant de céder aux avances du Comte si elle ne veut pas que celui-ci lui refuse le droit d'épouser Figaro. [***Rappel de la troisième partie***] Beaumarchais montre donc une société de masques et de dissimulation, où les jeux de pouvoir, que ce soit ceux de la hiérarchie sociale ou ceux de la norme, contraignent à la comédie. Il ne le fait pourtant pas de façon pessimiste : loin de toute comédie, les rapports intimes, ceux entre Figaro et Suzanne, Figaro et Marceline ou même le Comte et la Comtesse sont vrais, sincères et spontanés. **[*Ouverture*]** Ainsi Beaumarchais est-il bien loin du pessimisme de La Rochefoucauld déclarant : « L'hypocrisie est un hommage que le vice rend à la vertu ».

Sujet corrigé

Dissertation

Sujet

↳ **Quels différents aspects de la passion Racine met-il en scène dans sa tragédie *Phèdre* (1677) ?**

Consigne Vous nourrirez votre réponse à cette question de votre lecture personnelle de la pièce ainsi que d'autres lectures personnelles.

Corrigé

Phèdre est une tragédie de la passion amoureuse. Force à l'œuvre dans la pièce, la passion en commande l'action et en détermine la fin, elle définit le personnage principal et lui est interdite, elle se révèle en même temps qu'elle se dérobe : prenant pied en plein cœur de la pièce, elle semble pourtant difficile à circonscrire et à analyser. En quoi Racine nous présente-t-il une vision obscurcie de la passion ? Nous verrons d'abord que la passion a partie liée avec le destin. Ensuite, nous verrons qu'elle se définit par son rapport à l'innocence. Enfin, nous nous intéresserons au lien entre la passion et la faute, pour éclairer le sens de l'œuvre de Racine.

*

* *

Dans *Phèdre*, **la passion a partie liée avec le destin**.

La passion est d'abord **le moyen d'expression de la fatalité**. En ce sens, la passion est le ressort principal de la machine tragique. Racine hérite du modèle antique qui met en scène des personnages aux prises avec un destin implacable qui les dépasse. C'est Œdipe, c'est Oreste. Dans la lignée des héros antiques, Phèdre devient un héros tragique précisément parce qu'elle est victime d'une fatalité qui l'accable. Sa passion est un « mal » contre lequel sa volonté ne peut rien. Elle a surgi et s'impose comme un fléau extérieur contre lequel sa propre volonté est sans force : « Dans le trouble où je suis, je ne puis rien pour moi. » (III, 3) Si la passion doit recevoir un nom, puisqu'elle est une force agissante, presque un personnage de la pièce, il recevra celui de

Vénus : « Je reconnus Vénus », « C'est Vénus tout entière à sa proie attachée. » (I, 3), « Ô toi ! qui vois la honte où je suis descendue,/Implacable Vénus, suis-je assez confondue ?/ [...] Ton triomphe est parfait, tous tes traits ont porté. » (III, 2) Le destin implacable, sous l'aspect de la passion, mène l'action.

La passion **ôte donc toute liberté au personnage tragique**. Phèdre la passionnée est un personnage aveuglé, sans volonté autre qu'un désir de mort. Dès son entrée en scène, elle se présente comme une antithèse de son propre nom – Phèdre signifie la « brillante » – et fuit la lumière du soleil ; son entrée en scène signe son renoncement. « N'allons point plus avant. Demeurons, chère Œnone./Je ne me soutiens plus, ma force m'abandonne./Mes yeux sont éblouis du jour que je revois,/Et mes genoux tremblants se dérobent sous moi. » (I, 3) La didascalie qui souligne « Elle s'assied » finit de nous présenter un personnage chancelant et sans force. On est loin de Chimène tombant à genoux aux pieds du roi, à la scène 7 de l'acte II du *Cid* de Corneille (1637) : si la jeune amoureuse à ce moment se jette à terre, ce n'est pas faiblesse mais expression de sa libre volonté, capable d'étouffer sa passion pour ne laisser parler que sa fierté et demander le châtiment de celui qu'elle aime : « Enfin mon père est mort, j'en demande vengeance ». Au contraire et malgré sa volonté, Phèdre ne peut rien contre la passion qui l'anime et lui fait dire ce qu'elle voulait taire, de l'aveu qui la condamne (II, 5) à la funeste calomnie (IV, 1). Un vers d'*Andromaque* (1667) résume cette annihilation de la volonté du héros tragique agi par la fatalité : « Je me livre en aveugle au destin qui m'entraîne. » (V, 5).

S'il est un moment toutefois où la passion réveille en Phèdre affaiblie une énergie vitale aussi insoupçonnée que désespérée, c'est lorsqu'elle subit **les tortures de la jalousie**. La passion fatale dévoile là son versant obscur et transforme Phèdre en une véritable furie dont la raison semble avoir disparu : « Chaque mot sur mon front fait dresser mes cheveux./Mes crimes désormais ont comblé la mesure./Je respire à la fois l'inceste et l'imposture. » (IV, 6, v. 1268-1270). La transformation se fait à l'acte IV, scènes 5 et 6. Phèdre, ignorante jusque-là de l'amour qui unit Hippolyte et Aricie, apprend qu'elle a une rivale, et que le cœur viril qui lui résiste et qui lui est interdit appartient à une autre : « Je suis le seul objet qu'il ne saurait souffrir. » (v. 1212) Voilà l'ultime humiliation qui lui est imposée : la passion a ses lois, sa cruauté, ses victimes. Là encore, on peut rapprocher la pièce de Racine de celle de Corneille : dans *Le Cid*, l'infante elle aussi souffre de ne pas voir son amour pour Rodrigue payé de retour, et aurait toutes les raisons de jalouser Chimène, mais au contraire, dès le début de la pièce, elle favorise stoïquement leur mariage avant de redire avec émotion à la fin de la pièce (acte V, scène II) sa douleur de n'être pas aimée, dans un passage hautement poétique. Mais là où Corneille veut faire admirer son esprit de sacrifice et obtenir pour l'infante la compassion du spectateur, Racine fait de Phèdre un personnage terrible au sens propre : capable d'inspirer la terreur, sentiment hautement tragique.

L'infante est encore capable de regarder sa passion avec distance et regret, Phèdre se compromet avec son coupable sentiment en l'alimentant de sa jalousie.

*

C'est pourquoi on peut dire que dans *Phèdre*, **la passion se laisse également définir dans son rapport ambigu à l'innocence**.

La passion partagée et innocente du couple d'Hippolyte et Aricie offre un parfait contrepoint à la passion coupable de Phèdre. Le jeune couple est victime de la persécution injuste d'un personnage monstrueux. Tous deux seront au dénouement les innocentes victimes de Phèdre : Hippolyte meurt des conséquences de l'aveu de Phèdre, et Aricie se voit ainsi injustement frappée par le malheur. Au sein d'une tragédie tout en violences, les échanges entre les deux amants se présentent comme des pauses tendres au lyrisme retenu. Il s'y déploie une musique galante au charme nostalgique, qui souligne l'honnêteté, l'innocence de la passion qui s'y dévoile. Si c'est dans *Bérénice* (1670) surtout que Racine se laissera aller à ce penchant pour une expression tendre (et ô combien triste) de la passion, *Phèdre* en montre également de beaux exemples. À côté de la longue et belle tirade par laquelle Hippolyte déclare son amour à Aricie (II, 2), citons par exemple la tournure élégante par laquelle Aricie lui fait connaître sa réponse : « Partez, prince, et suivez vos généreux desseins./[...] J'accepte tous les dons que vous me voulez faire./Mais cet empire enfin si grand, si glorieux,/N'est pas de vos présents le plus cher à mes yeux. » L'élégance du sous-entendu sait toucher et séduire. Toutefois, même cet idéal d'un amour pur et partagé entre deux jeunes gens de rang égal n'est pas épargné par la culpabilité : Aricie est prisonnière et fille d'une famille ennemie de celle de Thésée. Leur amour lui aussi est frappé d'interdit : un « obstacle éternel » (I, 1, v. 104) les sépare ; tragique va-et-vient de l'innocence à la culpabilité.

Pour poursuivre notre étude, dans quelle mesure peut-on affirmer avec Racine de **Phèdre elle-même qu'elle n'est « ni tout à fait coupable, ni tout à fait innocente »** ? Autrement dit, où l'innocence de Phèdre réside-t-elle ? où réside sa culpabilité ? Si on a reconnu le caractère fatal de la passion, alors il est facile d'innocenter Phèdre : elle est le jouet du destin, sa volonté n'est pas engagée. Racine prend soin d'exposer dans sa préface tout ce qui peut la rendre moins « odieuse » que la Phèdre présentée par les auteurs antiques (Euripide et Sénèque) : elle tente de surmonter sa passion, elle en a horreur, elle ne peut se résoudre à en parler, ce n'est pas même elle qui couvre directement Hippolyte d'un mensonge calomnieux (rôle indigne que Racine fait endosser à Œnone), c'est elle enfin qui, au dernier acte, fait toute la lumière devant Thésée et s'accuse avant de mourir. Le sentiment qu'a Phèdre du caractère désordonné du sentiment qu'elle éprouve la blanchit et doit susciter notre pitié, deuxième grand sentiment tragique avec la terreur. Mais encore une fois, on peut interroger la complaisance qu'elle semble entretenir avec sa passion lors des scènes d'aveu : acte I, scène 3 devant Œnone puis acte II, scène 5 devant Hippolyte. Par deux fois elle semble se laisser gagner par le charme du sentiment qui l'habite, et prendre plaisir à le mettre en mots, sans plus chercher à le condamner. Son espérance folle qui la pousse à se déclarer alors qu'elle croit Thésée mort doit interroger : il y a bien complaisance de Phèdre avec son crime.

La mort de Phèdre est-elle alors un moyen de se racheter ? Sera-ce ce dernier geste qui l'innocentera ? On pourrait hasarder en effet l'hypothèse que cette autopunition lui permet, comme elle le formule, de rétablir un ordre du monde que sa passion avait entraîné dans le chaos : « Et la mort, à mes yeux dérobant la clarté/Rend au jour, qu'ils souillaient, toute sa pureté. » (v. 7) La lumière s'éteint dans les yeux de Phèdre ; le jour peut enfin luire à nouveau. Il y a comme une équivalence, un rapport mathématique de l'un à l'autre. Comme dans la tragédie antique, le héros qui avait transgressé la limite établie par les dieux entre la terre et le ciel doit rétablir cet ordre dans sa propre chair : aussi l'Antigone de Sophocle, puisqu'elle tente d'ensevelir un mort (son frère Polynice) qui n'a pas droit à une sépulture terrestre, doit-elle subir le châtiment d'être emmurée vivante, selon un rapport de symétrie inverse. De même, puisque c'est par un regard que la passion a pris possession de Phèdre (« Je le vis, je rougis, je pâlis à sa vue », I, 3, v. 273, où le regard est à l'ouverture et à la fin du vers), il faut que son regard s'éteigne pour que les choses retrouvent leur ordre. Pour autant, ce rétablissement de l'ordre appartient encore à un personnage monstrueux et exemplaire dans sa monstruosité : même si le contexte chrétien n'est pas celui de la pièce, il est bien celui de sa réception ; on ne peut ignorer à ce compte la condamnation morale du suicide en contexte chrétien. Phèdre capable de s'ôter à soi-même la vie continue d'aggraver sa faute.

*

Dans la tragédie de Racine, **la passion a à voir dès l'origine et en dernière analyse avec la faute**.

La passion elle-même est faute. Le propre de cette tragédie, c'est de ne faire le portrait de la passion que sous l'angle de la faute. Non seulement c'est une affection subie, imposée de l'extérieur, mais encore c'est un sentiment dont il faut se repentir, et qui fait honte. Toute la pièce se passe dans ce climat de honte qui donne à Phèdre l'unique besoin de se cacher : « Cache-moi bien plutôt, je n'ai que trop parlé. » (à Œnone, III, 1), « Je ne dois désormais songer qu'à me cacher » (III, 4). Phèdre désire disparaître loin de sa faute, loin de Thésée, d'Hippolyte et du monde, mais nul lieu ne lui permet cela – on pense à la dramatique finale de « La Conscience » de Victor Hugo : « L'œil était dans la tombe, et regardait Caïn. » (*La Légende des siècles*, 1859) Pas plus que Caïn, Phèdre ne peut échapper à cet œil de la conscience qui la scrute et la juge.

C'est pourquoi, condamnée à ne pas trouver le repos, elle ne peut que désirer la mort : « Mourons. De tant d'horreurs qu'un trépas me délivre ! » (III, 3) Avant de la mener à la mort, sa passion la mène au désir de mort : on retrouve ici le couple tragique d'Éros et de Thanatos.

Pour aigus que soient l'analyse et le sentiment de la faute dans la tragédie, on doit toutefois remarquer que Racine opère un **double éloignement** qui crée une distance si grande entre la réalité et les désirs qu'elle nous rend presque indéchiffrable le caractère de Phèdre. Racine nous raconte l'histoire d'une femme amoureuse de son beau-fils : l'inceste n'est donc que symbolique, puisqu'il n'y a pas de lien de sang entre eux. Le mariage de Phèdre avec Thésée constitue donc le seul véritable interdit entre Phèdre et Hippolyte – le schéma est assez classique d'un triangle amoureux avec péril d'infidélité. Il inspire au théâtre *Le Mariage de Figaro* (1784) de Beaumarchais aussi bien que *Partage de Midi* (1948) de Claudel. La nouveauté de Racine est de mettre au centre de l'intrigue l'impossibilité radicale de considérer ce sentiment transgressif pour ce qu'il est : monstrueux, désordonné, on ne peut l'appréhender, on (Phèdre, Œnone, Hippolyte, Thésée) en est réduit à s'en horrifier. La véritable transgression, celle du mariage, est presque éludée. Seule subsiste l'illusion de l'inceste, dont l'image magnifiée s'impose avec force. Second éloignement, Racine nous montre une femme accablée par la honte non pas de l'inceste, mais de *l'idée* de l'inceste : « La seule pensée du crime y est regardée avec autant d'horreur que le crime même. » (préface) Toute la puissance de *Phèdre* vient de là : à mesure que la faute s'éloigne, le sentiment de la faute se fait plus aigu. L'intensité de la honte est inversement proportionnelle à la réalité de la transgression. Moins la passion se vit, plus elle se dit et plus elle s'expie. À la fin ne subsiste que l'interdit moral, qui s'exhibe selon toute la force de son essence la plus condensée.

On le voit, **l'éloignement est chez Racine la condition même de l'efficacité de la représentation**. Ou pour le dire autrement, « Racine nous reste éternellement proche, parce qu'il reste éternellement éloigné de nous. » (Leo Spitzer, *Études de style*, 1970) Si l'on doit chercher la vérité de *Phèdre* non dans l'histoire mais dans les sentiments dont elle fait la peinture, alors cet éloignement est nécessaire à la transmission d'une vérité sans mélange, essentialisée, sur la passion et donc sur l'être humain. Ce que Racine présente d'une manière magistrale, c'est l'essence d'une vision du monde pénétrée du sentiment de la faute – une vision du monde véritablement augustinienne. Pour Augustin et ses disciples du XVIIe siècle (Jansénius, Saint-Cyran, Arnauld), l'être humain est faible, pécheur, et ne peut rien sans Dieu. La passion racinienne est minée par le péché. C'est peut-être justement cet homme plongé dans l'angoisse, coupé de Dieu que représente Phèdre d'une manière poussée à l'extrême : et qu'est-ce qu'être coupé de Dieu sinon l'enfer ? C'est ce qui fait dire à Paul Claudel qu'« Il n'y a que l'enfer, le vrai, dont on peut ramener une pièce comme *Phèdre.* »

*

* *

La passion, dans *Phèdre* de Racine, est une expression du destin, de la fatalité. Elle ôte toute liberté au héros tragique et le force à des extrémités qui le couvrent de honte. La passion amoureuse a pourtant tout à voir avec l'innocence, qu'elle regarde comme un idéal inaccessible et qu'elle regrette comme un sommet toujours déjà perdu. La passion tragique, enfin, c'est la faute. Elle est crime et profanation. Pareille au sang qui ne s'efface pas des mains du meurtrier dans *Macbeth* (1623) de Shakespeare, elle ne se donne pas à voir mais ne laisse jamais la conscience en repos. En ce sens on peut affirmer que si Racine donne bien à lire différents aspects de la passion, il en livre en dernier lieu une vision pessimiste profondément enracinée dans les interrogations de son époque, mais dont les résonnances ne cessent de prendre sens aujourd'hui.

Aubin
IMPRIMEUR

Achevé d'imprimer en octobre 2019
N° d'impression 1907.0342
Dépôt légal, octobre 2019
Imprimé en France